整合学校资源 设计写作情境

——初中语文写作教学实践

刘向娟　编著

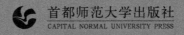

首都师范大学出版社
CAPITAL NORMAL UNIVERSITY PRESS

图书在版编目(CIP)数据

整合学校资源 设计写作情境：初中语文写作教学实践/刘向娟编著．—北京：首都师范大学出版社，2022.9
ISBN 978-7-5656-7109-8

Ⅰ.①整… Ⅱ.①刘… Ⅲ.①作文课－教学研究－初中 Ⅳ.①G633.342

中国版本图书馆 CIP 数据核字(2022)第 132905 号

ZHENGHE XUEXIAO ZIYUAN SHEJI XIEZUO QINGJING
整合学校资源 设计写作情境
——初中语文写作教学实践
刘向娟 编著

责任编辑 马 岩 许 蔚
首都师范大学出版社出版发行
地 址 北京西三环北路 105 号
邮 编 100048
电 话 68418523(总编室) 68982468(发行部)
网 址 http://cnupn.cnu.edu.cn
印 刷 中煤（北京）印务有限公司
经 销 全国新华书店
版 次 2022 年 9 月第 1 版
印 次 2022 年 9 月第 1 次印刷
开 本 710mm×1000mm 1/16
印 张 15.5
字 数 261 千
定 价 46.80 元

序一

盘活校园资源，点燃写作激情

每天午餐后，我都习惯在校园里溜达，看看校园打篮球的生龙活虎的男孩子们，看看在沙地上对弈的小学生们。那天，两个男孩子抱着几本印刷的杂志，叫住我："校长，我们班自己写的小说，您要不要……买一本?"学生向我推销他们的作品，我肯定是支持的，我拿过那本小说集《盛夏的光年》。"多少钱一本?"我问他们。"二十块钱一本，这本书是我们全班同学用接龙的形式，每人一天，共同完成的一部长篇小说。不……是两本，一本是寒假完成的，一本是平时完成的。二十块钱，很值。"学生的眼神中是骄傲，是急切；我的心里是自豪，是支持。"好，我买十本，一本自己看，剩下的送人。"钱货两清，两个男孩子说着"谢谢校长"，笑着跑了。

这两位初中的男生是刘向娟老师的学生，那本别致的《盛夏的光年》，是刘老师指导学生编写的小说集。

后来，我又看到这两位男生根据卖杂志的经历写的记叙文，激情满满。

一、盘活校园资源，开发多样化写作课程

对于部分初中的学生来说，写作文可能是一件比较头痛的事情，但是刘老师的学生，写作文似乎不那么发愁，因为他们有内容可写，他们的写作素材就在校园中。刘老师作为语文老师，她所做的事情，就是盘活了校园资源，点燃了学生的写作激情。

校园的花花草草是写作资源。春天里，她带着学生看校园中悄然开放的第一朵迎春花，观察操场中央的迟迟不发芽的白蜡树，一同静静等待那株长在"静心读书吧"的紫荆在风雨中怒放；夏天，她和学生一同仰望紫藤萝，在紫藤萝瀑布下吟诵宗璞的名句"花和人都会遇到各种各样的不幸，但是生命的长河是无止境的"，在凌霄花下吟诵"高花笑属赋花人，花自鲜明笔有神"；秋天，她和学生一同摘火红的柿子、酸甜的山楂，用文字记录下摘柿子的热闹场景和品尝山楂的快乐感觉，留下对育英最感恩的情怀；冬日，晴雪后，她与学生在翠竹广场后的假山上赏梅，抚摸那横在校园中的断柳，吟咏对时间和生命的感

叹。校园的风景装点了学生的心灵，学生笔尖的文字给校园的风景添加了一抹灵动与永恒。

校园的亭台楼阁是写作资源。校园内有以“九思”命名的教学楼，刘老师带着学生们品读《论语》，探究“思问楼”“思明楼”“思诚楼”“思温楼”“思恭楼”“思聪楼”等楼名的含义。校园内有很多亭子长廊，上面都有各种对联，刘老师带着学生学习对联的知识，根据对联知识探究校园中的对联带给大家的精神力量。富含美丽元素和教育要素的校园，引得学生们置身其中探索、游戏，乐此不疲，流连忘返。有人问我什么是学校美的时候，我回答“有树、有花园这样的自然景观是学校的美，但作为学校管理者而言，真正的学校美是学校的建设适合孩子们的生活、顺应学生的天性”。当校园美景与学生的心灵碰撞，落在纸面，那时校园的美才真正有了美丽的内涵。

校园中的人是写作资源。在学习描写人物的时候，学生观察被刘老师请进教室的校工师傅，跟随校工师傅体验放鸽子的快乐与辛苦；在学习写作人物传记的时候，学生的数学老师成了“写作形象大使”，学生了解人物，共同解读人物精神；三月八日妇女节，学生们体验“大腹便便”，感受“谢母恩”，保护一枚鸡蛋，感受成为家长的辛酸与快乐。校园就是小社会，在这个以人为本的校园中，以写作为媒介，学生学习写作的知识，提升写作的能力，更主要的是在观察与写作的过程中，学生学会感受生活，感受温暖，学会爱。这样美丽、充满生命气息的校园，注定能够培养出真善美的学生。

写文章就是在生活的土壤里耕耘，根扎得深，结出的果实才甜美。学生写作与学生的生活息息相关。

陶行知说，“教育即生活”。生活就是过日子，过日子最重要的事情就是张罗饭菜。课程是学校供应给学生长身体、长本领、长人格、长精神的家常饭菜，烹饪出多口味、富营养并便于消化、利于吸收转化的课程体系是学校工作的重中之重。

课程不改变，课堂不会改变；课程不改变，学校不会改变；课程不改变，学生不会改变。课程是学校发展的命脉。教学分科，教育却不能割裂生活与课程，我们要不断追求“生活课程化，课程生活化”的境界，竭尽所能地配置丰富的资源，以开发出丰富的有滋有味有营养的课程体系。刘老师把校园资源盘活，应用到写作教学中，形成新的课程资源，为学生所用。

二、聚合课程资源，点燃写作激情

什么是课程资源？如何理解课程资源？教师如何理性认识课程资源的开发

和实施？如何切实实现教师由教材概念向课程资源概念的转变？

说起课程资源，我们很容易想到的就是教材，毋庸置疑，教材是非常重要的课程资源，它是教学实施的重要载体。但是，教师的课堂教学是用教材教，而不仅是教教材。虽然说教材是教学资源的主体，但仅靠教材是不够的。教师不能照本宣科，要基于教材并超越教材，要在一定程度上打破旧有的观念，确定由教材资源向课程资源的转变。因此，我非常赞同一句话"二十年前教材是学生的世界，今天世界是学生的教材"，这句话很形象地说明了课程资源对当今教育的重要性。

统编语文教材中写作部分内容丰富，有序列性，为学生提供了很好的学习范本。但是教师如何将教材中的概念性知识传递给学生，怎样将概念性知识转化为程序性的知识，怎样为学生提供可操作的写作"支架"，怎样让学生的写作内容与当下的生活相联系，怎样将知识转化为能力，怎样将学生心中隐藏的写作激情点燃，这是语文老师要研究的。刘老师依托统编教材的系统的写作知识，聚合校园的各种资源，点燃了学生写作的热情。

课程在变，上课的地点不仅仅局限在教室里，学生可以在语文课的时间，来到校园中观察草木花鸟，获得真实的体验，写作不是空中楼阁，就在眼前；站在讲台上的不只是教师，还有相互交流的学生，甚至还有校工……写作资源的盘活，激活了学生的写作灵感，点燃了学生的写作激情。

曾经，在一天放学后，四位同学来到我的办公室，说请我支持他们完成一份作业——采访校园中一位不太熟悉的人。对于学生的请求，我向来是支持的，于是我放下手中的工作，和他们一起到思明楼大厅的藤椅上。四位同学拿着事先准备好的采访提纲，有同学负责问我问题，有同学负责记录，还有负责照相的……四位同学分工合作。愉快的聊天中，学生由拘谨到放松，我们一起完成了这份作业。这四位同学是刘老师的学生。这份写作任务是刘老师根据统编语文教材七年级上册的写作教学"思路要清晰"中"写作实践三"设计的写作活动："你有勇气去访问你所在地区的一位名人，或者本校一位你不熟悉的教师吗？勇敢地尝试一次，你不仅会获得人际交往的经验，还可能收获满满的自信。记得提前做点儿准备，列出你的访问提纲。访问完成后，以'对_____的一次访问'为题，写一篇作文，跟同学分享你访问的经过和感受。"

这个写作活动设计本身就具有挑战性，结合育英学校的特点，刘老师引导学生去采访本校的一位不熟悉的老师、同学、校工师傅，并且让学生自愿结合成小组，一同去采访。如何采访，如何拟定采访提纲，如何与被采访人交流，怎样分工，采访礼仪是什么……这是刘老师给学生的先期培训，其中的知识、方法，就来源于课本资源。学生走出教室去采访，这样，校园中的校长、老师、校工、学长就成了这次写作课的课程资源，几位同学共同组合成协作小组，胆大的带着胆小的，能说的带着嘴闷的，会写的指导不会写的，同学间也成了相互的课程资源。聚合写作资源，形成独特的“采访写作”课程，点燃写作热情，学生本次的写作任务就不再是难事。

三、加深对课程的理解，从学科教学走向学科教育

课程不等于教材。教师对课程资源的开发有助于对课程的理解和实施。一个教师只会教教材上的知识点，只会按课文顺序讲一遍内容，只会举课文或教参上的例子，而不会结合学生实际举一些现实生活中的例子，不会设计问题情境引发学生认识上的突破，就绝不可能引起学生的积极参与。没有了交流与互动，课程的创新、生成也就成了空话。

教师对课程的理解更多地体现在对学科价值的理解上。叶澜教授认为：“学科、书本知识在课堂教学中是‘育人’的资源与手段，服务于‘育人’这一根本目的。”例如，数学学科谈一题多解，它的教育价值在于引导学生从多个角度去思考问题；政治学科谈辩证思维，它的教育价值在于告诉学生事物都有两面性；历史学科谈史料教学，目的是引导学生忠于史实、忠于事实，养成实事求是的态度……语文学科有工具性和人文性的特点，有人强调“训练”价值，有人强调“语感”“人文熏陶”价值，但语文学科对生命成长具有独特的核心价值，语文直接关联学生的健康成长，关联生命成长的完整性、差异化，关联动态生成价值。充分挖掘语文学科独特的育人价值，并将育人价值贯穿教学的全过程，语文教学过程的转化与生成要关注学生的生命成长，全心全意培育生命自觉。刘老师的写作课程资源的开发，深刻地“关注学生的生命成长”，这是刘老师对语文教学价值理解的课程化体现。

比如关于“三月八日”这一节日的系列写作课程设计中，从七年级的“大腹便便谢母恩”学习“抒情”这个写作的基本知识，到八年级“小心翼翼护儿女”练习“仿写”这个基本能力，知识学习的过程伴随着生命的体验。将书包背在前面，体验“孕妇”，体验妈妈孕育子女的感觉、心理，不仅体会妈妈那时那刻行动的不便，还根据课堂的动态生成——一个学生倒背书包帮老师找优盘，体验心理的羞涩……在内心情感的聚集之下，学习“抒情”这个写作的基本知识，语文学习不再是空中楼阁。时隔一年，“小心翼翼护儿女”活动课程，学生身份成为“妈妈”，保护脆弱的如同婴儿一样易碎的鸡蛋，在这一周的保护过程中，学生写一周的日记，同时通过“仿写”提升写作能力。这个“三月八日”的系列写作课程的设计，关系写作知识、写作能力，更关系到学生的生命成长，在这样的生命体验中，学生学会了爱，学会了深入思考，学会了换位思考。学科教学走向学科德育，是深度学习的结果。

教会学生正确地理解与运用语言文字，这是语文学科最基本的要求，但是语文能力提升不局限于认知维度，还连接情感维度、人格维度及身体维度。这要求语文教学不仅要注重背诵记忆、思维训练，还要注重对想象力、创造力的培养，更要重视学生审美情趣的提升、人格的养成。教师根据学生的日常生活经验进行课程建设，把语文“教活”，通过学生个性化的体验，将每个汉字、词语滴灌到学生的心灵，融入学生的血肉，最终化为学生的思维方式、价值选择、人生观念，养护学生自觉的生命成长。

四、建设与开发课程资源

学校课程建设的最大工程是课程资源的建设与开发。这是战略问题，也是系统工程。课程资源开发的目标是提升学生的综合素养。我校课程资源开发的主线是提升学生人文素养、科学素养和艺术素养。一个人的精神世界有人文、科学、艺术三大支柱：人文追求的是善，给人以悟性；科学追求的是真，给人以理性；艺术追求的是美，给人以感性。人文使人虔诚，科学使人理智，艺术让人富有激情——一个人的精神世界，不能没有人文，也不能没有科学，更不能没有艺术。

关于“人文素养”的界定有很多种，育英学校对这一概念的理解是学会阅读、学会珍惜、学会感恩、学会担当。班级个性化小书架、学部主题阅读馆、校园流动图书馆、校内新华书店……成为“尊重学生阅读偏好，引导学生学会阅读”的重要课程资源。

在学校“阅读课程”这个大课程设置的背景下，刘老师根据学段特点，开发了阅读的子课程。比如在教学“人物传记”写作时，统编语文教材八年级上册“学写传记”是教材资源。刘老师利用学校的图书馆资源，找出图书馆内的几百本人物传记类图书，推荐给学生，学生根据自己的偏好，自选阅读。在阅读的过程中，刘老师引导学生领悟阅读人物传记的方法，感受传主的精神风貌，从感性上初步理解人物传记的写作方法。从写人物传记读后感开始，慢慢地，学生自己深入体会人物传记的写作手法。这是对图书馆资源的整合利用，成为传记写作课程的一部分。还有家庭资源，家里的父母、祖父母、亲朋都是学生写作的对象，学生为身边的人物作传，探索身边人物的精神，初学写作人物传记；然后再依托学校《能量》杂志，学生为校园中的优秀教师、优秀学生作传，发现优秀人物身上的精神品质……聚合图书馆资源、家庭资源、校园资源，重组重构，形成独特的人物传记写作课程，学生写作激情被点燃……

建设与开发课程资源，从教师层面讲，对课堂的组织和管理，从教材观到课程观的转变，创设贴近现实、贴近生活、贴近学生的教学情境，都是在做重要的课程资源的开发工作。建设与开发课程资源要坚守学生立场，从育人高度来选择课程内容，承载独特的育人价值，教师“教”的逻辑与学生“学”的逻辑完美融合，提升学生的人文素养、科学素养、艺术素养。

写作教学，不能仅仅照本宣科，校园处处有素材。教学不仅仅在课堂，学校处处皆资源。善于从校园生活的点滴入手，避免脱离学生生活实际、避免缺失情感的教育，努力挖掘和全面利用好各种教育资源，这是刘老师作为育英人，从一个维度对“最有价值的教育”进行的探索与践行。

于会祥

2020 年 9 月

序二
在真实的情境中写作

我的童年是在北京郊区一个叫“沙浮”的小村子里度过的。小学五年，我跟着我的班主任李桂芝老师学习算数，学习认字、造句子、写作文。

春天里，沙尘漫天，老师蒙着漂亮的纱巾，带着我们看即将破土的小草嫩芽，在若隐若现间，我们感知绿的美妙，感受生命的力量；初夏，我们用杨树嫩枝做笛子，吹响整个小村庄的天空，老师微笑着说这是天籁之音；秋天，北雁南飞，老师会停下讲课，带着激动的我们到学校空地上，和大雁做一年一度的告别仪式；冬天，在教室温暖的火炉边，李老师给我们讲课本以外的安徒生、格林、鲁迅、冰心、奥斯特洛夫斯基……在这个小村庄，老师带着我们看天、看云、看突然闯进教室的小花狗和小麻雀，和赶大车的邻家大叔聊天，到麦田里拣麦穗……告诉我们把看到的、听到的、闻到的、感受到的、想到的，写下来，就是作文。

现在想来，那个小村庄，是我儿时生活的最快乐的沃土，是我儿时学习写作的最真实的情境。感谢我的启蒙老师教我有意识地观察生活，教我感受生活的美好，教我记录生活的美好。

后来，我也成了一位语文老师，我陪伴着我的学生们在真实的情境中，观察生活、感受生活、记录生活，让美好植根在他们最美的青春岁月。那是最有价值的写作实践。

几经辗转，乡村学校、京城最潮的私立学校、市重点中学、普通中学，后来我来到了这所北京城四环之内最美的学校，也是有着最红历史的校园——北京市育英学校。感谢特级教师于会祥校长，他的教育理念深深地影响着我——教育就是向学生传递生命的气息。这所校园里有幼儿园、小学、初中、高中，学生随时可以找到同伴，或玩耍或探讨；校园里有世纪之林，里面有桃子、梨子、苹果等多种果树，有校园农场，农场里有西红柿、黄瓜、小麦等多种农作物，学生们可以在这里进行劳动实践和观察；随处可见的流动书架，使得学生可以随时翻看书籍；小羊驼在校园里散步，偶遇时学生们会惊喜不已；午间自由活动时、放学后，学生自由组织社团，小伙伴们可以聚集在一起，共同探讨最关注的话题……

学校就是一座有着丰富写作资源的宝库。

利用校园多元文化因素，整合写作资源，开发写作资源，设计写作情境，带着学生们在校园的真实情境中写作。我在研究中实践，在实践中探索，在探索中记录下自己的心得和体验，在记录中回看学生的作品，回忆学生成长的经历，内心依然会有惊喜和激动。

2017 年 9 月，海淀区初中语文从“苏教版”教材过渡到“部编版”教材。部编版教材的写作体系清晰，写作知识、写作训练设计，对于我们一线教师可操作性强。感谢海淀资深教研员夏满老师和赵岩老师，他们带着一个优秀的团队研究语文教学，研究写作教学。他指导我们研究阅读教学与写作教学的关系，整本书阅读与写作的关系，怎样设计大情境引导学生写作，怎样在写作训练中引导学生的写作能力螺旋式提升……夏老师多次到学校走进我的教室，听课，指导我的作文教学工作。让我对作文教学有了更理性的认识。

教学相长。我和我的学生们一同成长着，我更要感谢我的学生们。和学生们一同开发一个教学情境，和学生们一同写作。学生们的精彩经常让我感到非常惊喜。他们带着智慧的眼睛观察生活，用温暖的心感受生活，用温润的笔记录生活。学生的精彩是教育的精彩，学生的成长是我作为老师最大的快乐。我如同那老船工，从渡口接上他们，欣赏着他们青春的精彩，将他们送上并不遥远的彼岸，目送着他们去创造更多的精彩。再静静回读他们留下的作品，精彩依然。把这些作品，再给我的新学生们读，师哥师姐的作品是他们最亲近的教材，我的新学生们再创作出更绚烂的精彩。

多年来我的教学思考与实践，三年多的作文教学思想梳理，众多学生的写作练笔，汇集成这本《整合学校资源　设计写作情境——初中语文写作教学实践》。感谢北京市语文学科带头人王国明老师的专家点评，让我对平凡的课堂有了理性的思考。更感谢首都师范大学出版社编辑马岩、许蔚对这本书精心的修改加工，让这本书更具可读性。

希望我的这本教学实践，能给同样热爱教育事业的同仁们以帮助，让我们一同研究作文教学，整合校园资源，设计写作情境，在真实的生活中，陪伴学生写出精彩的作品。

刘向娟

2022 年 7 月

目　录

第一章

热爱生活，热爱写作

我们平时说话，从极简单的日常用语到极繁复的对于一些事情的推断和评论，都无非根据自己的经验。因为根据经验，说起来就头头是道，没有废话，没有瞎七搭八的无聊话。如果超出了经验范围，却去空口说白话，没有一点天文学的知识，偏要讲星辰怎样运行，没有一点国际政治经济的学问，偏要推断意阿战争、海军会议的将来，一定说得牛头不对马嘴，徒然供人家作为嗤笑的资料。作文原是说话的延续，用来济说话之穷，在说话所及不到的场合，就作文。因此作文自然应该单把经验范围以内的事物作为材料，不可把经验范围以外的事物勉强拉到笔底下来。照诸位现在写作的几个方面看，所有材料都是自己的经验，这正是非常顺适的事。顺着这个方向走去，是一条写作的平坦大路。

——叶圣陶《写作什么》

第一节　热爱生活，热爱写作

统编语文教材七年级上册第一单元的“写作”专题是“热爱生活，热爱写作”。标题传递给了学生一个信息，“热爱”是写作的最重要的情感，“生活”是写作的最主要的源泉。培养学生积极认真的生活态度，引导学生表达健康真实的思想情感，抒发他们对生活的理解、感知、期盼……这是初中作文教学的基本任务，也是提高学生写作素养的最重要的途径。

一、生活和写作是什么关系?

写作应该生活化。叶圣陶先生认为：“生活就如泉源，文章就如溪水，泉源丰盈而不枯竭，溪水自然活泼泼地流个不停。”“泉源”和“溪水”就是生活和写作的关系吧。沈从文有了两次重返湘西的生活经历，所以有《湘行散记》这部作品；路遥有在陕西生活务农的经历，所以才创作了不平凡的《平凡的世界》。

正如叶圣陶先生所说，“作文这件事离不开生活，生活充实到什么程度，才会做成什么文字。所以论到根本，除了不间断地向着求实的路走去，更没有可靠的预备方法。”生动活泼的现实生活是创作的基础和源泉。因此，在作文教学中，要训练学生热爱生活、观察生活、体验生活、表达生活。

生活是写作的源泉，写作为生活而歌唱。

二、怎样热爱生活?

学生们常会抱怨，他们的生活太单调了，太苍白了，所以写不出好文章，遇到类似于“多彩的初中生活”这样的写作内容，他们会无字可写。学生们常常认为只有那些惊心动魄的生活，才能够写出“高大上”的文章。

其实我们面对的就是这样的平常的生活，甚至是平淡的重复的生活。但是平淡之中怎样发现不平凡？平常的生活中怎样发现感动？同样的擦黑板这个简单的动作：值日生拿起板擦，能否引导学生看到责任；小个子同学跳起来擦黑板，能否看到活泼的个性；自己擦黑板时，能否看出老师上课板书的认真……

不是生活太平淡，而是学生们对生活抱有无关痛痒的态度。热爱生活，就是要帮助学生找回他们缺少的生活的意识。鲁迅先生说：“无穷的远方，无数的人们，都和我有关。”把生活和自己相关联，身边的人、看见的春夏秋冬的景象、自己的生活体验，甚至是自己读过的书，都是和自己有关的生活，这些就是学生自己独有的珍贵的写作资源，老师的职责是帮助学生把它们发掘出来，发挥其应有的效果。面对生活，学生将“熟视无睹”变成“扫视”，将“扫视”变成用心“凝视”，之后加入自己的真心思考、联想。

老师要引导学生热爱生活。热爱生活是一种态度，是对生活的关注，是视野的开放；热爱生活是一种方法，是生活经验的积累，是对生活的观察，是对生活的更多的思考与联想。

教师要先打开心扉，变语文教学为开放教学，形成语文教育大空间——学习课本知识是语文，生活是语文，阅读是语文，谈话是语文……作文本身就是一种生活，生活就是澎湃欲出的心中的作文。更重要的是要让学生热爱生活，体验生活，作文教学的过程是学生活生生的生命活动过程，作文是学生表达交流的需要，是学生生活的重要组成部分。

三、怎样热爱写作？

对于大部分学生而言，写作是分数、是作业、是任务，不是生活的必需。我们老师的作用是引导学生热爱写作。对于写作的“热爱”是可以通过老师的调动激发出来的，写作兴趣是可以培养出来的。写作是一种有感而发的内在需求。奥妙无穷的大千世界会极大地激发学生的好奇心，好奇心驱动下的探索、体验，可以极大地调动学生写作的热情，从而建立持久而稳定的高层次需要的写作兴趣。

调动学生的情感因素，学会为生活感动，善于从身边选材，从平凡的小事中挖掘深层次意义，因情而心动，而手动落笔，这样的作品有利于学生情感的宣泄，写作的动机越来越强烈，作文中想说爱你就爱你，而不是“想说爱你也不容易”。

热爱写作，首先要引导学生能够发现自然之美，春日香花、夏爽浓荫、秋熟瓜果、冬天飞雪，能够发现校园墙边的老槐树，春日的努力生长，夏天的鸟鸣花香，秋日的黄叶纷飞，冬天的深沉风骨……这些自然现象，很多人会觉得司空见惯、不以为然，然而用自己的眼光思考自然之美，用自己的语言再现自然之美，这些美景自会走入心中，落于笔尖。语文课，除了读《春》《济南的冬天》，还可以带着学生走入自然，聆听春天的声音，触摸夏日的心声，融入自己的思考，形成文字。

热爱写作，要引导学生感受家庭生活的温情。简单的父亲买橘送儿场景，朱自清写成了《背影》，感动了多少人！家是温暖的港湾，家中充满了孩子的喜怒哀乐：家人的和谐亲密，父母的严格要求，自我的委屈体验，成长的烦恼困惑……这都是人生的真切体验，去品味、去思考，从中体味到生活的真善美，自然而然地表达爱，记录爱，有感而发。

热爱写作，要引导学生用心体验校园生活的美好。校园内丰富多彩的学生活动，同学间喜怒哀乐的自然流露，课堂上或激烈或启发的知识讨论……校园文化、师生百态、人际交往、沟通交流、各种节日，学生们在这些活动中有所想、有所思、有所得，不表达不足以传递自己的情感和思想，这样的思考落在笔尖，必是美文。

热爱写作，要引导学生关注社会生活。学会认识社会，正确判断与评价一些社会现象，形成正确的世界观、价值观与人生观。教师可以经常组织学生们召开讨论会，就某一社会现象展开讨论，鼓励学生多发表自己的观点，让学生们学会思考、学会判断，并能够将自己的所思所想写到作文之中，丰富习作素材。

热爱写作，要引导学生热爱生活，学生能够对生活全身心投入地爱，激情四射地参与，去奋斗、去付出。

热爱写作，学生能够有话可说，有话必须要说，“我”说的话要形成文字，说给更多的人听，让更多的人了解“我”的思想。

第二节　教学案例1：诗意地相逢，诗意地行走

七年级开学第一次作文课，我制定的写作内容从认识学生、认识校园开始；作文体裁为最自由的诗歌形式。写作训练的目标是消除学生对写作的畏难情绪，激发学生对自己、对他人、对校园、对自然、对生活、对写作的热爱之情；引导学生热爱自然，关注自然。用诗意的语言写作，用简单的有文学味道的语言描写生活。

一、你我诗意地相逢

七年级第一节语文课，我见到了我的新学生们。
对于我，他们是我的又一批新弟子；
对于学生，我是一“枚”新老师；
对于美丽的校园，学生们是最新鲜的元素；
对于学生，这是他们即将开启新生活的地方。
我们都带着新奇，带着希望，憧憬着未来。
爱上彼此，是我们最大的期待。

以诗歌为媒介，以校园的文化为载体，我和学生们将一起开启美好的校园生活。

我用PPT出示了自己的“威武”的照片，向同学们介绍自己：我，刘向娟，有刘备的坚韧，有项羽的勇敢，有婵娟似的美貌；我出生在流火的7月，生性热情；我出生在庚戌年，在十二生肖中我属狗，有狗的忠诚。坚韧、勇敢、美貌、热情、忠诚……这就是你们面前的语文老师。

你能向新同学、新老师介绍一下自己吗？同学们纷纷介绍自己——名字的由来、属相、性格、爱好……

我又出示介绍自己的PPT，这是“藏头诗”形式的自我介绍。

流水潺潺细无声，
向阳花开意正浓。
涓涓爱语沁人心，
桃李满园春色生。

这是我的青年朋友赠给我的一首小诗：其中藏有“刘向娟桃李满园春色生”，突出了我的职业特点、我的网络名字，是我喜欢的小诗。

我又出示了介绍自己的第二张PPT。这第二首小诗，是我调动工作后，以前的同事——陈老师赠给我的藏头诗，充满了对我的祝福“刘向娟顺利快乐”，还包含着我们相识的经历、我们职业的特点等，我珍藏至今，展示给我的新朋友们。

刘陈相识逢千载。
向来同育桃李开，
娟花移向别院栽。
顺风吹起扬帆在，
利导因势育英才。
快乐光阴白驹过，
乐闻佳音频传来。

我诗意地介绍自己；学生们诗意地结识了他们初中的语文老师，诗意地结识了初中的语文课。这是诗意的开始。

有了这样诗意的介绍，我问学生们，大家可不可以用另一种富有诗意的形式介绍自己，进行一次美丽的尝试。

于是学生们跃跃欲试，低下头来，静心思考自己的名字的含义，准备以这样诗意的方式介绍自己。

男生张泽健这样写道：

张家出生一男儿，
责问为何不是女。
健健康康活一世，
出人头地有出息。

这是一位叫"张泽健"的男生的介绍。讲述了出生时的"曲折"故事——"责问为何不是女"，可能父母原本希望有个女孩子，但他却是个男孩，父母有小小的失望；然而父母对他的爱还是满满的，希望他"健健康康""有出息"。美好的祝愿藏在精巧的小诗中，同学们不觉拍手称"奇"，并且认识了这位男孩。

男生王梓辉这样写道：

王者风范无人比，
子规齐鸣助其威。
挥汗如雨为学校，
好人好事天地连。

王梓辉是位高高大大的男孩子，这介绍彰显了男孩子的豪气——"王者风范""齐鸣助威"。诗中有鸟儿这活泼泼的生物出现，自我介绍中有了灵动。"挥汗如雨""好人好事"两个词语让同学们感受到了对初中生活"过程"的美好"愿景"。这样的小诗让同学们称"神"。

女生金睿这样介绍自己：

我学习在育校，
是非无妄我心。
金雀叫声嘹亮，
睿智歌谣荡漾。

您的优雅教导，
很似传在心房。
漂流漫漫不断，
亮日终归来到。

这个漂亮的小姑娘叫“金睿”，诗中藏的头为“我是金睿您很漂亮”。看到这诗，我笑了，我的新学生们也笑了。她巧妙地介绍了自己——金雀、睿智，从声音到心智，将自己的美丽、智慧向新老师、新同学传递；又很巧妙地向我——这个语文老师传递了赞美，还有什么事情比自己的学生赞美自己更让我们这做老师高兴的吗？何况是这样诗意的赞美？

女生张梓佳这样介绍自己：

张张美文伴成长，
梓树花开幽香浓。
佳人捧书廊下坐，
一帆风顺人常乐。

我和我的新学生们通过诗歌一同认识了这个姑娘，“美文”“花开”“幽香”“捧书”，读小诗，看到了花样的女孩儿，在满是鲜花的树下，嗅着幽香，沉浸书中……美好的诗意，认识了如诗一样的女孩子。如何让同学们不喜欢她？

男生赵嘉华这样介绍自己：

赵氏最强无人比，
嘉奖一片连称赞。
华人为国争荣誉，
牛气冲天乃自己。

和学生一同认识了这个叫“赵嘉华”的霸气男生。深黑的眼镜架在鼻梁上，话不多，看似是个内敛的男生，但是诗文里彰显出了他的“霸气”——最强、无人比、牛气冲天。我和我的学生还看出了这个男生的爱国情怀，“华人为国争荣誉”，把自己和国家、民族联系起来。读这首诗，一种深沉的爱国情怀在教室中氤氲，化成一缕正气，融入每个学生的心中。

在诗意的自我介绍中，不知不觉地，学生们恋上了升入初中的自己；潜移默化地，他们也恋上了同在一个教室中的同伴……诗意中，花香、鸟鸣、爱读书的女孩、爱国的少年、美好的情感融合在一起……开启了诗意的初中生活。

二、诗意地行走校园

我们的校园是美丽的校园。初中三年，孩子们要在这里生活、成长，不只是身体的成长，还有知识的成长、心灵的成长、生命的成长。

恋上校园，从恋上校园的一草一木开始；诗意地恋上校园，从对校园的那一花一木诗意地书写开始。

我用 PPT，向学生们出示了校园四季美景图，校园四季的树木变化，并向同学们介绍：

> 校园中有各种树木，成片的桃林、高大的杨树、绅士般的银杏树、最早报春的玉兰树……在这九月的校园中，最勾人心魄的应该是那三种树木吧！
>
> 篮球场中间那两棵白蜡树，它们伫立在篮球场的正中，将规矩的篮球场分成两块，它们似乎是同学们的玩伴，又似乎是为同学们遮阳挡雨的祖父母，还像是一对慈爱的夫妻——他们静静地立在那里看着青春洋溢的学生。
>
> 在校友广场上有三株凌霄花，九月，凌霄花依旧绽放着艳黄的花朵，顺着廊架向上攀爬着。
>
> 在篮球场东边的草地上，横着一段枯柳，它是在一场大风中被刮倒的。被留在这草地上，看似没有了生命，在你的眼中也没有了生命吗？

我将语文课搬到了校园中，带着学生看看这美丽的校园，看看这些植物，让学生的心和这些植物的心来一次对话。没有什么比心灵的对话更富有诗意的了。

> 写作任务：观察校园中的白蜡树、凌霄花、枯柳……根据自己的观察或者感悟，用凝练的语言写一首小诗。

这个写作任务的设计，旨在开放学生思维，引导学生创意表达。

我给学生提供的写作支架：

1. 用优美的语言描写一株植物或一处景物；

2. 分行写，分小节写；

3. 最后一小节抒发你对这校园景物的喜爱、赞美之情，或者你的哲理思考。

恰好，天飘着微雨，校园中开起了一朵朵伞花，这些刚步入初中生活的孩子们与校园中的花草进行着雨中的对话。当伞花收到教室里的时候，落到纸上便是一朵朵的小诗。

(一)写给白蜡树的诗

我给学生们看操场正中间的那两棵白蜡树的照片，在我的眼中，那是并肩站立的温情夫妻树。每年春天，它们都是绿的最晚的树；每年秋天，它们都是校园中最先展示金黄叶子的树，那一树的金黄，喧闹了一整个操场，飘洒在每个快乐的孩子的心中。

我还给学生们讲关于那两棵白蜡树的历史故事：当年，校园修建操场，为了让操场更加宽阔，施工者要将这两棵树连根砍掉。当时的一位老教师，各方奔走，向设计者、施工者讲这两棵白蜡树的来历，讲这两棵白蜡树作为雌雄异体的珍贵……终于，这两棵白蜡树被留下来了。

我给学生们读我曾经给那两棵白蜡树写的情诗：

校园白蜡树情话

亲爱的，谢谢你陪我过了那么多年。
从一粒种子，到长成小树苗；
从瘦小枯干，到叶茂枝繁，
你就在我的身边，
和我一起长大。
我们那么近，
却又那么远。
我想走近你，
却无法实现。

春天，
我们一起看花开花落；
夏天，

我们一起迎风雨雷电；
秋天，
我们一起闪耀金黄；
冬天，
我们一起抗冰刀霜剑。

我们在一起，
挺立在育英的校园。
看着一批批孩子毕业，
迎接一批批新生入园。
我们展开我们的臂膀，
我们露出欣慰的笑脸。

亲爱的，
只要有你在，
我一点儿也不孤单。
白天听琅琅书声，
夜晚看星星眨眼。
流星飞过，
我们互相祝愿。
我们的叶在空中牵握，
我们的根在地下缠绵。
夜里，我们互道晚安，
你知道晚安是什么意思吗？
就是我爱你，爱你，永远，永远。

(二)写给凌霄花的诗

学生写给那校园凌霄花的诗：

校园凌霄花的宣言

虽没有松树的挺拔，
也没有水杉的枝干，

我们却有龙的筋骨，
虬曲盘旋。
我们夜晚花合，
因为我们拒绝黑暗；
我们白天花绽，
因为我们向往灿烂。
我们可以凌霄，
需要的只是一个支点。

校园白蜡树、凌霄花、枯柳……诗意地栖居在学生们的心中，落在纸上，是一首首略显稚嫩的小诗，更是诗意的中学生活的开始。

因为“热爱生活，热爱写作”的课，和学生一同去重新抚摸那白蜡、那枯柳，仰望那凌霄，因物生情，情动诗成。

(三)写给枯柳的诗

1. 学生写给那断裂的枯柳的诗：

致枯柳

你不必嫉妒
其他柳树动人的姿态
它们虽然婀娜多姿
但你拥有不同的气质——坚强不屈
只因那场大风，你折断了枝干
但你仍然拼搏去做着自己
你独立，勇敢
虽然没有雅观的枝条
也许你受尽大众的侮辱与取笑
但你坚忍不拔，努力搏击
是你，为育英增添了亮丽的风景

从枯柳中，孩子们读出了“努力”“勇敢”“独立”，在大多数人的眼中，那只是一节即将腐烂的木头，但是在孩子们的心中，那是“亮丽的风景”。有这样的风景陪伴，他们的初中生活也一定是亮丽无边的。

雨中树谈

慢慢细雨飘，书声悦耳中。
伫立十余年，饱经风与雪。
根断志犹存，来世仍为木。

“根断志犹存”是学生与那枯柳对话后留下的神来之笔。折断的是“根”，能继续生长的不朽的是“志”。唯有“志”是孩子们心中的灯塔，才会创造孩子们新生活的传奇。

雨中，有一棵枯柳

雨中，有一棵枯柳
静静地躺在软软的草上
细细的雨很静很静地落在它身上
不愿打扰了，它已与世隔绝的那份安宁
在它的梦里，它看到了，
看到了在育英的点点滴滴
曾经在风雨中摇摆的枝条
和那份
为多少师生带来的凉爽
也早已，化为一段段枯朽的树干
一点一点，被岁月消融
留下它，在育英的专属印记

从这首诗中，我们得到的是一种意境的美丽，或者说是一种缠绵的感觉，在细细的雨中，有着一份诗意的安宁，在这安宁中有着古树的宁静的梦，曾经的“点点滴滴”，曾经的“风雨中摇摆”，“被岁月消融”，留下的是“专属印记”。在这样的诗意的校园中，酝酿着这样的诗意的青春，感染着少年的诗意。

2. 我与学生一同观察那段枯柳，同样也写了诗和学生一同交流：

致枯柳

作为树，我倒下了；
作为历史，我留下了。

当你走过我的身旁，
你可曾驻足？
数一数我的年轮，
看一看我的树眼。

看到学生们的文字之后，我知道，在学生的心中，那株大树还在，那是宁静，那是曾经的辉煌，那是残缺的完美……于是，在傍晚，校园重新寂静的时候，我再次走到那寂寞的枯柳身旁，抚摸着它的树干，看着它的树眼，写下了我的《致枯柳》，再和学生交流——在我的眼中那是一段诗意的“历史”……

三、诗歌不能除外

和学生一同创作诗歌，和学生一同在校园中创作诗歌，对于学生和老师来说都是浪漫的事情。在浪漫之中，开启初中生活的大门，无疑是轻松愉悦的事情。

学生读老师写的诗，通过诗歌认识老师。学生写藏头诗，写出他们内心的激情与浪漫，用凝练的语言介绍自己，用诗化的语言让新同学记住自己，也是件自豪的事情。

在学生面前，出示我的藏头诗，出示我对校园风物的感悟，出示我的自由诗，那是给学生的“示范”。学生在校园中读书、在校园中生活，更是在校园中“读”老师，老师是学生的无字之书，老师所做的，会潜移默化地引导学生模仿。

诗意，是在现实的基础上，用想象的笔法进行自我表达的一种艺术方式。对于初中学生来说，十几岁正是诗意的年龄，是“为赋新词强说愁”的年龄。他们希望生活中有诗一样的语言。

校园中有很多可以创作诗歌的元素，在最初的诗歌创作中，老师需要为他们找到这些元素，让学生们去体验，而这些校园的元素也就是诗歌的意象，比如那两棵白蜡树，比如那枯柳、那凌霄花。袁行霈先生认为：“意象是融入了主观情意的客观物象，或者是借助客观物象表现出来的主观情意。”枯柳就在那里，有的学生想到了时间，有的学生想到了志向、历史、安宁、生活、成长、生死，同样的物，融入了不同的情感，在表达方式上，或委婉，或直抒胸臆，但是都拥有了诗意的美。

祝福他们，在这样的诗意的氛围中，恋上老师，恋上同伴，恋上我们美丽的校园，开启他们诗意的青春……

学生诗意地生活在校园中，这是浪漫的生命成长的过程。法国 17 世纪著名的数学家、物理学家、哲学家布莱兹·帕斯卡尔曾说过："人应该诗意地活在这片土地上，这是人类的一种追求理想。"

在这样的诗意中，我陪着我的新学生认识老师，结识新的朋友，走进新的课堂；甚至漫步在微雨中的校园里，与校园中的古木、鲜花对话。

学习《皇帝的新装》时，有个男生创造性地把这个童话改写成了诗歌，别有一番风味。

学生用诗歌的形式改写的《皇帝的新装》：

皇帝爱新衣，不惜钱花光。不顾国家事，显摆衣服忙。
城里来骗子，自称织衣裳。衣服很神奇，坏人眼空荡。
皇帝称其棒，速请其进房。生丝几十两，黄金十几箱。
骗子收起钱，持布放机床。忙碌到深夜，其实都是装。
皇帝不放心，忠臣去欣赏。怕被说不忠，只好摆个样。
衣服已完成，皇帝穿新装。自己虽惊疑，但却连表扬。
大典时间到，光膀出大堂。众人知事实，只敢装眼盲。
幼童大声语："未见新衣裳。"皇帝听其言，心里有些慌。
外看虽神气，疑心渐渐长。自己骗自己，坚持走全场。
皇帝不顾国，愚蠢不善良。若做此类事，定会不安康！

这首学生创作的诗歌有些稚嫩，有点儿像顺口溜，但是他将童话改写成诗歌，不能不说是"诗情"融入于心。他用精练的语言将童话中的情节都进行了概括，让我这个老师拍案叫绝。

诗歌是我国文学史上最早的文学样式，具有凝练的语言、鲜明的节奏、厚重的感情以及丰富的想象。用这种语言艺术，与语文学习接壤，与生活挂钩，会带来种种可能。

教学需要灵动性。我们正处于一个信息膨胀的时代，学生们身处的学习环境是复杂的、非线性、超文本的环境，他们所拥有的信息庞大、丰富、多元、复杂，因此，对教学设计的灵活性和选择性的要求也越来越高。处于如此的教育环境下，作为老师，不能过分注重如何向学生提供刺激性的新知识，应该要为学生创建一个真实、交互的学习环境，为学生设计一个能与知识能力和资源进行互动的活动，让学生成为学习的主体。

对于七年级的学生来说，他们已经有6年的小学语文学习的积累，有一定的语言建构能力，将这种知识和能力与现有的校园资源契合，在生活中运用语言，在生活中创作诗歌，感受那种语言的凝练，感受那种音韵美，更感受校园生活的美好。

苏霍姆林斯基说“语言的美在诗歌中体现得最为鲜明”，主张鼓励学生创作诗歌。

中考作文，经常会出现“诗歌除外”的字眼。考试，诗歌除外，但写作教学，诗歌不能除外。

第三节 教学案例2：校园让学生恋上写作，写作让学生恋上校园

在统编语文教材七年级上册第一单元写作中说：“从现在开始，同学们不妨放下畏难心理，试一试，先别考虑像不像一篇文章，就从身边的事写起，写自己最熟悉的事情，写自己最想表达的情感和想法，不给自己设定什么目标，加上什么框框，这样写起来就会很轻松，不觉得难了。”

第一次正式教学生写作，最主要的教学目标是消除学生对写作的畏难情绪。但是又要让学生有的写，还要没有框框，这样的教学，老师要起怎样的作用？

在七年级上册课本第一单元“写作实践二”写道：“刚上初中，来到新校园，走进新教室，见到新老师，结识新同学，你一定有许多新的见闻、感受和想法吧？请拿起笔，从中选择一个方面，把它写下来。字数不限。提示：见闻、感受和想法可能很多，建议围绕自己印象最深的一点来写。以下话题可供参考：1. 新的校园，新的环境；2. 我是中学生了，感觉真棒；3. 我的新同桌真幽默；4. 校园里有这么一个有趣的地方。”

这个“写作实践”为学生们提供了写作的范围、观察的对象、观察角度，在教学的过程中，我还增加了具体的写作支架，学生写作起来会更加得心应手。因此，在写作教学中，我分解“写作实践”并做情境处理，精细设计“写作任务”。

一、聚焦校园对联，设计写作活动——校园的对联让我恋上育英

在育英学校的校园里，对联就是丰富的语文教学资源。它们被书写在校园的小亭子中，在走廊上，在门的楹柱上。

在写作课前，我问学生，“你们见过校园的对联吗?”学生纷纷回答见过。“你能说出一副对联吗?”学生们你看看我，我看看你——校园的对联是见过，但显然没有入心。

我用PPT出示校园中的对联：

> “风声雨声读书声声声入耳，家事国事天下事事事关心”雕刻在同窗门上；
> “一两知己同品喜怒哀乐，三五好友共赴学海书山”在同乐亭上；
> “九天凝云动永乐，高山流水遇知音”在乐乐廊上；
> “日移竹影侵棋局，风递花香入酒樽”在弈乐廊上；
> “居无求安食求饱，富不润屋德润身”在回乐亭上；
> 思聪楼上有横书对联“书山有路勤为径，学海无涯苦作舟”……

这些在校园廊亭上的对联，是楹联作品，是书法作品，更是这所学校的精神的体现。对联是中华传统文化的精髓。语文课上，我先和学生们一同梳理了“对联”知识：①字数相等，断句一致。上下联字数要相同，不多不少。②平仄相合，音调和谐。传统习惯是“仄起平落”，即上联末句尾字用仄声，下联末句尾字用平声。③词性相对，位置相同。一般“虚对虚，实对实”，就是名词对名词，动词对动词，形容词对形容词，数量词对数量词，副词对副词，而且相对的词必须在相同的位置上。④内容相关，上下衔接。上下联含义必须相互衔接，但又不重复。⑤对联张挂，直写竖贴，自右而左，自上而下……

然后，让学生到校园中寻找对联，了解对联，同时设计了写作任务：

> 根据你对校园对联的考察，选择其中的一项任务，完成在语文积累本上，字数不限。
> 任务一：请你向你的小学好友介绍育英学校的对联，不少于5副对联：摘抄对联的原文，简单介绍对联的位置。
> 任务二：请你向你的父母介绍育英学校的对联，通过对不少于2副对联的解读，向你的家长介绍你所理解的育英精神。
> 任务三：请你根据对联知识，找出校园中不符合对联特点的对联，给育英校园文化办公室写一封信，提出你的修改建议。

在设计这个写作任务时，我考虑到了如下因素：

1. 写作目的：介绍校园中的对联，理解对联知识，理解对联背后的意义。

观察范围聚焦校园中的对联，运用的是课堂上所学习到的对联的知识。学生的学习水平不同，认知能力不同，对校园中对联的理解也不尽相同，认知能力强的学生对校园中对联的精神含义认识会更深一些。在后续的交流中，同学间相互补充，丰富各自的认知。

2. 写作情境：学生将要生活的校园，校园中的对联。

这里有真实的写作情境——在校园里，学生生活、学习的地方；对联是学生们每天都能看到的外显的校园文化；对联这一文化载体传递着校园的精神力量；对联更是中华文化的瑰宝。真实、富有意义的语文实践活动情境是学生语文学科核心素养形成、发展和表现的载体。语文实践活动情境主要包括个人体验情境、社会生活情境和学科认知情境。

在真实情境中的知识与能力才是活的知识与能力，而一旦脱离了情境，我们所获得的知识与能力很可能是虚假的、不切实际的，所形成的核心素养也可能是表面的、不真实的。

3. 读者因素：这个作品是为谁写的——小学好友、家长、老师。

因为是真实的写作情境，所以在写作时要引导学生有“读者意识”，即为谁写作；要构建读者思维，怎样让自己的读者明白自己的写作意图。

(1)向小学好友介绍育英学校的对联，介绍对联的内容、对联的位置。读者对象是小学同学。

(2)向父母介绍育英学校的对联，通过对不少于2副对联的解读，向你的家长介绍你所理解的育英精神。读者对象是父母。

(3)根据对联知识，找出校园中不符合对联特点的对联，给育英校园文化办公室写一封信，提出你的修改建议。读者对象是学校的老师。

心中有读者，写作有目的，心中有他人，写作就不是任务，而是一种社会需要，就有了价值。对于十几岁的学生来说，他们大多数会对自己关心多而对他人关心少，因而很容易陷入自己的世界出不来，而不顾读者的感受。想要从自己的世界中走出来，就需要从读者的角度来考虑写作内容和方式，寻找读者的兴趣点，以此为基础去创作，将读者紧紧吸引住。

4. 提供选择：给学生提供多样化选择，选择自己喜欢的写作内容和方式。对于写作水平偏低的学生可以选择摘抄对联，介绍对联的位置；对于写作水平高的同学，可以站在校园文化建设者的角度，解读对联的深意，理解育英精神；对于具有思辨能力的学生来说，可以根据对联知识，找出不符合对联特点的对联，提出修改建议，便于培养学生的抽象思维能力，提升批判性思维水平。

学生习作 1

读对联，知育英精神

最近，老师让我们找了几副学校的对联。而我找到的每一副对联，都使我有许多启发、许多感想，让我懂得了许多的道理。

一

“书山有路勤为径，学海无涯苦作舟”。这是一栋教学楼上面的对联。这副对联，使我联想到了一首诗句：“少壮不努力，老大徒伤悲。”在学习的道路上，永远不会有不劳而获，只有勤奋、勤劳，才算真正地走在了学习的道路上。如果想在知识的海洋里继续遨游，只有勤奋苦学才能实现。我想，这也许就是这副对联挂在校园里的原因，它就是用来警示每一位在这里学习的育英学子一定要好好学习，做一个堂堂正正的中国人，为祖国建设出一份自己的力量。这也是毛主席亲自为育英学校写下校训“好好学习”的原因。

二

“日新其德仁智修双，三省吾身知行合一”。这是“风乐亭”上的一副对联。一个人如果每天能够把自己的品德提高一点，那么，你的品行、为人一定是非常高尚的。同时，你的品德与智慧也会一起修行、一起提高，这样，才是一位真正的君子。一个人一定要分得清什么是好、什么是坏，能干什么，不能干什么。这让我想起了三国时期刘备的名言：“勿以恶小而为之，勿以善小而不为。”这也是警示在校的每一位师生，要知行合一。这些名言警句，都是我们的祖先为后人留下来的做人的道理，也是每一位中小学生必须遵守的规则。

三

“勤能补拙是良训，一分辛苦一分才”。一分耕耘，一分收获。知道自己的水平不如别人，就要更加勤奋努力，付出比别人更多的时间，这样才能够赶超别人。只有自己付出了有效的行动，才能收获一分才华。我想，这副对联之所以能在这里，就是希望每一名育英学子都能有这样的学习品质与精神。

这就是我从学校的对联中悟出的道理，一定要尽自己的最大努力争取做到这些要求，形成良好的学习习惯，提高学习水平，端正学习态度。

（金楷文）

学生习作 2（节选）

“日移竹影侵棋局，风递花香入酒樽”，对于这副在弈乐廊中的对联我有两个疑问：

一是对联的特点之一是"仄起平收"，可是"局"是二声，"樽"是一声，可谓平起平收了。其中词句虽然用得妙，可这结尾朗读起来有些绕口。

二是对联深层的含义是不是要与环境、横批和主题思想关联起来呢？此副对联的环境：校园内。横批：弈乐廊。校园应该是静心学习的地方，我不知这里出现"酒樽"是何意。在这优美秀丽的校园，"酒"与"竹影""花香"为伴，感觉好像让校园少了些清净淡雅，这不适合书意浓浓的校园吧。

假如把对联改成这样："日移竹影侵棋室，风递花香入书阁。"是不是感觉就会不同了呢？

（付　裕）

二、聚焦校园楼、路，设计写作活动——校园的楼、路让我恋上育英

育英教学楼根据《论语》中"九思"命名，有思问楼、思明楼、思恭楼、思温楼……还有各种路，问道路、知行路、乐行路、英雄路……路上雕刻着古今名句，这些细微的地方都蕴含着育英文化。我带领学生走了校园的"路"，观看校园的"楼"，同时设计了写作任务：

根据你对校园楼名、路名、问道路上名言警句的考察，选择其中的一项任务，完成在语文积累本上，字数不限。

任务一：请你画一幅校园平面示意图，标明校园的楼、路的名称，贴在你的地理地图册上。

任务二：请你向你的朋友介绍育英学校的楼名，结合《论语》的"九思"，向你的朋友解读楼名的来历。

任务三：站在校园的一条道路前或者一座楼前，结合"路""楼"的含义，给未来的你写一段话，鼓励自己。

在设计这个写作任务时，我考虑到了如下因素：

1. 写作目标：仰视校园的楼，低头看校园的路，体会它们的含义。

2. 写作情境：校园中的楼、路。

3. 读者因素：朋友、自己。

4. 提供选择：任务一，其所要求图示也是写作的一部分；任务二，可结合《论语》的"九思"；任务三，提示写作的目的是鼓励自己。

学生习作(节选)

站在楼前思考——育英之美

《论语·季氏》中记载着孔子的一段话，“君子有九思：视思明，听思聪，色思温，貌思恭，言思忠，事思敬，疑思问，忿思难，见得思义。”

这样一段话蕴含着做人的道理，育英学校为了让学生们时刻记住，便将这九思放入了教学楼的名字里。

我是一名刚刚来到育英学校没几天的(13)班学生。一开始，我并不懂得学校的文化，更不懂这楼名为何会这样叫。但来到这里后，我慢慢试着了解育英文化，便深深地陷了进去，无法自拔。

站在主楼思明楼的前面，它提醒我们，要会观察。观察，就该看得明确，不可有丝毫的模糊；站在教学楼思问楼的前面，它提醒我们如若在生活中或学习上碰到什么疑惑，就要敢于去提出问题，甚至不耻下问；站在思义楼的前面，它提醒我们当“天上掉馅饼”的时候，不要急着去捡，多想一想，这个利益是否是你该得的，是否符合道义。

育英学校为了让我们行为规范，处处放了警示我们的语句，这样的育英很美，让我几天就爱上了育英。

（王冬雪）

三、聚焦校园书法墙，设计写作活动——校园书法作品让我恋上育英

育英教学楼外有一面近 50 米长的书法墙，墙上简明概述五大书体的特点，还有各个朝代的书法作品。语文课，我把学生带到书法墙前，让学生自己欣赏书法作品，总结梳理楷书、行书等五大书体的特点。同时设计了写作任务：

根据你对校园书法墙的考察，选择其中的一项任务，完成在语文积累本上，字数不限。

任务一：请你向你的父母介绍育英学校的书法墙，书法墙在学校的位置；从东到西按照空间顺序简要介绍书法墙上的内容。

任务二：请你结合书法墙的内容，向我校小学六年级的学弟学妹介绍汉字五种书体的特点，可适当举例。

任务三：十月份，将有美国友人来我校参观，请你写一份书法墙的内容介绍，就其中的一种汉字书体，结合它的特点，对比英语，谈谈汉字书法艺术的美。

在设计这个写作任务时，我考虑到了如下因素：

1. 写作目的：理解汉字书体特点，抒发对我国汉字书法艺术的热爱。

2. 写作情境：校园中的书法墙。

3. 读者因素：这个作品是为谁写的——家长、学弟学妹、外国友人。

4. 写作支架：任务一，有写作顺序提示；任务二，建议运用举例子的方法介绍；任务三，要求运用对比的方法介绍。

5. 思维训练：任务三初步训练学生的对比思维。

学生习作(节选)

中国草书的乱，乱出了一种美。它并不是毫无章法的乱，它的字总是结构均衡，大意尚在，只是写法随意，不像楷书方正规矩。

草书的乱，乱出了一种狂。大笔一挥，摇头晃脑，纵任狂放。把复杂的字简单化，让每个笔画接连在一起，乱成了“天文”汉字，谁都看不懂。

草书的乱，乱出了一种情。读《满江红》，为岳飞感慨；看《水浒传》，为宋江悲愤；品《红岩》，为烈士骄傲。心潮澎湃之时，为了表达这种激动不能平静的心情，连笔疾书，一蹴而就。也许以后再看时，连自己都不明白“狂草书体”写的是什么。但这并不重要，那种情感已经淋漓尽致地体现在字里行间，有一种纵情飞翔的感觉。

（张　一）

第四节　教学思考：校园是最大的写作素材库

这是开学第一周，我和学生一同学习语文，一同交流思想的记录。我们在教室里谈诗写诗，在校园中看花花草草，读校园中的对联，走育英路，看九思楼，赏校园书法作品。这是语文课，学生在学习语文知识，在宽松的氛围中学习；学生在写作，在生活中写作，写自己，写校园中的花草、对联、书法作品、井盖涂鸦……在观察中了解这所美丽的校园，在观察中思考校园的精神，在思考中展望自己的未来。

校园是学生写作的最丰富的素材库。这里的资源取之不尽，用之不竭。

给同学们提供的多个可以选择的写作任务，落实了统编教材七年级上册第一单元“热爱生活，热爱写作”的教学目标。学生感悟到“校园内有很多的写作素材，校园是有无限内涵的地方”，最重要的是通过这些写作任务，写作支架的提供，学生有的写，并乐于写。

每个学生都具有写作的禀赋与潜能，这个禀赋从他们开始说第一句话，讲第一个故事就开始具备了。作为语文教师，我们的责任是充分开发学生写作的潜能。然而很多初中的学生提起写作就厌烦，就害怕，觉得没的可写。学校是学生学习的主要场所，学生一天内的大部分时间都是在学校里度过的，而学校内也隐含丰富的写作资源，如果老师能够开发出校园写作的课程资源，引导学生将写作与生活相联系，学生根据老师的引导寻线索、察身边、识真理、有真情，写作自然而然就得心应手。

第五节　专家指导：教师在写作教学中的作用

若想解决学生写作中遇到的“没的写”“不知怎样写”“写完后除了分数没有用”的困惑，教师要在教学中改变传统的写作教学模式，确立明确的写作教学目标，设置接近学生生活的写作情境，精心设计写作过程指导。

教育部在 2017 年 11 月组织编写《中小学幼儿园教师培训课程指导标准（义务教育语文学科教学）》（以下简称《培训课程指导标准》）。在培训目标与内容板块中指出写作教学，要具体分析写作任务的能力要素，估量学生完成写作任务的困难所在，在两者的关联中确定写作教学的目标、内容和重难点。解决学习目标不当、写作情境缺失、写作过程指导缺失的问题。

在刘向娟老师提供的写作教学实践中，我们可见她给学生提供的写作任务是：做藏头诗向新同学介绍自己，为校园的树木作诗，观察校园的文化建筑（对联、楼名、书法墙）写作成文。这是基于刚刚步入初中的七年级学生的生活体验，基于学生都可获取的写作素材，创设真实的写作情境。七年级的学生想向新同学、新老师展现自己，而老师就提供了展示的平台，而展示的方法又不落俗套，藏头诗的形式使这个写作任务具有挑战性又能引起学生的写作兴趣。在新的校园中认识花草树木，关注校园文化，将语文课堂搬到校园中，学生真实的观察代替老师的讲解，学生获得了第一手的写作素材。真实的写作情境设计很有创意，这个写作任务如果安排到学生已经完全熟悉校园后，学生可能也就没有太多的写作热情了。

因而，在设计写作任务时，需要教师善于捕捉写作契机。源自真实生活的写作任务的设计自然能引起学生的共鸣，也能解决学生无话可说的问题。

写作任务是以写作教学目标为导向来进行设计的。有无明确的教学目标，对学生的学习效果具有明显的影响。目标以及目标分析的明确有利于提高教学效果。统编教材七年级上册第一单元的写作主题是“热爱生活，热爱写作”。根据这个大的写作主题，分解成小的教学目标，刘老师通过教学任务的设计，逐步实现教学目标。(1)激发学生对生活、对写作的热情，明了写作与生活的关系。生活就是写作，写作就是生活，诗意地向别人介绍自己，向别人介绍我们的校园，介绍校园中的花草、对联，这就是生活。(2)引导学生热爱自然，关注自然。校园中有白蜡树、有凌霄花，甚至有那枯萎的柳树，这就是自然，这就是校园中的“自然”。热爱自然从观察身边的自然开始。(3)引导学生用心感受校园生活，捕捉美好、有趣、有意义的瞬间，记录自己的感受体验。校园的文化是一个校园的精神力量。观察校园对联，记录对联，了解校园的精神，表达自己对校园的最初的情感，这就是热爱生活。

写作课教学任务的设计要围绕着教学目标，通过任务的实施，逐步达成目标。

教师在指导学生完成写作任务时，要关注学生。学生在写作时有两个身份：(1)作者，要完成写作任务。(2)学生(学习者)，在完成任务的过程中学习如何写作，即学习与写作任务相关的写作知识、技能、策略和态度。教师要根据经验，预先了解学生完成写作任务的主要困难或问题，给学生提供知识、技能、心理的帮助和指导，形成教学资源。一个写作任务通常需要若干课时来完成，或者要设计几个具有类似情境的任务来组成一个教学单元。这样，才有可能将学生存在的主要困难和问题逐一加以解决。

针对学生在写作过程中可能遇到的困难和问题，教师应提供相应的学习支架来帮助解决，如范例、提示、建议、向导、图表、解释等。这一组写作任务写作活动设计分解见表 1-1。

学生们刚从小学升入初中，虽然有了 6 年的语文学习积累，但这样一组写作任务，还是给学生带来一定的挑战。针对每个写作板块学生可能需要的支持，刘老师提供了写作支架，这些写作支架或者是老师的创作，或者是读者对象的提示，或者是写作要求的说明，都给学生搭建了脚手架，学生可顺着老师搭建的学习支架，一步步挑战完成写作任务。

表 1-1 写作任务分解

写作任务	写作支架
创作藏头诗介绍自己	范例支架：老师自己创作的诗歌
为校园植物写诗	写作形式支架： 1. 用优美的语言描写一株植物或一处景物 2. 分行写，分小节写 3. 最后一小节抒发你这校园景物的喜爱、赞美之情，或者你的哲理思考
关于校园对联的写作	语文知识支架：对联知识 读者对象支架：小学好友、自己的父母、校园文化办公室的老师 写作内容以及步骤支架：抄对联，介绍位置；解读对联；提出修改建议
关于校园楼、路的写作	读者对象支架：朋友、自己 写作内容支架：画图；联系《论语》介绍九思楼的含义；鼓励自己
关于校园书法墙的写作	读者对象支架：父母、学弟学妹、外国友人 写作内容支架：写作顺序提示；举例子的写作方法；对比的写作方法

设计写作教学支架，应着眼于学生的最近发展区，了解学生原有的知识储备，还要关注学生的最大发展区，了解学生“跳一跳”能到达的水平。学生在写作过程中的身份之一是“学习者”，学生对支架的理解使用，就是学习的过程。通过调动其自身的写作知识积累，并使用支架，完成写作任务，也就成就了学生在写作过程中的另一个身份“作者”。在支架教学中，教师引导着教学，使学生掌握、建构、内化那些知识、方法、技能，帮助学生在完成写作任务的过程中学习“如何写作”，学生借助写作学习支架明白应该怎么写。

对于刚升入初中的学生，刘老师通过写作任务的巧妙设计，消除了学生心中对写作的畏难情绪，解除了写作的束缚，让写作水平不同的学生都有话可说，都能写出相应的文字来。在相同的教室、相同的年龄段、相同的语文课堂、相同的写作任务下，处在不同起跑线上的同学，都能愉快地写作，愉快地完成写作任务。原因就是刘老师给学生提供了选择的空间，并且把选择的权力给了学生(见表 1-2)。

表 1-2 “观察对联”写作任务分解

任务选择	具体要求	面对学生
任务一	请你向你的小学好友介绍育英学校的对联，不少于5副对联：摘抄对联的原文，简单介绍对联的位置	任务偏向于摘抄、简单介绍，此题面向写作水平偏低的学生
任务二	请你向你的父母介绍育英学校的对联，通过对不少于2副对联的解读，向你的家长介绍你所理解的育英精神	此题面向学习认真，有一定的语言表达能力、思考能力的学生
任务三	请你根据对联知识，找出校园中不符合对联特点的对联，给育英校园文化办公室写一封信，提出你的修改建议	此题为思辨能力强的学生提供了综合性的高难度的写作任务

每类学生都能完成写作任务，都会获得写作的成就感。正如苏霍姆林斯基所说：“教学效果在很大程度上取决于学生内在心理状态如何，情绪高昂，则效果倍增；情绪低落，则效果微小。”目前，不少中学生对作文不感兴趣，与他们在写作经历中过多的挫败感有关。作文挫伤了他们的自尊心、自信心，他们缺乏成就感，由此形成恶性循环。

比如，钱梦龙老师在一个整体实力相对差的班级的第一次写作课上，提出的要求是“把文章的标题写好”，结果凡是把标题写好了的学生，都获得了A等好成绩。第二次写作课，钱老师提出的要求是“把段落分好”，结果凡是把文章分成几个段落的学生又都获得了A等的好成绩。连续两次的成功，让从未体验成功滋味的后进生着实兴奋起来了，他们不再怕上作文课，脸上也开始荡漾着自信的神采，而且一反过去懒散的作风，看上去勤勉向上。在营造了时时处处都有成功的氛围下，钱老师又布置了第三次、第四次、第五次写作，分别提出新要求。学生们由不爱写作、不会写作转变为爱写作、会写作。由自卑、消沉、懒散，转变为自信、开朗、向上。

语文教师只有在充分了解学生的写作基础、写作经历的前提下，才能结合教材要求确定适当的写作目标，设计切实的教学任务，把选择的权力交给学生，学生“跳一跳，即可摘到桃子”。在教师铺设的台阶上，运用适当的写作支架，一步一个脚印，不断体验成功，享受写作的快乐，最终热爱生活，热爱写作。

第二章

写人要抓住特点

人物的职业阶级等之外，相貌自然是要描写的，这需要充分的观察，且须精妙的道出，如某人的下巴光如脚踵，或某人的脖子如一根鸡腿……这种形容是一句便够，马上使人物从纸上跳出，而永存于读者记忆中。反之，若拖泥带水的形容一大片，而所以形容的可以应用到许多人身上去，则费力不讨好。人物的外表要处，足以烘托出一个单独的人格，不可泛泛的由帽子一直形容到鞋底；没有用的东西往往是人物的累赘：读者每因某项叙述而希冀一定的发展，设若只贪形容得周到，而一切并无用处，便使读者失望。我们不必一口气把一个人形容净尽，先有个大概，而后逐渐补充，使读者越来越知道得多些，如交友然，由生疏而亲密，倒觉有趣。

——老舍《人物的描写》

第一节 写人要抓住特点

“写人要抓住特点”是统编版语文七年级上册第三单元的写作教学内容。

描写人物，要抓住人物的特点。学生的作文常犯的一个毛病就是用抽象的、概括性的话来代替具体的描述，用一般的描写代替个别的描写，如“大大的眼睛，圆圆的脸蛋”之类，千篇一律，千人一面，千口一腔。

学生观察身边的校工、采访学校里的不熟悉的人，在真实的情境下去观察，写真实的事件，就如同画画的基本功——素描一样。学生在作文中不能造假，要真实地记录身边的人。

在育英，真实记录，就会足够感人。

记录身边的小人物、小事件，真切感受到在校园中存在的平凡之美。

成功的写人文章，作者笔下的人物总令人有如见其人、如闻其声之感，这是把人物写“活”了。这就要抓住笔下人物不同于其他人物的最明显特征，写出其个性，使人看后感到就是“这一个”，而不是“那一个”。写好一个人，首先要学会细心观察并抓住人物的特点。

一、观察肖像，抓住特征

人物的肖像，包括静(容貌、身材、衣着等)和动(神情、姿态等)两个方面。通过肖像描写，使读者看到一个具体的、鲜活的人。有的学生以为若要“形象鲜明”，必须洋洋洒洒，连篇累牍，其实不一定。肖像描写的方法是多种多样的，有的需精雕细刻，有的只需寥寥数笔；有的肖像描写一次性完成，有的则在不同时间、不同场合从不同的角度多层次地进行刻画，使用哪一种描写方法，要根据内容表达的需要来决定。老舍先生在《人物的描写》一文中，精辟地指出：“人物的职业阶级等之外，相貌自然是要描写的，这需要充分的观察，且需要精妙的道出，如某人的下巴光如脚踵，或某人的脖子如一根鸡腿……这种形容一句便够，马上使人物从纸上跳出，而永存于读者记忆中。反之，若拖泥带水的形容一大片，而所以形容的可以应用到许多人身上去，则费力不讨好。”

同样都观察养鸽子的谢师傅，同样都是外貌描写，观察者的观察视角不同，写作内容也不同。付裕同学写的是“谢师傅，面色黝黑，一脸平和”，宋一博同学观察的是谢师傅的手“满是裂纹”，都写出了这名普通的养鸽人的特点。

二、观察言行，写出特点

语言描写是对人物独白和对话的描写，而动作描写则是对人物动作行为的描写。听其言，观其行，人物的言行同人物的个性、心理、情绪密切相关。人物的言行描写要符合人物的身份，揭示出人物独特的个性。个性是艺术的生命，同样也是描写人物的生命所在。不能把生活中的原样照搬到文章中，要进行分析、选择，要抓住最能表现人物思想性格及其变化特征的鲜明的言行来描写，才能把人物写真实。

在记录采访人物的写作中，学生和被采访者交流的时间很长，提示学生要选择最能体现人物性格的语言动作记录下来。鲁迅在《我怎么做起小说来？》中说，“我力避行文的唠叨”，“对话也决不说到一大篇”，就是不要把生活中的对话抄到文章中。

三、揣摩心理，感受特点

描写人物需要细腻的心理描写，心理描写可以直接把人物因处境而引起的内心的喜怒哀乐，把人物的内心秘密和心灵冲突，呈现在读者面前，这是刻画人物性格极为重要的手段。比如在观察记录育英的养鸽子的校工谢师傅时，“走之前，他提醒我们要戴口罩，因为鸽子的细绒毛容易吸入鼻腔，影响我们的健康。真没想到，看似粗糙的大男人竟然这样心细；真没想到，一个喂养鸽子的师傅竟然关心着我们的健康。我心里不觉有些感动。”这个内心的感动，侧面写出了谢师傅内心的柔软。

四、事件中写人，突出特点

用事件来诠释笔下的人物。“人”从来都不是孤立存在的，而是处在一件件事情中。要把人写“活”，写成“他自己”，就要把人放在事件中写，写他与别人的交往，写他富有个性的语言、动作、行为、心理。可写的事情较多，要选择能够表现人物特征的事情来写，可以是一件事，也可以是几件事。学生在采访于校长时，记录下校长讲的童年游泳的故事——“胳膊上一刮，有一道白印”，有趣，但是同时作为教育者，于校长给学生讲童年趣事主要是讲他对“规矩”的认识。小作者的采访记录中，通过这个事件就呈现了“少年时的于同学”和“当下的于校长”双重形象。

第二节　教学案例1：采访蓝天下的放鸽人——谢师傅

统编语文教材七年级上册第三单元的写作是“写人要抓住重点”，教给学生们写人物要细心观察，抓住人物的外貌特征、富有个性的语言、动作行为、心理活动等；第四单元写作是“思路要清晰”，在写作例话中给学生提供了三种方法：整体构思，确定写作顺序、列提纲。

根据“写作实践”，我设计了三次写作任务，陪伴学生练习如何按照时空顺序、逻辑顺序写作，如何抓住人物的个性特征写作。

写作实践设计背景：

谢师傅是育英学校的校工，专门负责校园“小动物园”的管理工作，饲养小兔子、鸽子、羊驼、火鸡……我先观察他放鸽子、清扫鸽笼的情景，与他聊天，了解他的工作性质。然后，与他商量，请他到我的语文课堂，接受我的学生的采访；允许我的学生观看他放鸽子的情景。

学生知道语文课请来校工，异常兴奋。在谢师傅进教室之前，我先请学生以小组为单位，拟定采访谢师傅的问题。之后，我又提示学生，这是作文课，要将这次采访活动清晰地记录下来。

写作任务：1. 列出准备向谢师傅询问的问题。

2. 观察后，完成作品《蓝天下的放鸽人》。

如何思路清晰地记录采访活动，我将课本上静态写作知识“确定写作顺序”分解为可操作的程序性写作知识，给学生提供写作策略，形成学生写作的支架。

确定写作顺序：

1. 按照空间顺序记录采访谢师傅的经过——谢师傅在教室；谢师傅在鸽笼前。

2. 在谢师傅走进教室前，你猜想中的谢师傅是什么样子？

3. 在谢师傅走进教室的瞬间，你看到谢师傅的衣着、面容、神态，他与你想象中的谢师傅是否相同？

4. 在同学提问过程中，谢师傅是如何回答问题的？他说了什么，脸上表情如何？

5. 在教室内谢师傅给你留下了怎样的印象？

6. 到鸽笼前，你看到谢师傅是怎样放鸽子的？当鸽子飞上天空后，谢师傅在做什么？他的动作如何？

7. 在教室外谢师傅给你留下了怎样的印象？

课本在解读“确定写作顺序”时是这样描述的：“是按照时间、空间的顺序，还是按照事理的逻辑顺序去写，这要根据文体特点和题材需要来确定。如《植树的牧羊人》，写牧羊人以一己之力改变荒原的故事，采用的是时间顺序；而《纪念白求恩》，依次赞扬白求恩的国际主义精神、共产主义精神以及对技术的精益求精，采用的是逻辑顺序。”

在设计这个“写作任务”时，我考虑到了如下写作因素：

1. 怎样将“时间顺序”“空间顺序”由一个静态的知识点变成一个程序化的过程知识。

2. 引导学生不仅仅根据学习《植树的牧羊人》知道什么是“时间顺序”“空间顺序”，而且通过分解这个概念，让学生“知道怎样去做”。

3. 把学生的学习过程由“了解静态的概念”转变为“动态的研究”。

4. 七个问题的设计不仅指导了学生写作顺序，还指导了学生“写什么”的问题，在什么情况下描写谢师傅？什么情况下写谢师傅给自己留下的印象？

5. 两次提示“谢师傅给你留下了怎样的印象”，不仅让学生在描写人物时不只是客观的描述，而且引导学生用心灵和谢师傅交流，用心灵写作。观察时“贴近生活真实”，写作时“贴近自己心灵的温度”。

6. 这个支架引导学生用心理体验观察的过程：“在谢师傅走进教室前，你猜想中的谢师傅是什么样子？”这是一种隐藏的作文策略。很多文学作品都会写到“变”，主观想象的人与客观存在的人一定会有差别。学生在完成作文时，会写到这种在自己头脑中的“变”。

学生习作

蓝天下的放鸽人

我常常去学校的“动物园”看鸽子。冬日，它们缩着羽毛似一个个皮球，眯着小眼睛，爱答不理地瞧着我。我看一会儿，只好漫步走开。

我常常好奇鸽笼后的小屋子里有什么。我也常常猜想，是谁在管理着这个鸽子笼。

恰巧，今天向娟老师请来了“动物园”管理员——谢师傅，一个看似五十岁左右的中年人，中等身材，皮肤黑红，脸上布满皱纹。随着一阵掌声，他大大方方地走入教室，来接受我们的采访。

我认真地问他：“请问您有什么梦想吗?”他咧开嘴，哈哈一笑，语调轻快地说：“没有什么嘛，就是把鸽子养好，把笼子弄干净。不然，对不起鸽子。”他说话很自然随和，没有什么浮华的词语，那双有些红肿、满是裂纹的大手还上下比画着，充满活力。

很多同学都问了自己的问题。谢师傅告诉我们，他每天大约工作八个小时，这样已经半年多了，他很喜欢动物，也很满意这份工作，与“动物园”的鸽子、兔子有了浓浓的感情。

接着，谢师傅带我们去看他放鸽子。走之前，他提醒我们要戴口罩，因为鸽子毛容易吸入鼻腔，影响我们的健康。真没想到，看似粗糙的大男人竟然这样心细；真没想到，一个喂养鸽子的师傅竟然关心着我们的健康。我心里不觉有些感动。

我们离鸽笼远远的，这样可以更清楚地看鸽子起飞。

谢师傅一靠近鸽笼，那些像坐禅念经的小和尚般的鸽子，立刻活跃了起来，扑腾着翅膀热情地欢迎他。谢师傅打开笼门，有力的双手握住一根三四米长的竹竿伸进鸽笼赶鸽子。一只只胖嘟嘟的鸽子展开翅膀飞出鸽笼，排着队翱翔蓝天。但是飞了不到一圈，就又都懒懒地落在鸽笼上了。我们全笑了，谢师傅也哈哈一笑。他握住长竿向上一挥，鸽子们再次飞起，可是那一双双机灵的小眼睛又在寻找下一个落脚点。

谢师傅不管它们了，满是裂纹的手拿起扫帚走入鸽笼，弓着腰认真地从外到里清洁鸽笼，鸽毛、灰尘纷纷扬起，他却毫不在意，仍然那么认真仔细地清扫每一个角落。然后，他把鸽毛、粪便等扫进垃圾桶，走出鸽笼，轻轻地关上笼门。此时，干干净净的鸽笼内，还有几只不愿出去偷偷躲起来的鸽子，从窝里探出小脑袋，瞧着谢师傅。谢师傅快活地笑了。

谢师傅只是育英一名普通的员工，但他不怕苦，不怕累，喜爱动物，热爱工作，更热爱生活。在那双饱经风霜的手和布满皱纹的脸上，我感受到了阳光与活力。

（宋一博）

七年级学生的习作很简短，却记录下了他们观看谢师傅喂养鸽子的情景。

选文写作运用了清晰的时间顺序，还有空间的转换——从教室到鸽子笼前；有对谢师傅的观察记录——年龄、外貌特点、语言；谢师傅打扫鸽笼、放鸽子的情景……文章中两次写到了谢师傅的手，在教室内的手的动作，在教室外拿笤帚的手的动作，可见将谢师傅带到学生面前，学生的观察会更加细腻。尤其是其中的一个细节描写，当学生们要走出教室到鸽子笼前面参观时，谢师傅提醒学生们戴上口罩，免得鸽子的细细的羽毛飞入学生们的鼻孔中。这个细节被细腻的学生捕捉到了。

有爱的校园里，有充满爱心的教员，培养出了充满爱心的学生们。

第三节 教学案例 2：采访校园不熟悉的人

对谢师傅的观察采访，是学生集中对一个人物进行了解，是写作的规定动作。学生的作文成果良莠不齐，是因为这个写作任务虽然真实，但是每个学生的偏好不同，他们的兴趣点不同，导致他们的写作动机、写作的激情不相同。

燃起写作的激情，激发写作的动力，需要学生自行寻找自己的观察写作对象。

此时，学生走进育英已有几个月了，在这段时间里，他们通过学校的各种活动，耳闻了一些老师和同学的名字，但是可能没有近距离的接触，我鼓励学生完成写作训练《对____的一次访问》。同时设计了写作的任务：

> 小组四名同学共同采访校园内不太熟悉的一位老师或者一位同学。建议小组分工如下：一位同学负责设计采访提纲并且现场提问，一位同学负责照相，两位同学负责记录。采访前共同商定采访提纲，确保合理性，采访后再共同梳理采访过程、写作思路。之后各自完成自己的作文：对____的一次访问。
>
> A 层：能够按照空间和时间的顺序，记录采访的过程，能重点记录被采访者的表情、语言、动作，尤其是采访者的眼神和手势，体会他当时的心理活动，概括出被采访者值得你学习的美德。
>
> B 层：能够按照一定的逻辑顺序介绍你采访的人。整合谈话记录，依次介绍被采访者的几个最主要的美德。在写作中能融入自己的感受：这个

感受可以是访问之前的心理期待或心理准备，也可以是访问过程中的体验，还可以是访问后对被访者的认识以及采访的感受。

在设计这个写作任务时，我考虑到了如下因素：

1. 写作目的：通过写作，落实写作能力中“思路要清晰”的“写作顺序”。写作水平低的同学继续夯实“时空顺序”写作；写作水平高的同学挑战“逻辑顺序”写作。

2. 写作情境：由老师带着采访“校园中的放鸽人”到自己采访“校园中的陌生人”。

3. 写作方式：合作制定写作提纲，合作采访，独立写作。写作方式的优势：团队智慧，将压力分散给小组成员，消除了学生的畏惧感；学生相互启发、激励、互相学习。

4. 写作支架：A层，继续夯实“写作顺序”的“时空顺序”；B层，练习“写作顺序”的“逻辑顺序”。给学生提供不同的选择。

学生习作1

记和于会祥校长的一次见面

冬日里的阳光仍然稳稳地照射进室内，照得我们的心也暖暖的。下午时分，我们在思明楼采访了于会祥校长。

我曾见过校长很多次。记得一次是在十月，篮球场上的两棵大树已经开始落叶了。秋风轻轻一吹，树摇了摇，许多叶子便落了下来，被打篮球的同学踩在脚下，发出“咯吱咯吱”的声音，像秋天抚动了竖琴的琴弦。一转头，我在球场旁看见了于校长，夕阳的光芒照在他身上，校长全身像是笼罩了一层光辉。校长的目光穿过厚厚的眼镜片看向篮球场，眼神里饱含着慈爱。打球的同学们浑然不知，我却从于校长的眼神里发现了一位校长对学生的关爱。

眼前的于校长虽然个子不高，眉宇间却流露出一种不失慈祥的威严。于校长很平易近人，他将我们引到大厅，与我们一同落座。他的脸上始终带着睿智和蔼的笑容。窗棂像一把锋利的剪刀，把阳光剪成各种千奇百怪的形状，秋风想把它们捡起来，却不小心遗落了几片，于是这几片阳光便照在我们身上。

在温暖的阳光下，我们向于校长提出了第一个问题：“您在来到育英之后，做出的最大的改变是什么？”我们本以为于校长会说一些关于学校课程建设之类的话，没想到于校长的回答竟然是——食堂。于校长回答道：“以前学生吃饭，都是由食堂师傅送到教室，饭菜都是冷的。修建食堂后，同学们都能吃上热气腾腾的饭菜。"是啊，也许有的时候同学们并没有关注我们的食堂，只在每天中午决定去哪个食堂吃饭时才在脑海里一闪而过。食堂是我们最熟悉的也是我们最容易忽略的地方，它就像教育大厦的一块地基，很不起眼，却为学生的健康、学校的建设奠定了重要基础。

后来我们又问于校长："您在中学时学习成绩怎样？"本以为身为特级教师的于校长学习成绩一定很突出。没想到于校长出人意料地回答："我初一时成绩并不好，到初二时才逐渐提升。后来我总结：人开窍有早有晚。当遇到一道难题，开窍早的人可能一下子就解出来了，而开窍晚的人琢磨半天也没解出来，不过没关系，只要他不放弃，肯思考，就一定会真正弄明白这道题。现在你们要做的题太多了，所以一定要做好时间规划，给自己制订一个计划，把事情按重要性依次排列好，一项一项去做。"

的确，面对难题，要揣摩思考，真正把它弄明白，不能耍小聪明。同时，这个时代是一个信息量巨大的时代，想要在这个时代里成功，就必须有条理地归纳事情，分清事情的轻重缓急。有些人是雄鹰，一展翅便可飞上人生巅峰，而有些人却是蜗牛，只能一步一个脚印地慢慢爬。可无论雄鹰或者蜗牛，都要学会规划自己的路线，如此才更容易达到顶峰，这便是于校长教给我们的做事的道理。

"于校长，在童年时您有没有一件记忆特别深刻的事情？"于校长似乎陷入了回忆："有，我记得小学三年级时有一个同学，他下河游泳溺亡了。老师们便禁止学生下河游泳。"于校长的表情变得凝重起来，"但我们几个男生还是下河游泳了，正好被老师抓住，只要在我们胳膊上一刮，有一道白印，就说明我们游泳了。老师就让我们在太阳底下晒着，批评教育我们。"于校长的眼里满是对童年的回忆，"后来我想，规矩很重要，老师管你是爱你，不管你是不负责任。"不以规矩，不成方圆。

其实有时候我们讨厌的束缚我们的"规矩"，反而恰恰保护了我们。规矩不是禁锢我们，而是阻挡我们触碰危险的事物。规矩是一个笼子，关住的不是我们，是那些危险的野兽。遵守规矩，这是于校长教给我们的做人的原则。

于校长对学校做出的改变，都是从学生的角度出发的。食堂里热气腾腾的饭菜，美丽的校园，宽阔的球场，饱含着于校长对学生的关爱。在娓娓道来的谈话中，于校长时时刻刻教给我们做人做事的道理。对待孩子，既要给予他们关爱，也要对他们进行教育。教育中不失关爱，关爱中饱含教育。两者相结合，才是一个大教育家的情怀……

走进校园，宽敞的操场，高大的教学楼，设备齐全的医务室，这些处处体现着于校长对我们的关爱。巍峨的江山社稷石与问道路，排布有序的九思楼，英雄墙，书法墙，无不彰显着于校长对我们的教育。当我走进教室，我总能潜心读书，于校长“规划时间，迎难而上”的话语，时时刻刻鞭策着我砥砺前行。

亲爱的于会祥校长，我由衷地敬佩您！

（高翊宸）

学生习作 2

对孙主任的一次采访

我们对年级主任孙主任的采访时间约定在下午放学后。为此，我们再三讨论，制定出了“完美方案”。虽然刘老师说了孙主任性格很好，但我们看他不苟言笑，实在难以判断。这叫我们五人又兴奋又紧张。

一下课，我们就马不停蹄地奔到了楼上，见孙主任还在和老师商讨工作的事，我就觉得孙主任可真忙啊！孙主任带我们去了隔壁的备课室，原本我还以为只是在原地你言我语几句就完了呢！

“今天我们想对您做一个采访，”我先说道，“在考虑了很多人之后，觉得采访您才是最、最……”

“最合适的。”孙主任接口道，“我也这么认为。”一个小小的玩笑，我看见了孙主任平时严肃外表下被掩盖的“幽默”“孩子气”。

我不由得笑了笑，心里放松了许多，问出了第一个问题：“您授课时的感受是什么？或者说您在想些什么？”

“嗯，从物理的角度来说，第一点我想把物理知识跟物理规律教给学生，第二点我脑子中就是想学生的基础是什么样子的……一定要符合学生的认知能力。所以第一个，我要教什么；第二个，学生怎么才能会。”孙主任是物理老师，看来三句话不离本学科。

第二个问题由叡叡提出：“您是小学或初中就有当老师的这个理想，还是等您找工作时找了这份老师的工作?”这个问题大家都很好奇，五双眼睛都紧盯着孙主任。

“没有，我以前不想当老师，”孙主任耸动了下身子，给出了否定回答，“以前我想当军人或做企业家之类的，但是有时候是这样的……得按分录取……选了一个按照我的分数能够考上的大学……实话实说，这不是我的理想。”语气好像微微有些遗憾，采访完后我还细细回忆了一下，越想越觉得有意思，咦，孙主任竟然那样坦诚，我以为他会说一些高大上的话呢。

孙主任接着回答了榕榕的问题，他说："最低的是教学生知识，高一点的是教方法。我心目中教学的最高境界是教给学生正确的人生观和价值观……现在则是想怎么让学生喜欢物理，形成科学的思维素质。"

在禹辰问孙主任印象深刻的同学时，孙主任特举了鼎鼎有名的刘静嘉学姐，从他的言语和神色中能看出他对学姐是非常肯定的，我也由衷地佩服她，并收获了一些学习方法。

问到孙主任自己在初一时的经历时，孙主任提到一位对他影响特别大的政治老师。"我觉得在初中的学习生涯，能遇到一所好学校、碰到一个好班级、遇到一个特别好的老师，都是人生当中特别幸运的事。"接着孙主任很诚挚地夸赞了我们的语数英三位老师，在被问到对我们年级同学的期望时，他温和地说，希望我们能发挥特长，有一个长足的进步，希望我们在育英的学习生活，能成为人生中一段美妙的回忆。

通过这次采访，我更多地了解了孙主任。这位表面严肃，但其实很随和的老师，让我一下就喜欢上了。在和这个对学生很负责的老师的短短十几分钟的交谈中，我不仅锻炼了口才，提升了自信，领悟到了学习和运动并行的重要性，还收获了学习方法，当真是"听君一席话，胜读十年书"！

（高嘉璐）

"观察放鸽人谢师傅""采访校园中一位不熟悉的人"，这两个写作任务都是以练习"写作顺序"为支点，引导学生写作。写作的内容上，一个是老师带领采访，带领观察，提供明确的7个步骤的写作支架；另一个写作任务设计，由学生自己完成采访任务，去除旧的写作支架，建立新的写作支架"整合谈话记录，依次介绍被采访者的几个最主要的美德"，这就提示学生用"逻辑顺序"介绍采访者，与任务一采用"谢师傅在教室—谢师傅在鸽笼前"的"时空顺序"来介绍采访者不同。

从学生的习作成果上看，学生们的采访对象有校长、副校长、各年级主任，有高年级的学长学姐，还有学校的校工、保安等。学生的笔下有真人，笔尖有真情。

第四节 教学案例3：我身边的偶像

在七年级上册第三单元的写作训练中有这样一个写作题目——“我的偶像”。为了让学生更加关注身边的人，更加关注现实生活中的人，将题目修改成“我身边的偶像”。学生在写作中常犯的毛病是用抽象的、概括的语言来代替具体的描述，用一般的描写代替个别的描写。

我告诉学生们，写自己的偶像，要让读者读文就如见其人——看得到他的外貌动作，听得到他的言语心声；要让读者感受到你的偶像独特之处，这个偶像对你产生了很大的影响。

我设计了下面的写作任务：

作文题目：我身边的偶像。

写作提示：你在育英已经生活多日，在你的身边一定会有一个人或一群人成为你的偶像。他们在校园生活中努力认真，他们在与人交往中真诚活泼，他们在学习中勤学好问……他们站在讲台上博学多闻，他们在课下对学生温柔耐心……他们就生活在你的身边，他们或者平凡或者伟大，或者幽默或者严谨，或者勤奋或者敬业，或者洒脱随性或者热情火爆……

写作要求：请你以“我身边的偶像”为题目，写一篇不少于600字的文章，献给你的同学或者老师，感谢他们带给自己的感动，给自己带来的精神力量。

写作支架：

1. 文章以第一人称进行叙述。

2. 描述自己偶像的典型事例，记叙事件的过程中注意对人物语言、动作、神态等的描写，展现偶像的精神。

3. 用议论或抒情的语言表达他的这种精神带给你的启迪或帮助。

4. 再描述因偶像的精神力量，而改变自己的一件事，印证偶像带给你的精神力量。

5. 用“变化”的眼光重新审视自己，审视自己因为偶像的存在而发生的改变，热情地抒发自己对偶像的喜爱或崇拜之情。

在设计这个写作任务时，我考虑到了如下因素：

1. 写作目的：写出人物的性格特征。

2. 写作情境：写身边的老师同学带给“我”的影响，给“我”带来的变化。

3. 读者因素：写给自己的偶像，感谢他们带给“我”的感动。

4. 写作支架：5点写作提示，给学生提供可操作的写作步骤；引导学生通过具体的事件，抒发所要表达的情感；继续练习描写人物的最主要的突破点——写“变”，找“变”的原因——精神的力量。这是写实类的文章写作。

5. 写作内容：侧重于情感的唤醒，促进学生对日常生活的表达和反思，通过这种写作，也能认识自我，思考“我是如何成为我”的问题。

学生习作1

我的偶像——刘建宇老师

我很感激一个人，他幽默风趣，他正直无私的精神让我敬佩，他就是我的引路人——数学老师刘建宇，也是我敬重的偶像。

我与他第一次见面是在开学前军训期间，第一眼看到他，我觉得他很温柔，皮肤略黑，脸上总是挂着淳朴憨厚的笑容。他总是时不时地走访一下我们的宿舍，对我们很体贴。

开学后，我们上第一节数学课，他讲课幽默风趣，给我们讲课时还时不时地加入个故事。比如，上次讲平面直角坐标系的课上，老师给我们讲了导弹是靠坐标来定位的，立刻勾起了我和许多男生的兴趣。还有一次上课他给我们讲他小时候偷偷下河洗澡的故事，他讲故事时眉飞色舞，喜笑颜开，逗得我们哄堂大笑，他的课堂真有趣。

我很快发现他不是温柔的老师，我被他憨厚的面孔欺骗了！有一次，刘老师让我们拿出昨天留的数学卷子，我翻了一下书包，糟糕！我忘把卷子放进书包里了！老师大声问了一句：“谁没带卷子！”我颤抖地站了起来。老师走到我面前，叫我伸出手。我害怕地缓缓伸出手来，老师拿出“小绿手”(这里我要说一句，小绿手是上一届学生送给他的教具，上面是塑料的泡泡，打人虽然不疼，但是却让我们都怕犯错误)，在我手上刮了两下，然后“啪啪啪啪”连打四下，我“疼”得抓耳挠腮，当然不是手疼，是心“疼”——怎么就忘了带数学卷子呢。

刘老师严厉地说：“没带卷子就相当于没带枪，上战场不拿枪不就是去送死嘛！命丢了卷子不能丢！”他震耳欲聋的声音吓了我一大跳。

这真是“棍棒底下出人才”，我自从被打后，再也没忘带过作业，对数学学习格外认真、严谨。

刘老师还给我们讲了许多做人的道理，其中一条让我印象深刻。一节数学课上，刘老师说：“我工作不是为了钱，是为了教出更多好学生，我们不要只想着赚钱，做人要实现自我价值。”这句话打动了我，他正直无私的品质也打动了我。

刘老师是我的偶像，我崇拜他的幽默风趣，在枯燥的数学学习中，我获得了无限的趣味，我知道了，在简单的数字中间，存在着无限的变化；他的正直无私，不被金钱诱惑的高贵品质也让我敬佩，我知道了，在这人世间，有许多比金钱更重要的东西。

刘老师这个人，我永远不会忘记！

（郭少炯）

数学特级教师刘建宇老师是很多学生的写作素材，我自己称他为我的“写作大使”。小作者郭少炯是刘老师的铁杆粉丝，他记录了刘老师的幽默、严厉、正直无私的品质。“谁没带卷子！”这句语言描写写出了刘老师的严厉严谨；对“我”的动作描写：“颤抖”写出了我的心理；接着对老师的动作描写：拿出“小绿手”，在我手上刮了两下，然后“啪啪啪啪”连打四下。我想起了魏巍写的《我的老师》，“仅仅有一次，她的教鞭好像要落下来，我用石板一迎，教鞭轻轻地敲在石板边上，大伙笑了，她也笑了。我用儿童的狡猾的眼光察觉，她爱我们，并没有存心要打的意思”。刘老师的“打”与此处的“打”体现了老师对学生的爱，最深沉的爱。在这严厉的另类的教育之下，学生养成了严谨的数学思维方式。

学生习作 2

我身边的偶像

披肩的秀发，苗条的身材，一双炯炯有神的眼睛，闪烁着智慧的光芒。她就是我的语文老师——刘向娟，我们都叫她娟娟老师。

娟娟老师总是能在生活中给我们带来欢笑。记得有一次课间，班主任还在讲台上讲话，娟娟老师悄悄地从门口探出头，然后将整个身子移了进来。“读书有好处……”“对！一定要多读书。”在班主任说话的空隙，她飞快地插嘴，还故作肯定地点点头。班主任接着说，她接着插话，我们都偷着乐。“你想说什么?”班主任终于放话。娟娟老师哈哈大笑，于是她就这样把一件比较紧急的事情通知到了我们班，然后笑眯眯地走了，那双眼睛弯弯如月。

娟娟老师不仅机智可爱，还是一位教育专家呢！她不是那种自顾自讲课的老师，她会先告诉我们要分析什么，引导我们自由发言，最后自己总结。她的板书也不是课前定好的，她会在黑板上带头记笔记，记录下我们的发言来鼓励我们。娟娟老师讲课的方式，既给了我们一个广阔的空间锻炼思维，又能抓住我们的兴趣，让我们喜欢上语文。就好像老师打好地基，由我们自由搭建高楼，每一栋楼都各不相同。所以语文课上的气氛永远热火朝天。当有同学不专心听讲时，娟娟老师就会故意把课文中的人物名字念成不听讲同学的名字，我们在莫名其妙中哈哈大笑，那位同学也主动地融入了课堂。

娟娟老师还喜欢和我们玩游戏，让我们在游戏中成长。记得“三八”妇女节那天，她兴致高涨地提议：“今天，每一位同学都把书包背在前面，体验一下母亲怀孕的感觉。”我们的惊讶中透着一丝欣喜——貌似很好玩！当看到有同学不小心掉了书包，娟娟老师乐得眼睛都眯起来，道：“那个×××流产啦！”“哈哈哈……”同学们哄堂大笑。放学前，她让我们谈谈今天的感受，同学们都觉得非常累。娟娟老师语重心长地说：“你们一天就累了，而母亲要怀胎十个月，所以我们要感恩父母。今天是妇女节，你们回家准备什么了?”我们都默默无语，低下了头。娟娟老师不仅是我们的语文老师，还是我们的心灵导师。

娟娟老师在完成正常教学任务的基础上，还会根据我们的需要给我们开个“小灶”。一次期中考试后，我们班的作文成绩竟然不理想。我们的语文平时都名列前茅啊！看到我们的困惑，娟娟老师在百忙之中挤出时间，单独面批所有同学的作文。面对每一个学生，她都认真地分析问题，指出为什么丢分，一边说一边在试卷上圈圈点点。她戴上了平时很少戴的黑框眼镜，眼神里流露出认真、严肃的光芒，照在试卷上，照进我们的心底。最后全班每个人都重新写了一篇文章，她再批再改。在这么兢兢业业的老师的教导下，谁会不努力学习呢?

高尔基有句名言：“书籍是人类进步的阶梯。”阅读的重要性不言而喻。娟娟老师每个假期都会利用自己的休假时间，和我们共读一本名著。她每天早晨先在微信群里介绍自己的阅读感受，具体到人物经历和性格特点，激发了我们的好奇心。同学们在阅读中，有的标记优美词句，有的用思维导图总结人物性格特点，有的提出质疑。娟娟老师每天晚上都会给予表扬和精彩的批语，鼓励我们发表自己的看法，并引导我们一步一步学会阅读。每当在群里和老师交流时，我仿佛都能看到那张春意盎然的笑脸，一双笑眼是那么的亲切可爱。在她的引导下，我们深入研读了一本又一本名著，开阔了视野，也越来越喜欢读书了，这会是我们一生受用无穷的精神食粮。

这就是我的偶像——娟娟老师，她机智幽默，富有童趣地营造欢乐的课堂；她认真敬业，不辞辛苦地教诲我们。她把我们看作自己的孩子，教会我们知识，培育我们成长。

（付　裕）

这是写我的文章，让我很感动，学生能观察到老师为他们所做的，并且能用文字记录下来：与班主任抢话、上课记录学生的发言形成板书、面批作文、“三八”妇女节的游戏、假期里带着学生读书，是“真我”存在于学生的心里。

学生习作3

身边的偶像

偶像，就是自己崇拜、欣赏的人。每个人都有自己的偶像，而我的偶像，就在身边。

小小的眼睛，长长的头发，体贴温柔，一考试就拿100分。她，就是我的偶像，“老公”。

为什么叫“老公”呢？因为她姓公，又很体贴，这个亲昵的称呼便有了。

还记得那次军训，我们宿舍有一个同学从中午开始就肚子疼，看着她那么难受，“老公”也很焦急，一会儿为她到床上找药，一会儿为她下楼接水。在宿舍，“老公”的床在上铺，我看着她爬上爬下地为同学忙碌，我立刻就成了她的“粉丝”。

同学吃了“老公”带来的胃药，过了一会儿，舒服多了，但“老公”还是蹲在她床前，和她聊天，试图分散她的注意力，没准儿想点别的，就不疼了呢。

到了晚上，那位同学已经完全没事了，但“老公”还是蹲在她床边，一会儿问她要不要吃药，一会儿又问她要不要喝水，那双小眼睛中充满了关切。

军训回来后，我才发现，原来“老公”还是一位学霸！数学课上让我挠头的难题，她竟一下子就解出来了。几乎每次公布成绩，她都是我们班的第一名。这个超级大学霸却没有一点学霸的架子，还和军训时一样，和我们有说有笑，当我有不会的题时，便会第一时间去问“老公”，她是我最信任的“家教老师”，这时，她的眼睛中闪出的全都是智慧的火花。

偶像，不能只顾崇拜，更要向她学习。“老公”的体贴值得我学习，她身上的学霸气质更是我想拥有的。我很荣幸，能在美好的初中三年里结识这样一位体贴、真诚、善良的朋友，而正是她这些好的品质，带动我好好学习，争取成为和她一样优秀的人。我会和我身边的偶像，一起加油！

（安雅坤）

这是一个女孩子写另一个女孩子“老公”——公昕烨，语言、动作描写形象真实，文中记录了两件事情，一件是具体的事情，军训中帮助生病的同学，另一件是比较概括的事情，帮助我学习。这一对好友在生活中发生了很多故事，作者通过记录这两件事，一件客观描写，一件主观经历，人物形象就跃然纸上。

第五节　教学思考：在实践中写作

在《义务教育语文课程标准》（以下简称《课标》）中“写作目标”第一条是：“写作要有真情实感，力求表达自己对自然、社会、人生的感受、体验和思考。”在生活中写作，在实践中写作，对于学生写作能力的培养十分重要。王森然先生在《中学国文教学概要》一书中提出“作文训练要联系学生的生活实际”。叶圣陶先生在《〈文章例话〉序》中指出：“生活犹如泉源，文章犹如溪水，泉源丰盈，溪流自然活泼泼地昼夜不息。”同时他也强调，其实“作文这件事离不开生活”，“练习作文是为了一辈子学习的需要、工作的需要、生活的需要”。

写作原本就是生活的一部分。写作实践是学生在实际应用中练习。

统编教材七年级上册《咏雪》一文选自《世说新语》：谢安与子侄辈们一起谈论诗文，过了一会儿竟下起大雪，谢安说出诗的上句“白雪纷纷何所似”，谢朗答“撒盐空中差可拟”，谢道韫答“未若柳絮因风起”。屋外大雪纷飞，隔窗观察雪，谢安、谢朗、谢道韫对雪有不同的体验感受。由此可见，魏晋南北朝时期，写作非常注重基于生活体验的写作，主张在有相关生活体验的基础上进行写作。

“写人要抓住特点”是对“人物描写”的要求。对于已经有 6 年写作积累的初中学生来说，写人并不是最新的写作体验。怎样抓住特点，抓住什么特点写人，是人物写作训练的内容。

一、让生活成为写作实践的素材

为了避免学生写作的俗套“水汪汪的大眼睛”“花白的头发”“语重心长的教诲”……教师要立足学生的生活实际，创设写作情境，带领学生进入生活中，观察身边的人，激发写作的激情，表达最真实的情感。在校园生活中，学生和老师、同学相处时间最多，了解深入，学生常常会将同学、老师写进自己的作文。但是，在校园中，还有很多人也与他们朝夕相伴，这些人也与学生的生活息息相关，可急匆匆的生活使学生们对这些人不太关注。拓展生活的维度，拓宽观察的角度，学生的写作实践活动不会枯燥。

比如，每天出入校门，学生都会看到校园的保安，可以引导学生看看保安的外貌、衣着，猜测一下他们的年龄，与他们对话，听听他们的方言，看看他们如何与进入校园的学生、家长对话。保安是“学校的名片”，这些比学生年龄稍稍大一些的保安，他们的特征是什么？是否可以把保安这个群体入文？

比如，每天进出的食堂里有美味，有制作美味的大师傅，还有收拾餐具的服务师傅，他们如父如母，他们的外貌、语言、动作是什么，可以观察他们的生活来了解。这些师傅是否可以入文？还有楼道中操着各种口音的清洁工，她们勤劳，在校园中似乎又略显透明，学生能否仔细观察她们，为她们写文章……

教师着眼于学生生活，引领学生进入具体生活场景，引导学生观察身边的人，学生在一个个鲜活的“气场”中进行写作实践，有内容可写，写得真实。

二、让阅读成为写作实践的支架

课文是例子。在阅读学习中，学生积累了阅读知识、写作知识，如素材、语言、技巧等；写作实践中，就是要引导学生有意识地运用这些知识，将知识转化为写作能力。

写作要素主要在于积累和实践。所谓积累，指的是学生对写作知识的积累，包括素材、语言、技巧等；所谓实践，便是学生对上述所积累的知识进行实际应用。在教学过程中，将阅读中的知识转化为写作的知识，形成指导学生写作的支架。

描写人物要抓住特点。对人物第一印象的描写很重要。心理学家认为，第一印象主要是性别、年龄、衣着、姿势、面部表情等外部特征，这些外部特征能在一定程度上反映出一个人的内在素养与个性特征。在写作实践中，怎样有意识地形成第一印象，怎样有意识、有目的地观察人物，怎样将观察的结果落在笔尖，教师要给学生提供帮助。

表 2-1 理解支架：向鲁迅学习如何描写人物

鲁迅观察对象	人物描写语句	写作内容、顺序	第一印象观察要素
寿镜吾老先生	第二次行礼时，先生便和蔼地在一旁答礼。他是一个高而瘦的老人，须发都花白了，还戴着大眼镜。我对他很恭敬，因为我早听到，他是本城中极方正，质朴，博学的人。	神态，身材，须发，眼镜（由整体到局部）	性别、年龄、衣着、姿势、面部表情等外部特征；语言交流等声音特征
藤野先生	进来的是一个黑瘦的先生，八字须，戴着眼镜，挟着一叠大大小小的书。一将书放在讲台上，便用了缓慢而很有顿挫的声调，向学生介绍自己道： "我就是叫作藤野严九郎的……"	外貌：体型、胡须，声调，语言（由所见到所闻）	

表 2-2 写作支架：对人物的第一印象写作

我的观察对象	人物描写语句	写作内容、顺序	第一印象观察要素
			性别、年龄、衣着、姿势、面部表情等外部特征；语言交流等声音信息

鲁迅先生曾说："凡是已有定评的大作家，他的作品，全部就说明着'应该怎样写'。"每一篇课文都具有思想上、审美上、遣词造句上的多元信息，都是学生写作上的范本。有的放矢地解决写作中的问题，写作支架的设计很重要，需要集中指向提升学生某一方面的写作技能。"理解支架"表格中，把观察人的第一印象的写作要素提取出来，学生能够看出作者的观察内容、写作顺序、写作内容。根据这种方法，学生可以想清楚自己的观察角度、观察思路。学生在阅读学习中能够领悟和理解支架的功能，理解静态的概念——语言描写、外貌描写、动作描写、心理描写……为运用这个支架做准备。

把"理解支架"转化为"写作支架"，是学生进行写作实践的"脚手架"。使学生的能力从现已会的"人物描写"提升为有意识地观察人物，通过对被观察者的外部特征等的描写，突出人物的特征。

写作教学中，要鼓励学生在实践中写作，在生活实践中写作，在阅读实践中写作。

第六节　专家指导：教师要整合写作资源

学生在写作的过程中，需要调动自身的三个世界——生活世界、知识世界、心灵世界。语文老师在指导学生写作的过程中要综合多种因素，调动学生的写作热情、写作知识、生活体验。“文如其人”，因为每位作者的心智系统都会在他的文章中显示出来。

教师可以从两个方面整合写作资源：整合课本内的写作教学资源，整合校园内的学生生活资源。

一、整合课本内的写作教学资源

统编初中语文教材中对“写作”的指导和训练，有明确的体系，科学合理，环环相扣。统编初中语文教材写作系统包含显性的写作系统和隐性的写作系统。每个单元后的“写作”专题是显性的写作系统，“单元课文阅读”“综合性学习”“名著阅读”是隐性的写作系统。统编 6 本教材，每个年级教材分上下两册，每册有 6 个单元，每个单元都设置有“阅读”和“写作”这 2 个专题，每 2 个单元设置 1 个“综合性学习”专题，每 3 个单元设置 1 个“名著导读”专题。教师要将显性的写作系统和隐性的写作系统相结合，尤其是挖掘隐性写作资源，丰富写作资源。

比如，指导学生写人要抓住特点，结合写作知识，教师可以整合选文、名著阅读、综合性学习，多角度指导学生。教师可以整合七年级上册第三单元的选文《从百草园到三味书屋》《再塑生命的人》，指导学生写人，可以对人物的外貌、语言、动作进行描写，要抓住这个人物区别于其他人物的独特之处写，就是对之前学习的巩固和实践。教师还可以整合名著阅读，结合《朝花夕拾》，认识鲁迅笔下的长妈妈、藤野先生、寿镜吾老先生、范爱农、衍太太；认识《白洋淀纪事》中孙犁笔下唯美的女性人物形象；结合《湘行散记》，读沈从文对另类人物的描写，学生赏析作家笔下的鲜明的人物，更加了解“写人要抓住特点”的重要性。教师还可以整合综合性学习“有朋自远方来”中的“向朋友展示自我”，用新颖的形式包装自己。

教师在使用教材时很好地将这些内容整合起来，可以在一定程度上弥补教材写作系统编写的不足，提高教材写作系统的使用效率。

表 2-3 各年级写作训练点以及写作序列设置

学段	写作能力训练	写作训练点的序列设置
七年级	以记叙文为主的基础写作能力写作训练	上册：热爱生活，热爱写作；学会记事；写人要抓住特点；思路要清晰；如何突出中心；发挥联想和想象 下册：写出人物的精神；学习抒情；抓住细节；怎样选材；文从字顺；语言简明
八年级	以说明文为主的专项写作实践训练	上册：新闻写作；学写传记；学习描写景物；语言要连贯；说明事物要抓住特征；表达要得体 下册：学习仿写；说明的顺序；学写读后感；撰写演讲稿；学写游记；学写故事
九年级	以议论文为主的写作能力提升训练	上册：尝试创作；观点要明确；议论要言之有据；学习缩写；论证要合理；学习改写 下册：学习扩写；审题立意；布局谋篇；修改润色；有创意地表达

语文教师要非常熟悉写作训练的序列，心中有全局，有完整的写作训练体系框架，才能根据学生的实际写作情况，整合教材中的写作内容。

统编初中语文教材写作专题由写作主题、写作知识、写作示例、写作实践四部分构成。学生需要掌握的写作知识，有对阅读案例的写作特点的解读，有由片段到成文的由易到难实践练习，在这循序渐进的过程中学生的写作能力得到提高。

就写作实践来说，一个单元有 3 个训练题，一册有 18 个作文训练，如果都按部就班地逐一训练，学生一定会苦不堪言。这就需要教师根据学生情况，整合写作专题的内容。

刘向娟老师将七年级上册第一单元"热爱生活，热爱写作"和综合性学习—"有朋自远方来"整合为一个单元"恋上校园，恋上写作"。写作训练点为"观察"，分解为"如何观察校园的植物""用心观察校园文化"；同时训练学生用诗意的语言表达，介绍自己，完成综合性学习—"有朋自远方来"中的"向朋友展示自我"。

刘向娟老师将第二至第五单元这 4 个单元的写作内容整合为"人物描写单元"。4 个单元的写作教学重点是"学会记事""写人要抓住特点""思路要清晰""如何突出中心"。刘老师根据学生的特点，大胆整合教材内容，用"共同采访放鸽人"活动，训练学生写作"学会记事""思路要清晰"的能力点；用"采访校园中的不熟悉的人" 活动，训练学生"思路要清晰""写人要抓住特点"的能力点；

用课堂上的整文《我身边的偶像》综合训练关于“人物描写”的4个训练点。

刘老师借助课本上的写作知识——思路要清晰，利用课文这个例子，在学生的头脑中形成了“知识世界”；刘老师设计采访放鸽人活动，构建了真实的学生的“生活世界”；将课本上静态写作知识“确定写作顺序”分解为可操作的程序性写作知识，给学生提供写作策略，形成学生写作的支架，学生在运用这个写作支架过程中，提升了写作的能力。

课本在解读“确定写作顺序”时是这样描述的：“是按照时间、空间的顺序，还是按照事理的逻辑顺序去写，这要根据文体特点和题材需要来确定。如《植树的牧羊人》，写牧羊人以一己之力改变荒原的故事，采用的是时间顺序；而《纪念白求恩》，依次赞扬白求恩的国际主义精神、共产主义精神以及对技术的精益求精，采用的是逻辑顺序。”

刘老师给学生提供如下的“确定写作顺序”支架：

1. 按照空间顺序记录采访谢师傅的经过——谢师傅在教室；谢师傅在鸽笼前。

2. 在谢师傅走进教室前，你猜想中的谢师傅是什么样子？

3. 在谢师傅走进教室的瞬间，你看到谢师傅的衣着、面容、神态，他与你想象中的谢师傅是否相同？

4. 在同学提问过程中，谢师傅是如何回答问题的？他说了什么，脸上表情如何？

5. 在教室内谢师傅给你留下了怎样的印象？

6. 到鸽笼前，你看到谢师傅是怎样放鸽子的？当鸽子飞上天空后，谢师傅在做什么？他的动作如何？

7. 在教室外谢师傅给你留下了怎样的印象？

整合课本资源，突破课本的写作资源，让学生在语文学习的环节中获得写作知识，在写作实践中运用知识，根据写作支架，完成写作任务，逐渐提高学生的写作水平，这样写作教学效率会大大提升。

二、整合校园内的学生生活资源

作为老师，最基本的工作就是传授知识。传授知识，是学校教育的基本功能，是教师的神圣职责。写作教学需要科学的知识体系，需要严谨的知识，这些系统的知识是学生进行写作的重要支撑。

学生对写作知识的“学”和教师对写作知识的“教”同样重要。

通过整合校园的写作资源，能够让“教知识”更有效，让“学知识”更可行，让“知识到能力的转化”更轻松。

在第一单元写作中，刘老师整合了校园的静态资源——校园的花草树木，引导学生观察校园的植物；校园的楼名、对联、路名、书法墙……将“热爱生活，热爱写作”这个写作的知识点和校园生活结合起来，学生在实际生活中练习观察，练习写文章，从一个特定的语境(任务、目的、作者、读者)出发进行写作，而不是从某一个写作知识点、某一条写作规则出发去机械地练习写作。

在第二单元写作中，除了引导学生读名著中怎样写人、作家写人的经验外，刘老师整合了校园的动态资源——校园的人，引导学生观察人、了解人。先是固定观察，校工成了写作资源，学生一起观察那位负责放鸽子的师傅，观察他的外貌，观察他的手，倾听他的真实语言，观察他放鸽子时的动作，这是学生真实的生活，再运用写人的基本技能，学生写起文章会得心应手。

首先是给学生写作支架，学生按照刘老师的写作支架完成写作任务。刘老师接着还要再设计写作任务，撤掉写作支架，让学生完成写作任务。于是刘老师再次整合校园的写作资源，让学生去采访校园中熟悉的陌生人，用“热爱生活”的态度与校园中的人进行沟通，运用观察人物的方法去有意识地观察人，用“写出人物特点”的知识点写出自己观察的人物，形成采访记录。于是校园中的校长、年级主任、校工、学长学姐就成了鲜活的写作资源。当然还有一个隐形的写作资源，那就是同伴，小组合作去采访，同伴之间相互合作，相互启发。运用这些写作资源，结合写作知识，再加上学生的写作热情，写作能力会逐渐形成。

韩雪屏教授曾说：“在语文教科书和语文教学中，如何引进现代知识分类观点，如何将陈述性语文知识转化为程序性语文知识，就更是语文课这一实践操作性能十分突出的学科所不可回避的问题。”让知识点发挥作用，需要教师聪明地再创造。

整合写作资源，把语文知识转化为教学程序，关键的一环是写作任务设计，这是一门教学艺术，蜜成花不见，润物细无声。教师丰富的理性认识融合在写作活动中，传递给学生的知识更贴近实践，更能诱发学生的写作兴趣。精妙的写作练习设计，可以促进知识的传递与灌输，体现教师对写作能力发展规律的认识，对学生的写作心理和学习规律的把握，对知识教学和能力培养关系的深刻理解，对写作学习复杂性的清醒认识，重视“教”，更重视“学”。

第三章
发挥联想和想象

什么叫做想象呢？它就是在心里唤起意象。想象有再现的，有创造的。一般的想象大半是再现的。原来从知觉得来的意象如此，回想起来的意象仍然是如此。艺术作品不能不用再现的想象，但是只有再现的想象决不能创造艺术。艺术既是创造的，就要用创造的想象。创造的想象也并非从无中生有，它仍用已有意象，不过把它们加以新配合。联想是知觉和想象的基础。艺术不能离开知觉和想象，就不能离开联想。联想分为“接近”和“类似”两类。

——朱光潜《谈美》

第一节　发挥联想和想象

写作是思维的艺术。学生观察现实生活，记录生活，形成作文，这中间有一个非常重要的步骤，就是学生对头脑中现实生活筛选、加工的思维活动。联想和想象是人类特有的思维活动。

一、什么是联想和想象？

联想是由一事物想到与之相关的另一事物，也就是眼前的事物是联想的触发点，另一事物是联想的落脚点。通过联想新事物与记忆中的旧事物形成一种新的联系，这种联系让大脑的思维跳动起来。在写作中，联想可以拓宽思路，丰富、加深文章的内容。

比如，学生熟悉的《陋室铭》，“山不在高，有仙则名；水不在深，有龙则灵”运用比兴手法，采用以形象对比为主要形式的联想活动，借此引出“斯是陋室，惟吾德馨”的中心论点。由眼前的“陋室”联想到了“山”“水”，联想到了“仙”“龙”，来类比自己的高尚品性。“安得广厦千万间，大庇天下寒士俱欢颜”，杜甫由眼前的“茅屋”联想到了“天下寒士”，这一联想，表达了他对家国天下的炽烈的爱。

想象是在头脑中创造出未曾有过的新形象。这种思维活动是以现实世界为基础，对已有的生活表象进行分解、重组和变形，然后在头脑中创作出现实中没有的新形象、新世界的一种思维方式。在写作中，运用想象，可以使文章具有奇幻浪漫的色彩，从而增加阅读趣味。想象分为两类：一类是科学的、实用的想象，另一类是文学的、审美的想象。

比如，郭沫若诗歌《天上的街市》，作者以现实的街市为基础，对街市的景象、人物进行分解、重组和变形，想象出街市上陈列的珍奇、天街上牛郎织女和他们手提的灯笼。想象牛郎织女能够提着灯笼，在天上的街市自由行走，天河不再成为他们往来的阻碍。比如，七年级下册第六单元的文章《带上她的眼睛》是科幻小说，有科学的实用想象，也有文学的审美想象。“传感眼镜”“落日六号飞船”都是在现实基础上的科学的想象；在人物塑造、景物描写上，又进行了文学的想象。小说中，作者赞美了身处困境的小姑娘，赞美了她不怕牺牲、坚持进行科学考察的精神。

联想和想象在概念上有区别，但在实际写作中往往交织在一起结合使用。

二、联想和想象与现实的关系

雨果曾说："诗人有翅膀，能飞翔，能突然消失在幽暗中，这是诗人与众不同的地方，这是好的，这是应该的，可是诗人必须再现。他走了，他必须回来。诗人可以有翅膀飞上天空，可是他也要有一双脚留在地上。"在写作中，想象不是无边无际的完全超脱现实的想象，想象的"新""奇""特"要和"真""实"相结合，再新奇的想象，也要以"现实"为基础。

比如，"白发三千丈"完全不可能发生，李白的大胆想象让读者在更高的程度上感受到了现实生活中剪不断的"愁绪"。比如，《海底两万里》成书于1869年，潜水艇的完善、电的普遍使用远远没有开始，但是儒勒·凡尔纳在现实的基础上大胆想象，让读者在"鹦鹉号"上进行了海底旅行。《西游记》是中国古典小说中想象最奇特的著作，似乎是荒谬的不可信的故事，却是在真实的唐代僧人取经的背景下，作者想象"四人"取经的故事；似乎是背离了现实的真实，却能让读者感悟出真实可信的情理——要团队合作才能克服困难，磨难是成功的基石……科学想象的最高价值是"被证实"，文学想象的最高价值是"无理而妙"。《海底两万里》中很多想象，现在已经成为现实；《西游记》用极端的想象甚至是无理的想象，达到对现实世界中人性的刻画。

联想和想象离不开现实世界，是在现实基础上的想象。

三、联想和想象与情感的关系

情感是人对客观事物的态度体验。感情表达是联想和想象的起因。统编教材七年级下册《伟大的悲剧》选自茨威格的传记小说《人类群星闪耀时》，茨威格根据斯科特遗留下来的一些底片、电影胶卷、书信和遗书，发挥他天才的文学想象而写成该文。茨威格并没有以胜利者阿蒙森为写作的主体，而是选择了失败的斯科特团队，就是基于茨威格的情感，是对斯科特团队的敬重，对这种勇于探索、勇于献身的人类情感的敬重。

情感是联想想象的基础。

四、怎样在写作教学中引导学生发挥联想和想象

在写作课上培养学生的联想和想象能力，要基于科学系统的知识和技能训练，促进知识、技能向能力有效转换。设计关于"发挥联想和想象"写作能力的支架。

1. 基于原有文学形象，发挥联想和想象，做续写故事的写作训练支架

表 3-1　续写《卖炭翁》写作小支架

分析对象	主要人物	人物特点	事件以及结局	写作者情感
白居易的《卖炭翁》	卖炭翁	外貌 心理 行动	卖炭是想换钱，只得到无用的"纱""绫"	对底层劳动人民的深切同情
联想和想象后的《卖炭翁》	增加或删减后的人物：	不改变：	补写事件：	不改变：

怎样对这个故事性很强的叙事诗进行续写？续写有创新有传承，人物形象的发展有自己的惯性，比如不变是人物的特点、表达的情感。这是联想和想象的原点。由原作中的人物，可以联想到新的人物，学生在人物上可以增删改，有学生联想到了作者白居易，联想到了老翁的家人，联想到了宋代的包拯……由原作的卖炭的故事，又可以想象出怎样的新的故事，又有怎样或心酸或幸运的结局，这是需要学生想象的。而想象的基点，不改变的是人物特点和要抒发的情感。

"补充情节"训练支架，引导学生们基于白居易的《卖炭翁》进行联想和想象。补充人物，这是对学生联想的训练；补充情节，是对学生想象表达能力的训练。

表 3-2　续写《皇帝的新装》写作小支架

分析对象	主要人物	人物特点	事件以及结局	写作者情感
安徒生的《皇帝的新装》	皇帝	爱新装 爱虚荣	皇帝穿新装参加游行大典。孩子说出真相	对皇帝、大臣、虚伪的社会风气的讽刺…… 对骗子的批判
联想和想象后的《皇帝的新装》				

把写作支架去掉，让学生完成《皇帝的新装》的续写，让学生自己联想和想象，增删哪些人物，人物性格是否要变化，故事的结局是什么，融入创作作品

中的情感是什么？按照一定的思维方式有目的地训练学生发挥联想和想象的写作能力。

2. 重视对修辞手法的训练，发挥联想和想象，使语言生动

修辞手法是使语言形象生动的重要手段，而联想和想象是修辞手法形成的基本思维方式。运用修辞手法的思维路径是什么？

朱自清《春》一文中写“春花”，运用了丰富的联想和想象，形成了修辞美：

桃树、杏树、梨树，你不让我，我不让你，都开满了花赶趟儿。红的像火，粉的像霞，白的像雪。花里带着甜味儿，闭了眼，树上仿佛已经满是桃儿、杏儿、梨儿。花下成千成百的蜜蜂嗡嗡地闹着，大小的蝴蝶飞来飞去。野花遍地是：杂样儿，有名字的，没名字的，散在草丛里像眼睛，像星星，还眨呀眨的。

表 3-3　朱自清《春》一文中运用联想和想象描写“春花”

对象	思维的原点	联想和想象的落脚点	修辞
春花	春花开放的姿态	你不让我，我不让你，都开满了花赶趟儿	拟人（把春花赋予人的性格特点，想象它们开放的姿态）
	花的颜色多	红的像火，粉的像霞，白的像雪	比喻，排比（博喻，多重联想，写出了花的色彩繁多）
	花的味道香	闭了眼，树上仿佛已经满是桃儿、杏儿、梨儿	想象（由眼前的春花，想象到了果实满枝的样子）
	野花的种类多	散在草丛里像眼睛，像星星，还眨呀眨的	比喻（由阳光下的野花想到了眼睛、星星）

在统编教材“发挥联想和想象”的写作指导中，有这样的提示“对于‘伞’这一生活中常见的事物，如果从不同角度发挥联想，你会想到些什么？”课堂上用此训练学生的联想、想象能力很有意思，学生能联想到很多，激发了学生的想象力、创造力。

但是联想力、想象力的激发、训练、培养不是写作教学的主要目的，而应该以想象的语言表达能力的培养为主要目标，这种想象的语言表达能力，追求的是想象、情感和语言表达的一致，即通过得体的语言形式表达想象，以有效地表现作者内心的情感、态度和价值观。

教师要对学生进行想象的知识和技能的点拨，让学生在集体想象中，彼此思想交流碰撞，引发思维向广度和深度拓展。联想和想象活动实质是让学生展示既有的想象力，而不是训练想象力。

表 3-4 运用联想、想象描写“伞”

对象	思维的原点	联想和想象的落脚点	修辞
伞	伞的遮雨的功能		
	伞的颜色		
	油纸伞		
	……		

有这样的小支架，在把握事物特征的基础上，抓住相似点，进行一组或多组联想，学生小组合作，相互提示，找到思维的原点、落脚点，有意识地运用修辞手法，形成写作小练笔。当然在实际应用过程中，也不要把“支架”变成“框架”，束缚住学生的思维。

3. 设计幻想类或者科幻类写作训练，锻炼学生的“发挥联想和想象”的写作能力

“科幻是人类智慧的启明星。”从心理学的角度上看，初中学生猎奇心、求知欲较强，他们大多爱看科幻、玄幻类小说；从课程安排上看，生物、物理、化学等科学学科知识，给学生发挥联想和想象提供了基础；社会媒体、网络等也有很多科学知识、科幻故事，学生非常喜欢……这些都为学生进行科幻类作品创作提供了有利的条件。

科幻类作品的写作，看似可以没有任何约束，可以天马行空，但是学生要创作好的科幻作品，教师要引导学生从“科学对人类进步起到促进作用还是阻碍作用”“人的某些行为对科技进步起到促进作用还是阻碍作用”的角度进行联想和想象，这样才可能写出好的作品。

“发挥联想和想象”单元写作训练，要帮助学生了解联想和想象两种思维方式的特点，在写作中能主动运用联想和想象，使作文内容更丰富，表达更生动。

第二节 教学案例1：小组合作创作科幻中篇小说——未知星球生存

统编语文教材七年级上册第六单元写作主题是“发挥联想和想象”，在写作例话中解读了“联想”和“想象”的概念，写作时怎样运用联想和想象的写作技巧。

七年级下册第六单元写作实践中有这样的题目：“航天、生物、计算机、新能源……你对哪个领域的科学技术最感兴趣？请搜集相关资料，加深对这种科学技术的理解。在此基础上，展开想象，写一篇作文。不少于500字。提示：1. 可以想象科学技术在未来的发展状况，及其对社会生活的影响。这种影响可能是有益的，也可能带来潜在的危险和灾难。2. 要有一定的故事情节。如果能像《带上她的眼睛》那样，设置一些悬念和伏笔，那就更好了。3. 写完后多读几遍，根据语言简明的要求，做进一步的修改。”

根据这两个写作专题，我设计了系列写作任务。学生以小组为单位，在合作中“虚拟生存”，在合作中共同想象，完成写作任务。五天，小组共同完成一部科幻中篇小说。

“未知星球生存”是我和班里一个非常喜欢创新的男同学一同设计、完善的写作任务，写作任务包含生存需求、生存困难。我为学生提供未知星球的背景资料，为学生搭建联想和想象的平台，而学生要在此背景设定下解决困难，这非常挑战学生的思维。

为了提高课堂效率，我为学生提供纸质版文字资料如下：

一、未知星球生存背景资料

为了锻炼学生们的胆量、勇气、合作精神，育英学校开设了“未知星球生存”课程。你和你的同组的小伙伴们要在一个无人居住的未知星球上生活并探秘，以显示育英学校的年轻人多么机智、勇敢，多么能适应环境生活。你需要在未知星球生活的这段时间里记录在荒无人烟的星球上遇到的各种情况。

这里有三个未知星球，你可以根据你的知识积累，和你的小组成员共同选择其中的一个星球，共同生存、探索奥秘。

表 3-5 三个未知星球的信息

星球名称	水资源	天气情况	植物	动物	星球上的交通工具
阿塔卡玛星	没有水	清晨有露水，不易收集	植物美丽，果子可以食用	动物萌萌的，很友好	一种大鸟——对它说赞美的话，它就会带着你飞
曼陀罗星	有水	夜晚很冷	有的植物有毒，稍一碰上就会中毒	动物萌萌的，很友好	飞船——它的动力之源是植物的叶子
海德拉星	有水	午后到黄昏炎热	植物美丽，果子可以食用	动物很凶，会伤人	木鞋——它的动力之源是动物的毛发

行前准备

1. 你的小组成员就是你同行的小伙伴，性别不能变，但是性格迥异：有具有领导才能的大度包容的组长，有幽默滑稽的组员，有博学多识的组员，有有勇无谋的组员，有贪吃的组员，有贪玩的组员，有胆子小爱哭的组员，有易生病的组员……

2. 因为要乘坐特殊的飞船到达你们选定的星球，所以，你们要带的装备不能太多：除生活必需品，你还要带两个高科技产品：你自己发明的一种很神奇的高科技产品；刘老师赠给你的“超能量向日葵”。

3. 行前交流：①认识你的小伙伴，记住他们的昵称；②讨论你们组要去哪个星球；③你们各自要带怎样的装备。

二、未知星球生存第一天

情景一：机场送行

地点：飞机场

场景：自己看见其他三位同学陆续风风火火地走来，旁边跟着的是家长，拖着行李，背着包。同学相见分外兴奋；家长与孩子将要离别，分外担心。自己即将去独立生存，去探险，内心有渴望，有紧张，有害怕……

情景二：潇洒狂欢，建设蜗居

地点：自己选择的那个星球

上午：到了新的星球，书包内有自己带的吃的玩的喝的；没有妈妈的唠叨，没有老师的苦口婆心；没有作业，没有考试……我们这个小队登上这美丽的星球，开始狂欢……时间就这么溜走了。唱的什么歌？怎么唱的歌？

黄昏：忽然组长提出了一个严肃的问题，“我们要建造自己的房子，有房子才有家，才有温暖。”

大家展开争论：可能有人认为房子要建在海边，有人认为要建在树上；可能有人认为应该男孩子干活，女孩子休息；可能因为没有绳子没有斧头在争吵；也可能是有小动物闯进你们的领地；可能没有水；可能有人碰了有毒的植物……

小组讨论：请根据你们所在的星球的特点，你们所带的物品的特点，围绕建房子过程中的冲突，小组模拟在星球上争吵并最后和解的情境。在狂欢的过程中，争吵的过程中，在建房子的过程中，请加入歌声。

DAY1——写作任务1：这样紧张丰富的一天，你看到了什么，听到了什么，选取你觉得最有意思的片段，记录下来。不要写流水账哦……

组长分配任务：

A同学：着重介绍你们组要去的星球，你们选择的原因；组员们带的物品；同学们的姓名，性格；着重介绍每位同学带的神奇之物；神奇的超能量向日葵。

B同学：机场送行的场景(加入歌声)。

C同学：着重介绍你们狂欢的场景(加入歌声)。

D同学：着重介绍建房子的过程(加入歌声)。

同学们拿到这个长长的“写作背景介绍单”之后，课堂里安静了一会儿，接着就有几个同学大声地喊起来：太刺激了，有挑战性。在整个过程之中，我也发现，学生们无论是讨论还是写作，都很有激情。

这个写作任务的设计，我考虑到了如下因素：

(1)有选择性：有3个星球，根据自己的经验，任选其一在那里生存；有不同的写作任务，学生也可以根据自己的兴趣选择。

(2)有挑战性：每个星球在水、天气、植物、动物、交通工具上，都有各自的优势和不足，要弥补不足，需要小组合作，共同开动脑筋，任务设计有挑战性。两个高科技产品也为以后的任务完成埋下伏笔。

(3)有合作性：小组成员共同讨论去哪个星球，4个人的作品要能够连在一起，反映不同时间、不同地点的星球生活。4个写作任务分配给4个人，环环相扣，缺一不可，每位同学在写作中都有他的价值。

(4)有生活性："送行场景""狂欢场景"，都是学生的生活真实，将生活的真实放在未知星球生存这样的"未知情境"中，有一定的生活趣味性。

(5)有立体性："加入歌声"既是写作要求，又是一个写作的支点。作品中加入歌声，小说就由平面设计变成了立体设计。

(6)有对话性：课堂教学形态转化，小组成员形成了学习共同体，变"封闭性写作"为"合作性写作"，让每位同学都参与课堂对话，每位同学都有内容可写，着眼于提高每位同学的写作效率。

三、未知星球生存第二天

身体抱恙，温暖关怀，向日葵显圣，遇到真神

地点：自己的那个星球

情境：也许是因为盖房子累，也许是因为新环境吃的东西不可口，也许是因为淋雨了，也许是因为想念家中亲人，也许是碰了有毒的植物。你们组的(　　)病了。阿塔卡玛星上生病的孩子喝了热水就可以病愈；曼陀罗星上生病的孩子吃一种无毒的树叶子，就可以恢复健康；海德拉星上生病的孩子看到动物对他的微笑，就会立刻露出笑脸。

生病的同学痛苦不堪；一位同学在帐篷内照顾他；一位同学步行到星球的其他地方寻找宝贝；一位同学运用交通工具急速寻找治病良方……

在痛苦焦急中，大家分别想到了刘老师给他们的"超能量向日葵"，大家将向日葵向着太阳，高高举起……奇迹出现……穿过那条光芒万丈的时间隧道，看到你最崇拜的一位名人，他就是你的前世，你会和他有一次愉快的对话。他也许是屈原、李白、杜甫、白居易、鲁迅、凡尔纳那样的大文学家；也许是霍金、爱因斯坦、居里夫人那样的大科学家；也许是某位影视艺术家；也许是文学名著中的人物；也许是政治家……然后，有了灵感，你找到了解决病痛的方法。

皆大欢喜……

小组讨论：

1. 请根据情境，安排角色(生病的、照顾的、步行的、骑行的)。

2. 讨论病痛解决的办法，怎样巧妙合作解决……

3. 举起"超能量向日葵"，寻找自己的前世。

DAY2——写作任务2：在未知星球的第二天，你看到了什么，有怎样特殊的感受，想象一下有怎样奇妙的经历……请记录下来。要写出自己独特的感受。

组长分配写作任务：

A 同学：生病的同学写自己生病的感受——身体，心理；受到同学帮助的感动；看到前世的……

B 同学：照顾生病同学的感受，内心的焦急；生病同学的痛苦；看到前世的……

C 同学：步行外出寻找宝贝的同学在星球上的所见所闻所感；看到前世的……

D 同学：使用交通工具外出寻找药物的同学如何启动了交通工具，怎样笑话百出；寻找药物的同学的慌乱；看到前世的……

第二天的写作任务有两个场景：一个是生病，治病；另一个是遇到名人，这个名人就是以前的自己。要将这两个场景合并在一篇文章内完成，对于学生来说具有挑战性。

从写作内容来说：一部分文字是情境写作，生病、治病的感受和过程，注重语言、动作、心理、神态的描写；另一部分是文化类作品的写作，需要学生调动自己已有的文化积累，充分想象。

这节写作要写出团队的精神力量：三人合作，克服不同的困难，殊途同归，为生病同学治病；又体现了科幻小说的人文性特点——精神力量与物质力量的交锋。

写作任务又是"角色扮演"游戏：这个写作任务，有角色扮演的特点，每个人扮演不同的角色，"生病的同学""照顾生病同学""步行外出寻找宝贝""使用交通工具外出寻找药物"。学生合作要想象当时的情景。

写作分工不同：一个组的同学有相同的任务情境"看到前世"；也有自己独特的任务"自己生病的感受——身体，心理""照顾生病同学的感受，内心的焦急；生病同学的痛苦""步行外出寻找宝贝的同学在星球上的所见所闻所感""使用交通工具外出寻找药物的同学如何启动了交通工具，怎样笑话百出"。这个写作分工就是为不同的学生提供了相应的写作支架。

写作有趣味性：如同《西游记》之中的猪八戒，《海底两万里》之中的尼德兰，《水浒传》之中的李逵……D 同学在作品中，承担了幽默搞怪的角色，增加了文章的趣味性和可读性。

四、未知星球生存第三天：自由活动

周三，无语文课。安排今日岛上自由活动。

五、未知星球生存第四天：发现商机

情境：大家在星球上游玩时，忽然有一个同学发现了商机，这个商机是……

小组讨论：根据你们所在的星球的特点，研究你们组发现的商机。联系历史、地理、生物或其他相关学科的知识，叙述商机的合理性，如何带回地球，会有怎样的收益。最后，你们可能利用了你们带的很神奇的高科技产品，将这个商机带回地球……

DAY4——写作任务 3：组长带领同学们研究探索，描述你们组发现的商机。行文中联系历史、地理、生物或其他相关学科的知识，叙述商机的合理性，回到陆地后推进的办法。你们返回地球。

组长根据需要，分配写作任务。

这个写作任务的核心词是“商机”，满足小孩子心中那个发财梦。

在学生的讨论中，我听到大部分小组选择的商机是挖到了黄金或珠宝，关注物质利益的多。我又提示学生，商机是商业机会，可以联系现实生活之中的文化、环保、科技、医疗、电子、考古等各个行业；另外，除了关注这个商机能否赚钱，还要关注其能否给人类带来福祉，能否改变或推进人类的发展进程，这样立意会高远一些。

这是个开放性的写作任务，没有要求，也去除了写作支架。只有一个提示“行文中联系历史、地理、生物或其他相关学科的知识，叙述商机的合理性，回到陆地后推进的办法”。学生旧有的信息与教师提出的新任务碰撞，产生了新的想法，学生站到了老师的肩膀上。

写作接近尾声，本次写作告诉学生：好的文学作品，不只是语文学科的事儿，不只关乎文字，还需要各个学科的综合素养。

六、第五天：修改 打印 组合

将每一天的每个人的作品形成电子稿，每组选派最敬业的一位同学进行连接组合，形成自己小组的中篇科幻小说。

要求：1. 每位同学修改自己的作品：①客观地读自己的文章；②矛盾冲突解决是否可以修改得更完美；③语言是否可以修改得更顺畅。

2. 形成电子稿，传给自己组最敬业的同学。

3. 最敬业的同学将4位同学的作品组合在一起，负责连接、修改本组的作品，可以适当添加过渡句、提示句等，形成中篇小说。

这3天的写作任务，都是在学校课堂内完成的，每天晚上，需要学生回到家中将自己的作品整理成电子稿。3次写作任务完成之后，需要同学们各自修改，将小组的所有同学的作品连缀在一起，形成中篇小说。

给学生提供了修改自己作品的写作支架：怎样读自己的文章，重点修改矛盾冲突，注意修改语言。

七、第六天：变身出版社总编 拜读他人作品

作为出版社的总编，当你正苦于没有选题，不能完成出版任务的时候，你看到了某位作者的《星际生存》中篇小说连载。请你认真阅读后，从故事情节、人物塑造、语言表达等方面评价一下这部作品，并且邀请这位作家修改后在你工作的“育英文学出版社”出版。

1. 读作品要求：①随手标出错别字，便于作者改正；②边读边用(波浪线)红笔标画出优美的语句；③在每一页上至少有一处旁批，比如修辞、景物描写、歌曲、人物描写等。

2. 以总编的口吻给作者写一个留言条：①赞美这部作品；②指出可以修改的地方，以使作品更完善；③邀请作者在你们出版社出版。

3. 因为是大主编，请你把字写工整。

4. 为了便于作者翻看，请你用红笔或其他颜色鲜明的笔批阅。

5. 由于你工作繁忙，所以共用20分钟完成读、写、评的工作。

学生的身份，由“写作者”转变为“阅读者”。这样使学生的写作成果价值最大化。读其他同学的作品，获得有趣的阅读体验。同时，也要评价其他同学的作品。如何评价他人的作品，给学生提供了明确的可靠的操作流程。

在设计这个连续一周的写作任务时，我考虑到了如下因素：

1. 写作目的：练习写作科技想象文。关注科技想象文章的特点：科学、想象、悬念、主题。

2. 写作情境：想象在未知星球上的生活。

3. 读者因素：记录生活，写给科幻爱好者。

4. 写作方式：小组合作，共同想象，共同解决困难；共同写作，独立与合作共存。这是对话式的写作方式，形成学习共同体，变“封闭性写作”为“合作性写作”。

5. 写作支架：①教师为学生提供了可想象的生活情境，以及一些可能会遇到的困难，给学生提供写作的内容。②具体的情节、冲突、发展、解决需要学生一同碰撞交流，共同解决。③小组合作建造房屋、治病、发现商机，在解决矛盾的过程中，呈现小组的精神的力量。④从学生所带物品以及解决问题的方式，可见科学元素的支架。关注了科幻小说的悬念。⑤写作中的歌声，“联系历史、地理、生物或其他相关的学科的知识”给学生提供了一个多元的大支架，写作要调动自己所拥有的各个学科的知识。

学生习作1(节选)

曼陀罗星之旅

第一章　行程准备

对于即将开启的太空之旅，同学们异常兴奋。在纷纷议论的人群之中有四个女孩都希望去曼陀罗星。因为她们都喜爱小动物，并且都怕热。正好曼陀罗星既有呆萌友好的小动物，又没有炎热的天气。为了这次太空旅行，四个人都随身带了自己的“秘密武器”。叫付嘟嘟的女孩带了一条神奇的项链，通过它可以与其他动物进行交流；叫冬洛洛的女孩带着4枚微米无线通信勋章，在太空也可以通信联系；叫钟小闹的女孩有一块可以弹出医疗工具箱的手表和一个“哆啦A梦”，“哆啦A梦”的口袋里有她需要的所有工具；最后一个叫驰小球的女孩拥有一位机器人管家，能做她想要它做的任何事情。

还有一个所有人都有的神奇物品——“超能量向日葵”，它的功能在没有到达目的地前还是一个谜。不过，这个时候的同学们，没有时间去猜想神奇的向日葵的作用，因为大家都在赶往宇宙机场的路上，都期待着结交新的好朋友，期待着这次神秘的探险旅行。

（张　弛）

第二章　机场送行

人来人往的宇宙机场中，有几位将要前往未知星球生存的孩子，当然还有一些家长。“宇宙机场好大啊！”一个穿着清爽的短发女孩儿发出感慨。她蹦来蹦去，一刻也不停歇。“集合!”随着广播发出，所有的孩子都聚在一起。老师按照之前大家的报名情况宣布了此次活动的分组，短发女孩与其他三个小伙伴终于见面了。“我叫付嘟嘟，平时可以喊我嘟嘟。”一个扎着两个小辫儿，嘴里含着棒棒糖，身着黄色连衣裙的女孩儿说道。她背着一大包行囊，原本该放水杯的侧包里装了满满一兜薯片，身旁的家长也拎着不少东西，让其他三位女孩不禁觉得，这里面应该全是零食。短发女孩说：“我叫驰小球。”另外两个女孩中，一个身穿白衣，手上戴着一块智能手表的长发女孩调皮地笑了笑说：“我叫钟小闹。”最后一个身穿蓝衣的女孩说道：“我叫冬洛洛。”即将离开作业和家长的孩子们很兴奋，马上就熟络起来。飞船起飞时间快到了，家长们依依不舍地送她们上了飞船。“我还是曾经那个少年……”小闹哼着，小球说道：“是吗?我也觉得有些开心，我先睡了。”就这样，四人进入了浩瀚而神秘的宇宙。

（王冬雪）

第三章　星球狂欢

远远的，三个伙伴望见了曼陀罗星，它在浩瀚的宇宙中散发出绚烂的蓝光，蓝光中还透出神秘的紫。“真像一块蓝莓夹心糖。”付嘟嘟兴奋地说。“喂，驰小球又睡着了，咱们去叫醒她。”冬洛洛拽了拽嘟嘟和小闹的袖子。“嘘，小傻子，咱们悄悄地去吓一吓她，让她抬头就看到美丽的曼陀罗星，给她一个惊喜。”小闹对二人低声说道。嘟嘟看到她两眼放光，正要忍不住笑出声，却被小闹一下捂住了口，一串笑声只好咽回。平日安静的洛洛竟不禁被小闹感染了，蹑手蹑脚地走过去。小闹早就似猫一般轻盈地跑过去，站在呼呼大睡的小球前面，回头给二人一个意味深长的眼神，大家一起哇呀呀地大叫，同时小闹的手又快又重地拍在小球的肩上。小球如离弦之箭一般跳起，抬眼一看是小闹，握紧的拳头如雨点一般砸向小闹，小闹笑着跳着跑开了。

伙伴们有说有笑地安全抵达曼陀罗星，一支小队“浩浩荡荡”地走下飞船。过山开路、遇水搭桥的小球大摇大摆地走在前面，紧随其后的是小小科学家——洛洛，之后是提着大包小包的零食的小小动物学家——嘟嘟，最后是调皮的小小白衣天使——小闹。

四个孩子像小鸟放归山林一般，既好奇又兴奋地开始了奇妙的探险生活。“咦?这大树怎么是紫色的?”洛洛担心地问。“嘿，不要管它，咱们先安营扎寨，狂欢一下。”嘟嘟一边搭着黄色的帐篷一边答道。“对对对，终于不用听父母唠叨了。”小闹顽皮地一笑。

大家一起忙碌起来，四人的帐篷围成一个圆圈。嘟嘟负责做饭，她在旁边的空地上挖了一个土坑，把地上的干树枝堆在坑中燃起火。“啊！火是紫色的！”嘟嘟不禁失声道。“哈哈，很好玩是不是?”小球停下洗菜的手，抬头笑道：“这溪中的水还是蓝色的呢！”在一旁摆放野餐折叠桌的小闹忽然严肃地说：“小心点儿，球球总是冒冒失失的。嘟嘟你别笑，我看你也一样。”“是，小队长，听您的吩咐。”小球突然站起来立正敬礼，一脸严肃地回答道。她这滑稽可笑的样子，把所有人都逗笑了。

“太阳下去明早依旧爬上来……”洛洛把几根树枝扔在篝火中点燃，兴奋地高歌。

“花儿谢了明年还是一样地开……”嘟嘟把切好的蔬菜“呼啦啦”倒进锅里，紧接着唱道。

“美丽小鸟一去无影踪，我的青春小鸟一样不回来……”大家都受到歌声的感染，一起围着篝火欢唱起来。这歌声唤醒了同伴们成长的记忆，回荡在曼陀罗星的田野上。

（付　裕）

第四章　未来建筑诗

黄昏渐渐降临，“美食家”嘟嘟正在收拾餐盘，而其余三人依旧在狂欢，尽情体验无拘无束的生活。

忽然小闹停了下来，提出了一个严肃的问题：“唉，你们有没有想过一个问题，我们在这里要生存一段时间，总要建一座房子吧，有了房子才有家，才有温暖。”

“这倒是个问题，”嘟嘟一边说，一边拿起一块蛋糕咬了一口，“可是……我们要把房子建在哪里呢?”

大家展开了争论，小球认为房子应该建在树上，洛洛认为房子应该建在小溪边……

经过热烈的讨论，小闹最后一锤定音：“就建在海边吧。”

说干就干，洛洛用十几分钟就绘制了一份让人满意的设计图，她推了推眼镜，然后笑了笑：“开工!”

……

嘟嘟用她那能听懂动物语言的项链和附近那些“萌萌哒”的小动物们交谈后得知了曼陀罗星上面的植物有一部分是有毒的，稍一触摸就会中毒。

这可不是个好消息，不过团队中有负责医疗的小闹和博学的洛洛在，这似乎也不是什么难事。

好不容易收集完了材料，她们又遇上了一个大难题——她们没有工具！

沉默了一会儿，小闹突然像想起来了什么似的，她跑向自己的箱子，一阵翻找之后，她拿出了“哆啦A梦”，从它的口袋里找到了一个迷你的工具箱，把它递给驰小球：“小球，工具箱给你，是时候展示你的建造才能了。”

为了能在天完全黑下来之前完成房屋的建造，小球拿出了她那存放已久的机械人管家。

只见她按下了一个按钮，“叮”的一声，一个仿真度极高的机器人“活”了过来。

“主人有什么吩咐？”

“去帮我们将房子盖好。”

“是，遵命。”

她们所采用的木材，经过机器人和洛洛的再次加工，成了轻便环保的D97型建筑材料，这种材质可有效防止重大灾害，并且能将收集到的光能转换为电能，为整栋房子提供电，这种材质坚固，还有自动调节气温与氧气的功能。

在力大无穷的小球的带领下，大家迅速投入到工作中，小球和嘟嘟还来了一段合唱：

“I'm wishing on a star，And trying to believe.”

“That even though it's far，He'll find me Christmas Eve.”

在她们的情绪的感染下，洛洛和小闹也加入了进来。

“I guess that Santa's busy，Cause he's never come around.”

“I think of him when Christmas comes to town…”

“小球，小球，你唱跑调了！”小闹调皮地说。

“是吗？I think…I think of him when…小闹，我根本就没有跑调，你敢骗我，看我怎么收拾你！”小球追着小闹跑。

“哈哈哈……”

在美妙歌声的伴奏下，她们工作的进度也在不知不觉中提升了。

天渐渐黑了，一座精致的小房子终于盖好了，四个忙碌的女孩也可以好好地休息一会儿了，在一片嬉笑的打闹中，她们回到了各自的床铺。随着小闹智能手表里传出的轻轻的催眠曲，小球和洛洛逐渐进入了梦乡，嘟嘟摇了摇快要睡着的小闹，悄悄地说：“小闹，我有点想家了。”“我也有点儿，”小闹笑了笑，“不过我们迟早都要离开父母独自生活，何不把这当成提前来临的挑战呢？”嘟嘟点了点头，放心地睡觉了。

月光照在四个熟睡的女孩的脸上，每个人都怀揣着对在这里生活的期望。明天又会有什么样的故事在等待她们呢？

（钟晓乐）

创作团队：张　弛　钟晓乐　王冬雪　付　裕

这是一个小组合作作品的第一部分。四人合作，每人创作 3 天，一共 12 篇文章，合计 9000 多字，是一篇较为完整的中篇科幻小说，虽然内容语言上还有欠缺之处，但是作为七年级的学生，有如此丰富的想象，有如此的文笔，融入了学科知识，我也要为他们鼓掌喝彩。在阅读中，我们可以看到，四位同学的写作水平、语言表达能力是参差不齐的。但是故事情节是衔接的，也就是说，大家在一同编故事，每位同学负责故事的一部分，从不同的视角、不同的阶段来叙述这个故事。

在第一天中，我们读到同学带的“行李”——棒棒糖、薯片，各种零食，俨然是同学们春游或者秋游的场景再现啊！到了曼陀罗星球之后，看到的是彩色的世界“宇宙中散发出绚烂的蓝光”“黄色的帐篷”“火是紫色的”“水还是蓝色的”，从视觉的角度写星球的美丽；接着又听到了歌声“太阳下去明早依旧爬上来……”“花儿谢了明年还是一样地开……”“美丽小鸟一去无影踪，我的青春小鸟一样不回来……”从听觉的角度写出了团队的快乐。在建屋环节中，有了“机械人管家”，“她们所采用的木材，经过机器人和洛洛的再次加工，成了轻便环保的 D97 型建筑材料，这种材质可有效防止重大灾害，并且能将收集到的光能转换为电能，为整栋房子提供电，这种材质坚固，还有自动调节气温与氧气的功能。”在建屋行动中，有环保的理念、科技的成分、合作的意识，甚至还伴有真实的情感“我有点想家了”。而“机械人管家”，在后面的章回中再次出现。

第二天，小球病倒了，此时刘老师送的“神奇的向日葵”起了作用，每个人的向日葵的作用不同。嘟嘟看到“曹丞相”，联系到了历史知识，“对，想当年我赤壁之战大败，没有垂头丧气，因为我还可以卷土重来。俗话说，‘胜败乃兵家常事’，生活中也是这样。你的朋友不会死去的，不必痛哭流涕了，当前的苦难将会转变为日后的幸福。”小闹看到了古代医学家李时珍，“孩子，医学是为人类服务的。当年我踏遍了祖国的大好河山，为的是为人类留下更多关于药材的记载。我虽未曾到过这里，可是我相信你会有杰出的天分，开动你的脑筋，联想这些植物的特性，我相信一定会成功。”吃了毒蘑菇的小球看到了诗人普希金，“孩子不要着急，你的朋友马上就可以找到解药来救你了。记住，‘忧郁的日子里需要镇静，相信吧，快乐的日子将要来临’。”洛洛进入时空隧道，见到了居里夫人。一枝向日葵，让他们见到了军事家、医学家、诗人、科学家。学生们的想象丰富，脑洞大开。

第三天，小球进入了一个只有孩子才能想到的多维的空间：这时，一些小黑洞迅速地朝我围来，我定睛一看：只见全都是不同时空的我，悲伤的我、与朋友玩的我、写作业时的我……难道？这是多维空间？学生通过这篇文章，站在不同的时空，看到了不同的自我形象，反思自己，对妈妈的忏悔愧怍。是心灵之作。

整个写作活动之后，有一个小组，组长是我的科代表关涵月，他们的小组没有“玩够”，又自行设计了一个活动，邀请自己的家人重新返回自己的星球，探看星球的宝藏。这个想象作文训练，成了学生记录自己丰富想象的载体，已经不是有负担的作文了。

学生习作 2(节选)

编剧“大大”：什么？你认为这就结束了？那你就太天真了哈哈哈!!!

巨型彩蛋

番外 A：姥姥来了

“嗖”的一声，一个飞行器落到我屋外的地面，门“吱呀”一声便开了，里面走出一个人，她就是我的家人，姥姥。她见到我，说的第一句话就是：“孙子，这个星球太美好了，你能带我去看看吗?”当时我就爽快答应了，我想到了一个好主意，那就是带她去看看曼陀罗星上特有的矿产资源——振金，这个星球的人这么多年就是靠这种金属发展科技和发家致富的。翻过诸多含铁量很大的小土丘之后，看到一座被红超巨星照耀得发亮的矿山，这座矿山和其他金属矿山不同，它没有任何的混合矿物质，表面完全是光滑的，颜色介于纯银和纯白之间，我驱动机器用一颗微型原子弹炸了一下，开采了一块，一点颜色都未掉，这就是宇宙中密度最大、硬度最高的金属——振金。

（丛 羽）

番外 B：可爱的妹妹

“在那山的那边海的那边有一群蓝精灵，他们活泼又聪明，他们调皮又伶俐，他们自由自在生活在那绿色的大森林，他们善良勇敢相互都关心……”我们小队一起唱起了快乐的歌。

“看样子他们马上就要到了。”

“哎，不知道是谁要来呢！”

“谁都行，只要没有妹妹。”

“你可能不能如愿了，看！”

我一转身，看见飞船已经降落了，再回头，一个小不点兴高采烈地向我跑来。“怎么什么事你都要跟着呀！”我伸手抱住两岁多的妹妹，摸了摸她的脑袋，笑着说。虽然说这个小不点很可爱，但是身为她的姐姐，我可是知道她的威力所在呢！

我把妹妹接进我的房间，把她放在床上，就出去整顿飞船了。这时我惊奇地发现飞船竟然变大了，里面可以装下10个人！果然回了趟地球，高级了不少。显然，我还是没有足够多的带小孩的经验。一个小孩子怎么能单独放在卧室里呢！在我还在惊叹的时候，那个小不点已经在卧室里敲敲打打开了。

听到声音，我赶紧跑到卧室。然而事态已经发展得十分严重了。那个小不点正坐在我的书桌上，一边笑着一边把上面的东西往下乱扔。我扫视了一圈我的屋子：药箱被掏出来，药撒在地上；传感手表不知道怎么被塞到了床下；各种各样的工具到处都是；还有我的衣物都被扔到了地上。

最可恶的是：那个小不点竟然还不知悔改地冲着我笑。也罢也罢，谁让她是我妹妹呢？在经历了多次“洗劫”后，我已是真正见识了她的厉害！我的一世英名往哪儿放啊！

（陈昭凝）

番外C：毒性植物鉴定

飞船的升降梯展开。

我得到消息后，满脑子都是激动与兴奋，立即结束了识别植物毒性的“考察”。胳膊还在狂奔到飞船降落地的途中，扫到了带有毒性的灌木，我眼疾手快捡起一片落叶，擦了下伤口继续狂奔……

“爸爸妈妈！你们来啦！”我边大声喊着，边向父母跑去，并给刚下飞船的他们一个富有“冲击性”的拥抱。

随后，我带领他们游览了曼陀罗星，参观了小木屋。他们带了“超能识别高科技”眼镜。在爸爸妈妈的帮助下，我制作了“毒性植物鉴定”的图片＋文字的标本与各个植物地点地图。

这是我在这个星球上最后的努力，也是我对下一位旅行者唯一的帮助。

不知下一位探险勇者是谁？

（关涵月）

番外D：变异贝壳钻石

欣喜而担心，思念又期待，这就是我现在的心情，这几天的奇遇，充实而美好，但做梦也没想到，他们竟然来了。

飞船从天而降，舱门打开，妈妈下来了，我飞一般地冲上去——几天离别的日子，让我认识到亲人的重要性，没有什么比团聚更美好了。

“妈妈你知道吗？这里可好玩了，这几天我们特别开心。”“真的？那你带我去转转吧。”跟同伴打过招呼后，我们便启程了。

“听说这星球上许多植物都有毒，真的吗？”

“对。”我说：“但没关系，这几天我们已经了解哪种植物有毒，哪种没有毒了，我们都绘制了图谱，我带你去森林看看。”

走进森林，我们一下子变得小心起来——到处都是植物，大部分都有毒，可在这个“恐怖”的森林中，我们却发现了这个……

“变异贝壳钻石！”我大叫起来。

“什么？”妈妈问。我激动地指着地上那颗如明星般璀璨的东西说：“这个叫变异贝壳钻石，是曼陀罗星的特产。”再往深处一瞥，有一枚鸡蛋大的变异贝壳钻石，未经过任何加工，虽没有柜台中钻石精致的形状，但绿叶中透过的点点闪亮的光，淋漓尽致地展现了它的美。像一位无瑕的女孩，披上了淡紫色的水晶单衣，虽不那么花花绿绿，却带着与生俱来的尊贵与华丽，闪耀得让人不敢碰。

妈妈小声地问：“可以拿起来看看吗？”我看到边上的叶子都无毒，便同意了，捧起它，像捧起一颗晶莹的水滴，它们相似，却又不同，相比之下，钻石多了一份刚劲与韧性。“妈妈，我们可以带回去吗？”我接过钻石，小声乞求。“当然不可以，这是大自然雕刻成的工艺品，当然由它们自己来守护，我们不可以据为己有，更不能随便玩弄，这对钻石本身而言就是一种不尊重。”

“好吧，我明白了。”我认识到过错，把这爱不释手的宝贝放回去，再见了，希望下次来时，你能更加美丽。

不知不觉绕了一大圈，又回到了房子，毛毛的爸爸拿出摄像机，站在门前，招呼着说：“来吧，大家一起拍张照。”按下延时摄影后他跑了回来，说：“3，2，1，茄子！”

看着镜头中开心的自己、亲人与朋友，我想，这便是最好的结局。

（安雅坤）

邀请家人再来曼陀罗星，带领家人参观，与家人一同欣赏外星的宝物，享受亲情的美好时光……这情景似乎在现实中，也在想象中。学生们把自己的美好的情感、美好的希望落在纸上，形成文字。对于变异贝壳钻石，作者没有把它据为己有，没有随便把玩，作者用了“守护”这个词语，表明对自然万物的尊重。

第三节　教学案例2：快乐假期漫游记

写作是一件好玩的事情，和学生一同写作更是一件好玩的事情。

初一到初二之间的暑假，我和学生们共同完成了《快乐假期漫游记》小说的续写。一个多月的时间，我和我的学生们共同完成一部作品，共同完成系列的写作。

一、别样的暑假作业

暑假前，我和学生商量，将作业内容和方式变一下：在假期里全班同学完成续写作文。于是，这份别样的作业形式就新鲜出炉了。

续写什么内容，设计怎样的方式让同学们一同完成呢？毕竟，假期里，大家都不见面。

我和我的科代表们一同设计了“快乐假期漫游记”，希望学生运用联想和想象的能力，开启这次假期的漫游活动，完成这份天马行空又前后勾连的写作任务。

故事发生的背景：暑假到了，6个小伙伴到极地(南极与北极)参加假期漫游活动。在从7月12日—9月1日这50多天里，这6名同学组成的小组会有怎样的故事？他们之间会有怎样的故事？他们从南极或者北极出发，会经过很多国家，遇到很多有趣的人、有趣的动物，还会有很多困难，也许还会有惊喜，也许还会穿越，也许会遇到总统、穷人、科学家、诺贝尔奖获得者、足球明星、大歌星、海盗、女王、土著人、同龄的学生、徒步行走的中国人……发挥你的想象，完成你的那一部分……

在写作中，那个小组的6个人物是写作的中心，围绕着6个人物展开故事。每一集可以增加一两个人物。

在写作中，注意想象人物的语言、动作、神态；写作中，注意将身边的环境描写出来；写作中，将歌声、笑声甚至眼泪传递出来。为了表达方便，用上帝视角，使用第三人称“他、他们”来写作。

在写作中，要联系自己所拥有的地理知识、历史知识、生物知识、数学知识、物理知识、英语知识、体育知识等。要传递美好的正能量。

每个同学都要按时、按量完成写作任务。每人至少完成一篇，不少于800字。完成后发到班级邮箱或者班级微信群。

这个续写是一份作业，更是一次创作，一次显示自己综合能力的创作；这次续写是一份任务，更是一份责任，是自己对整个团队的责任，因为自己的努力，作品更有可读性；这份作品的完成不靠某个人的能力，而是整个团队的合作精神……这个假期和小组同学一起快乐行走吧。

因为是两个班的学生，个性化设计，两个班的路线不同，主要人物不同，人物的性格特点不同。

【幻想之翼队　11 班】从南极出发——故事中的主要人物：

赵村长(男)(组长)——班长，温柔、随和、细腻，会照顾别人；视力不好；爱好生物，喜欢各种小动物；优柔寡断。

倪丘球(男)——活泼开朗；爱好发明，在遇到危险时能够发明出脱险用具；有特异功能。

王悠悠(男)——知识丰富，外语好；容易丢东西，粗心；喜欢研究各种植物，在行走的过程中收集植物的种子；在出行前，自己带了一些家乡的种子。

陶宝宝(女)——性格外向，遇事爱冲动，语言表达丰富；好美食，喜欢唱歌，喜欢追星。

哒金籽(女)——外语好；喜欢服装，喜欢画画；语言尖刻，得理不饶人。

孔寒函(女)——反应慢，学习成绩好，以身为孔子的后代而骄傲，知识丰富；比较自私，喜欢不着边际的幻想；父母对她娇生惯养，每天都要和她通电话。

【超级乖乖队　10 班】从北极出发——故事中的主要人物表：

铜雀(女)——队长，勇敢、坚强，有一些粗枝大叶，熟悉各国的风土人情。

墨小染(女)——活泼开朗，爱搞恶作剧；会各种生存知识；比较自私，喜欢幻想。父母对她娇生惯养，每天都要和她通电话。

洛柔(女)——胆小，安静沉稳，顾全大局；熟悉各国语言，队长的得力助手；好美食，喜欢唱歌，喜欢追星。

戈葛达(男)——口才好，说话滔滔不绝；喜欢与陌生人打交道，熟悉心理学知识。

贾雅德(男)——幽默，会鼓舞士气，但是容易意气用事；精通世界史；喜欢和领导人搭讪；想当官，想当队长，与铜雀不太和睦。

吴机严(男)——性格内向，因为受过一次精神创伤而十分懦弱，害怕孤独，胆小；会急救知识；博学多知；有特异功能。

二、这份暑假续写作业的特别之处

1. 作业的要求就是写作提示

(1)写故事。(2)写人物。(3)有中心人物，与学生性格特点不相同，但是在班内有虚构人物的模型影子。(4)是记叙文与想象作文的写作指导与写作练习。(5)学生完成写作，要运用丰富的联想和想象。这是实实在在的语文作业。

2. 这是多学科融合的作业

在写作提示中要求，要联系自己所拥有的地理知识、历史知识、生物知识、数学知识、物理知识、英语知识、体育知识等，有大语文观，锻炼学生的综合能力；学生也会意识到，作文不仅是语文学科的事情，更关乎自己的整个学习。多学科融合，这是联想和想象的基础。

3. 小说的核心人物是真实的存在

这6个虚构的人物各有特点，熟悉各国的风土人情、懂得生存知识、熟悉各国语言、爱美食、熟悉心理、精通世界史、会急救知识、博学多知；这些小孩子自身有各种优点，比如温柔随和、活泼开朗、勇敢坚强、幽默风趣等；但是也有各种不足，比如粗心、冲动、胆小、自私、贪吃等，这些人物的性格特点为学生展开联想和想象铺下了道路。因为这几个主人公的性格是学生共同讨论形成的，集合了学生性格，所以也可以说主人公是真实地存在的。就如同《西游记》的西行团队一样，4位主人公目标相同、性格各异、本领各异，但是在我们每个现实人的身上，都可能会找到如唐僧般的执着，如孙悟空一样的顽皮或勇敢，如猪八戒一样的缺点或幽默、善良，如沙僧一样的忠厚、老实。

4. 写小说的过程就是阅读的过程

这虽然是假期作业的写作练习部分，主要是为了锻炼学生的写作能力，但是整个作品有5万多字，学生就有5万字的阅读量，也锻炼了学生的阅读能力。写作的学生必须读前面学生的作品，才能续写；自己的部分写完了，还要再读后面学生的作品，关注事情的发展。边写边读，写作能力提高，阅读能力也在提高。在读同伴作品时，学生会有自己的好恶判断，写作认真、文笔超强的学生的作品，可以给写作能力相对弱的学生做范本。这份作品有着它独有的阅读价值。不似课堂作文，读者只有一个——语文老师。

5. 锻炼学生的责任心、自信心，形成班级凝聚力

因为是系列写作，所以要求所有学生参与，有时间限制，要求学生有责任感。暑假中，我会点评、旁批学生作品，鼓励学生，增加学生的自信心；给学生提出修改意见，用语文知识提示学生们写作的注意事项；赞赏学生的文笔、构思想象的奇特或者想象的合理，关注学生的写作动态，给后面的学生提示。开学前，全班同学共同完成作品，这项“工程”的竣工，也增加了班集体的凝聚力。有家长也在参与阅读，被吸引，偶尔评价，给了学生写作的动力。

6. 这部作品的再利用价值

(1)装订成书。开学前，我收集好学生的作品，将这部作品装订成册，做成书的样子。开学第一课，是我们八年级例行的自主阅读课。只不过，我的学生阅读的是他们在假期里共同创作完成的小说，5万多字的小说。要求圈点批注，标出优美的语句和有问题的小说设计，和创作者交流。小组合作，共同修改。(2)合作修改。按照写作的顺序，学生们分成10个小组，要详细研读自己的那一章回，还要研读上一章回和下一章回，在情节设计上、语言流畅上、上下风格相似等方面再修改。(3)设计目录。仿照七年级重点研读的《西游记》的章回目录，设计自己作品的章回题目。在设计章回目录的过程中，学生们又锻炼了概括能力和语言精练表达的能力。(4)教学范本。在写作教学中，以此小说为蓝本，进行写作指导：如何丰满作品中的人物？怎样插入景物描写渲染气氛，推动情节的发展？如何使作品立体化(听见声音，闻到气味，看到色彩)？如何使作品增加知识性(巧妙地插入历史、地理、生物知识)？学生的作品就是鲜活的例子。

学生习作(节选)

第三回　天空海盗幻境　桑巴足球荣耀

在“无机盐”同学紧张的状态下，大家来到了一个国家，刚刚的海盗幻境，对于这些城市里的孩子来说那简直就是噩梦，尤其是铜雀。但她还是一眼认出

了这是哪个国家。街上的人们跳着桑巴舞，每个小孩手里都拿着一个足球。

“没错，这是巴西！”铜雀说道。随着人流，大家来到了一个与当地气氛完全不同的超豪华足球场，海盗事件的阴影已经飞到九霄云外了。

“天哪！那是内马尔和大卫·路易斯！”这两位巨星正喊着要对战。戈蔼哒拿出他在家门口买的超仿真签名，与大屏幕上的签名对比了一下，大声说道：“是真的！”

奇怪的是，双方对战名单上竟然有“无机盐”和其他5位同学的名字。难道，要在巴西参加一场足球比赛？这也太让人兴奋了。但是……这不是班门弄斧吗？要是比评论足球的话，大家一定会赢，因为有戈蔼哒。可比踢足球的话，比分得有多大差距！

戈蔼哒却又开始讲足球的规则了，“11人制足球规则。球场面积：球场必须是长方形，它的长度，不能超过130码，也不能短于100码；它的宽不超过100码，也不能短于50码。无论任何情形，长度必须大于宽度。界线……”虽然没有人在听，可他说得还是那么津津有味。大家上场了，音响里传来了一阵歌声“Put your flags up in the sky(put them in the sky), And wave them side to side(side to side), Show the world where you're from(Show them where you're from), Show the world we are one…”。

（赵俊一）

这段简短的文字，涵盖了多个信息，有国家的转变，小队成员们来到了巴西，有巴西著名的桑巴舞介绍，有著名的巴西足球明星的介绍，有足球的规则阐述，甚至听到了英语歌——*We Are One*，这是由国际足联公布的2014年世界杯足球赛主题曲。作为小说的一部分，有地域特色，有视、听等多重效果。学生的作品，是作文，更是多学科知识的融合展示。

第四节 教学案例3：创作与推销

学校是学生走入社会的实践基地。对于这部想象小说来说，要最大化发挥它的作用，何不以这部作品为契机，锻炼学生的实践能力？

“编辑校对”实践——学生自荐，成为这本书的主编。再次校对书的内容，设计封面，重新给书起个好听的具有青春色彩的名字。在这反反复复的校对中，在反反复复的封面设计、取景中，锻炼了学生对一本书的制作流程的耐心，锻炼了学生的意志力和坚持的品质。

"销售经理"实践——全班同学组成销售小组，出售文集。有学生自荐成为"销售经理"，销售经理聘用副经理，一起制定销售策略。一本书的销售金额为：成本＋销售利润＋稿费＋班费。我们初步制定为：$8+x+1+1=10+x$的销售原则。也就是一本书不能以少于10元的价格销售出去。连续卖书的4天，"销售经理"每天都将要卖的书发给各个小组；傍晚再将成本和没有卖出去的书收回。在这一发一收中，锻炼了"销售经理"的责任意识和经济头脑。

"销售员工"实践——将经济引入课堂。学生们听说可以去卖书，顿时热情高涨。语文课上，"销售经理"将销售的最低价10元告诉学生们之后，学生们就议论起来，觉得这个价钱太低了，不赚钱，纷纷说15元。于是决定按照小组分头去卖书；制定自己的营销策略、营销口号。

销售也有计划——这是不断挑战自我的实践。销售一共进行了4天。每天的销售都有难度，每天都有不同的要求，每天都有不同的精彩。

表3-6 销售计划

日期	销售对象	每组最多可以卖出的数量
第一天	自由销售给校园内的人	6本
第二天	将书卖给比自己年龄低的师弟师妹	6本
第三天	将书卖给比自己年龄长的师兄师姐	4本
第四天	将书卖给自己的家长	4本

学生们由第一天的"激情投入"，到第二天的"绞尽脑汁"，到第三天的"黔驴技穷"，到第四天的"峰回路转""柳暗花明"……学生们的卖书活动经历了起起伏伏：品尝了挖到"第一桶金"的喜悦；也品尝到了"无人问津"的无奈；甚至感受到了如"避瘟神"一样躲避他们这些"推销者"的尴尬……在不断的挑战中，学生们吐槽着自己的遭遇，欣喜着自己的成功，总结着自己的失败，记录着遇到的温暖与感伤。在校园中感受了社会的人情。

学生销售记录，成为写作实践。

学生习作(节选)

推销口号

首先是想到了卖给小学生。毕竟同级生没有那么好商量，但经过组员们慎重考虑之后又觉得不妥：小学生上学哪有带钱的，找他们肯定卖不出去。无奈之下只得选择了同级生，虽然可能没有多少人愿意买，但我们仍然相信自己的推销口号会打动别人——万水千山总是情，你买一本行不行！我们坚信一定会有人来买，于是刚刚到了中午大家就迫不及待地冲出教室门，热情洋溢地向走过路过的每一个人夸赞手中的书，简直夸上了天。

（汪靖暄）

推销给小学生

中午，楼道内又沸腾起来，小花园、小学部也是一样的热闹，各组分队去推销，而当我进入小学部的时候，却不知道该做什么，只能跟着组长，就在这时，一个小女孩走过来用她那双水汪汪的大眼睛盯着我看，眼里充满了好奇，过了一会儿开口向我询问道："大姐姐，这是什么啊？"

我一开始支支吾吾不知道说什么好，便模仿着组长推销用的话："这是八年级的大哥哥和大姐姐们自己撰写、自己排版打印的书，20元一本，有兴趣买一本吗？"

她盯着我手里的书，眨了眨眼睛仿佛在思考什么："20元……啊，太贵了，便宜些可以吗？"

我看着她，心里有些不忍，于是便开口："行吧，那15元？这是成本价，不能再低了。"

"嗯，那你跟我上楼去拿钱吧！"我跟组长请示了一下，便跟着这个小姑娘去了她班里，只见一群小学妹学弟们热情地欢迎我，并向我询问我手里的书籍的事情，我便向他们解释并推销了一番。终于，在铃声打响的那一刹那，我卖出了不少本，并且有了许多预定的人。第一天的卖书结束了，我们组计划着明天的安排与预期销量，在这第一天，我体会到了许多。

（曹露萌）

将书卖给于校长

中午我吃过饭就去推销自己的书了，忙了半个中午仅仅卖出1本书。之后遇到同组的赵星喆，我们决定一起去推销。不过进度还是很慢，我们便把目标转向了老师。

要找就找重量级的，我们决定向于校长推销。我把赵星喆推到前面，走向于校长。

"于校长，我们……"赵星喆刚想开口，于校长已经和别的同学说起了话。我心想时机选得不对啊。于校长又与其他好几拨同学老师说完话才看向我们。

“你们有什么事吗?”听到了于校长浓重亲切的山东口音。

我赶快推销。“校长……我们想让您看看这本小说，都是我们班同学一块写的。”

于校长一边翻看一边问：“多少钱一本啊?”

“20元一本，这书从后面看是一部小说，从前往后看，是另一部小说，一共两部小说，物超所值。”赵星喆抢答。

“好，做生意做到我头上了。”于校长说。

我以为于校长生气了，刚要道歉，于校长掏出2张100元说：“给我来10本，我看1本，剩下的我送给来宾。”

“10……10本，我们没带那么多，马上去给您拿。”赵星喆说完大步流星跑回去拿书了。

“待会儿把书放在我桌子上。”于校长把钱给我，转身走了。

握着那带着温度的200元钱，我对推销有了信心。这个信心来自于我亲爱的校长，大手笔的校长。这次销售的成功，简直可以写进校史，不，简直可以写进教科书。

（周志瀚）

不仅是卖书，不仅是经历，是另一种温暖

今天是2015年11月11日，我们又和前两天一样开始卖书，但是不言而喻，困难也比前两天更大。

前几天我们都是卖给同年级和比自己小的同学，而今天就大不相同，今天要把书卖给高年级同学。“这可怎么卖？高年级同学一定会觉得我们很幼稚，而且他们那么忙，怎么会有时间买？而且他们的作文水平比我们高好多！与其买我们的书，还不如自己写。这可如何是好?”

时间过得真快，转眼已是中午，考虑到高年级同学上课比较早的问题，我和同学在12点35分吃完了饭，就开始去卖书。拿着书走在路上，仿佛若无其事，但却束手无策，因为没有一位高年级同学出现在我们面前。

突然，前方出现了一伙高二的男同学，个子都很高，赵俊一急忙跑上前去，问道：“哥！有要买书的吗?”

“哈哈，你们这是什么书?”其中一个问道。

“这是我们班自己编写的，可好看了!”

“不错不错，多少钱一本呀?”

“不贵不贵，就20元!”

“不行，太贵了！算了，我们走吧。”就这样，我们失去了第一位客户。走进高中教学楼，又出现了另一种情境。

爬上三楼，只见各班安静不已，向门内望去，有的学生在认真学习；有的因为劳累，趴在桌子上午睡，班班如此，见此状况，我们不好意思打扰他们，便下楼售卖，边走边感叹：“唉！他们真是太认真了！”

走到九年级教室那一层，最先映入眼帘的便是“九年级(1)班”这几个大字，想到了不久之前的“交流会”，我们顿时兴奋不已，“这次可真的会有人买我们的书了！”“卖书嘞，卖书嘞，快看看我们八年级(10)班自己写的书，正反两面，全有文字，便宜又实惠！”果然，有很多学生堵在门口买书，有的问：“这是啥书啊？”有的问：“多少钱一本？”还有的直接拿出了20元钱买书。当时，我感动得都快哭了出来：“这大哥哥咋这么好呢？”

今天的卖书不仅是卖书，它让我感受到的不仅是经历，还是另一种温暖。

是什么征服了买者——亲情？诚信？

四本——零本——零本！连续两天，书，我一本都没卖出去。

随着卖书活动的难度一次一次地增加，希望值越来越小。唉，不知道今天老师又要出怎样的难题啊！但是，今天的销售记录却有些骄人——我成功地卖出去一本！不过，这个顾客太特殊了，不是师弟，不是师兄，不是老师，而是我的爸爸。

语文课上，老师仍旧还是评委附身的表情：“同学们，今天的书要卖给家长。”话音未落，同学们不约而同地两眼放光，不禁兴奋起来，有两个活跃的同学居然从座位上弹了起来。

我也很兴奋，心想，今天肯定可以卖出去一本，老爸对我一向很包容的。我得意地笑，我得意地笑。

爸爸也真是辛苦！时差还没有完全倒过来就又在厨房里忙活着。爸爸正在厨房里干得热火朝天呢，我顺势跑进去大声说：“老爸辛苦啦，我爱你！”爸爸敷衍着还在忙。“我这里有一本汇集全班能量的书，我们的小说出书了！价格公道，只要40，40！”

爸爸关了火，把我从厨房拉出来：“臭小子，你是不是又闯什么祸了？破坏公物了？没有钱赔偿损失拿这件事来哄我，少来这些花言巧语。”

我认真地说：“我真的没做错什么，只不过想向您推销我们班级的文化创意产品——一本小说！”

爸爸脸色恢复了正常，立即拿出50元给了我，继续做饭。

面对突如其来的幸福，我满足地回屋写作业了。

今天虽然非常轻松地卖出去一本，但我心里不是很舒服。我的爸爸爱我，对我有求必应，不要说一本小说了，就是再大的请求也一定会满足我。但这不是书的魅力征服了老爸，而是亲情的作用啊！

我有些责备自己在写作时的不认真了。我其实应该写得更用心一些，更精彩一些，让这本小说更物超所值一些。

商人偶尔能够欺骗一下顾客，但小聪明终究不能长久。没有诚信，就不会有好的生意。

我发誓，以后老师布置的任务一定高质量地完成，商人要讲诚信，学习更要讲诚信，不认真对待学习，一定不会有好的成绩。

（赵子凯）

第五节　教学思考：在教学中引发深度思考、激发热情

一、教育要引发学生深度思考

在学生销售书的过程中，我引导学生记录销售的过程，记录自己销售的真实感受。同时，销售过程也是深度思考的过程。

1. 为什么要卖书？

11 月 9 日，第一天卖书，学生进行销售的时间是从中午午饭后到 13：20 之间，大概半小时。楼道里、教室里、办公室、操场上很多学生抱着书推销。学生们卖书的价钱不等，他们推销的方式也不同，但是都热火朝天。我听到了同学或者老师对此事的议论，褒贬不一：“给孩子些帮助吧”“支持”；“这有点儿强买强卖的样子”“这个推销员好难缠”“别在我们班这里”“诚信在哪里”“为什么每个学生卖书的价格都不一样”……

11 月 10 日，语文课的尾声，我和学生们一同讨论为什么要卖这本书？我们卖书的目的是什么？学生们议论纷纷。结合学生们的意见，我在黑板上梳理这个行动的意义，大概如下：

(1)锻炼能力——锻炼我们与更多人沟通的能力。

(2)增进关系——在推销中，增进和小组内的同学的关系，为了同样的目的，我们一同合作。

(3)传播班级文化——我们班级是个团结的班级，有文采的班级，有创新

精神的班级。

(4)营销策略——共同策划营销策略。

(5)回馈汗水——写书编故事，编辑这部作品，让这部作品产生经济价值，回馈我们的汗水。

(6)赚钱——赚班费，赚小组活动经费。

(7)推销智慧——让更多的同学看到我们的作品。

(8)实践体验——体会另一种职业的艰难。

(9)体验合作——感受合作产生的快乐。

(10)对书的体验——送书，别人不珍惜；买书，就会认真看。

……

后来，我们达成共识：卖书，我们不只是为了挣钱，更是在传播快乐，传播知识。我们卖的不是书，是智慧，是一种班级精神；我们收获的不只是钱，是生命成长的快乐。

11月11日，是全民的购物节，但是这些卖书的孩子们却遇到了销售过程中最大的尴尬。全班竟然没有卖出去几本书。学生是要将书推销给比自己年龄大的九年级、高中学生。他们都在高高的思明楼。

那天是周三，没有语文课。课间和学生聊天。

“老师，我们吃完饭就去思明楼，楼里安静极了，有师兄师姐在读书写作业。他们都没空理我。”

“一点钟，他们就开始午休了，在安静的楼道里，我都得踮起脚尖走路。”

“九年级和高中的生活好紧张啊。”

没想到书没有推销出去，孩子们竟然感受到了同在一个校区的高年级学生与他们不一样的生活——在喧闹之中的安静。

2. 为什么推销变得如此简单？

11月12日，我和“销售经理”商定，请同学们将书推销给自己的家长，价钱不能少于10元。接到这个任务，每个孩子都长出了一口气。

“这个任务太简单了。”

“肯定能推销成功。”

11月13日，我在看学生们的作业记录时，发现每个学生都是意气风发，踌躇满志。家长们也是颇为大方，学生们足足赚了一桶金。

在有些学生的本子上，我写下了这样的话：

“为什么将书推销给其他人那么费劲，而推销给自己的家长竟然那么胸有成竹?"

"为什么推销给别人不容易成功，推销给自己的家长容易成功?"

写作教学是系列工程，在这些活动的背后，要引导学生再度深入思考，将写作活动与生命成长融合在一起，将写作活动与对学生的价值观引领融合在一起。

二、激发学生的写作欲望

再读《课标》中"写作"部分，第四学段对观察的要求：多角度观察生活，发现生活的丰富多彩，能抓住事物特征，有自己的感受和认识，表达力求有创意。第四学段对文体的要求(记叙文)：写记叙性文章，表达意图明确，内容具体充实。

生活日复一日。如何感受校园的不同的风景，如何感受在这相似的风景中不同的人?在这次突破语文教学的实践中，学生感受着他们的生活。期中考试的作文题目是"身边"，考场作文，学生的选材面很窄，叙述的语言干巴。在这样的实践中，可以丰富学生的生活；在这样的及时记录中，可以训练他们的写作文笔。

再思考环境，学校可以分为三类：重点学校、城市学校、农村学校。位于北京的育英学校，应该算是重点学校，重点之"重"在什么地方?重在要培养学生的批判性思维，开展逻辑训练，注重教学内容与现实生活的关系。

我们学校在飞速地发展变化着，如何在语文教学中开展逻辑训练，注重教学内容和现实生活的联系?在学生的续写中，我做着这样的尝试：在《贾超的青春奏鸣曲》中，我们共同塑造着"贾超"这样的有缺点的14岁男孩，现实生活中没有这样的男孩，但是这个男孩子就在同学们中间，写作和生活在一起。在《快乐假期漫游记》中，那6个同学是以班中的所有同学为原型集合而成，在假期的50多天里，他们在同学们的思想中变幻。写作源于现实生活，但是高于现实生活。

在售卖书的活动中，同学们由作者摇身变成了销售者，将写作与生活联系起来。前一时间是作者；后一时间变成推销员；在静静的夜里，又成了作者，记录着生活，思考着生活。

语文课不仅是老师讲，更是学生学，老师的话越少越好。老师要学会引导学生说话、写文，谁能把学生表达的欲望"撩拨"起来，谁就是好老师。老师把自己的课堂减掉三分之一，甚至一半。多出来的时间干什么?把课堂还给学生。

激发起写作的欲望。在假期里，学生们参与着续写。在这样的团结合作中，在“瞻前顾后”的写作生活中，他们的写作的“欲望”在延续着；在推销书的过程中，他们的写作的“欲望”在燃烧着。我们规定，每天写作 300 字的片段，有很多同学用激情记录着生活；看到同学的作文，自己又摇身变成老板，在聘与不聘之间，评价同学的作文。

当然，语文课就是语文课，不是活动课，不是随心所欲的课堂，千万不要以为语文想怎么讲就怎么讲。语文课不是随意开放的，有自己的原则、规律和方法。最基本的原则、规律和方法，就是不能离开语和文。“语文”是一门课程，拆开看：“语”是语言，是交流，是书面语，是口语，是沟通的方式；“文”是文学，文采，文化。

在销售书这个环节中：小组内部制定销售方案是“语”；销售中与同学老师的交流沟通是“语”；晚上静悄悄地写作是“语”……充满激情地与他人沟通是“文”；落在纸面上精彩的作品是“文”；在班级中形成的正能量是“文”……

作为课程，语文课有自己独特的教育方式，有自己的原则和方法。这个漫长的长达 4 个月的语文活动，看似随意安排，却注意到有些突发事件的确需要及时教育。其实每个阶段都有我作为语文老师的设想，期望达到的教育目的，期望得到能够“回收的教育价值”。

在课堂上，老师最好退居次要地位。一个好的课堂，是上着上着老师就不见了。精彩的课堂就如这一次，学生的写作活动、销售活动，都是语文课，作为语文老师，我站在讲台上，却似乎在学生中间，但又在学生活动之外。学生精彩着他们的精彩，感动着他们的感动，我也许在学生中间，也许没在……我的感动源自于学生。

真正的阅读是对学生产生作用的阅读，既要读进来，又要读出去。在续写的过程中，学生们写作的积极性被调动起来了。读书是学生在吸收知识，在读进来；写作是输出，是将书读出去。真正的写作，是让学生写有感受的东西，让学生的多元经验跟写作的时间差拉到最小。如果学生有丰富的体验，但是跟写作却有着很大的时间差，就写不出作文，或者写不出精彩的文章。

在校园中，创造机会，让学生感受生活，学生在活动中获得写作的素材，作品中会流露出真实情感。

第六节　专家指导：深度学习，训练联想和想象写作能力

深度学习是指在教师引领下，学生围绕着具有挑战性的学习主题，全身心地积极参与、体验成功、获得发展的有意义的学习过程。在这个过程中，学生掌握学科的核心知识，成为既具有独立性、批判性、创造性，又有合作精神、基础扎实的优秀的学习者。

要引发学生的深度学习，教师要做大量的准备工作：全面把握学科结构与内容；了解学生的学习水平和学习愿望、喜怒哀乐；与学生进行顺畅的沟通与交流，营造民主、平等的教学氛围。

“未知星球生存”这个写作教学设计，是引导学生对于写作知识“联想和想象”深度学习的案例，符合深度学习的特征。

一、经验与知识

深度学习的课堂，要解决知识与学生个体经验的相互转化问题。来到课堂上的学生绝不是一张白纸，而总是带着已有的经验或者以往所学的知识。教师要通过教学活动来唤醒或者改造，能够使片面的经验变得全面，繁杂的经验变得简约，错误的经验得以纠正。

在上写作课之前，学生已经有了“联想和想象”的知识，也有“联想和想象”的阅读体验、生活体验。

“未知星球生存”是一个很好的深度学习教学案例。杜威认为：理解的本质必然是跟动作相联系，建立在“情境”中的行动对于学习有着重要的意义。“深度学习”教学理念将学习情境的创设看作一种教学隐喻，强调让学生在自然、真实和互动的情境中进行学习。

刘老师设计了一个似乎离学生的生活很遥远的科学幻想情境——未知星球生存，给学生提供了未知星球生存背景资料，在此基础上引导学生展开联想和想象。对于学生来说，这是具有挑战的生活情境：每个星球的水资源、天气状况、植物、动物、交通工具都不相同，怎样解决困难，对学生是个挑战；还给学生提供了选择的空间，3 个星球，选择哪个。在外太空生活，并且解决困难，这需要学生的联想和想象能力。

在第一天的生存中，老师给学生提供了超越“生活的真实”的场景——送行、争吵、建房子，学生需要围绕这些进行想象和联想。这就将学生已有的生

活经验和已有的写作知识调动组合起来。学生已有的生活经验有：送行的生活体验，小伙伴们争吵的情态，合作完成一项任务的生活经历等。学生已有的写作知识有：场景描写的方法，人物描写的方法等。学生新的写作知识：发挥联想和想象。超越“生活的真实”的场景——去未知星球前的送行、进入未知星球的争吵、在困难重重的未知星球建房子。

学生所学的知识可能是零散的、碎片式的、杂乱无章的信息，这个写作情境的设置，使教学活动有了依托。学生把“联想与想象”的知识，已有的知识和经验，自觉地运用到写作中去，这个写作情境成为沟通学生已有经验和新知识的重要桥梁。

二、活动与体验

学生能积极主动地参与教学活动，获得内心的体验，是深度学习的重要特征。“活动”是指以学生为主体的主动活动，而不是受他人支配的活动体验，是能够引发学生内心体验的活动。

在深度学习中，学生的主动活动并不是自发的，而是依赖教师的引导，依赖教师对教学内容以及学生学习方式的精心设计。学生主动学习的过程，也是全身心地体验知识的丰富复杂的过程，也是生发丰富的内心体验、提升个人经验与精神境界的过程，在这样的过程中，学生能够在学习静态知识之外，还体会到更深刻复杂的情感以及学科思想方法。

在“未知星球生存”的写作活动的第二天，有小伙伴生病，学生要参与这个“生病活动”，想象“生病”的感觉，还要运用神奇的“超能量向日葵”。“大家将向日葵向着太阳，高高举起……奇迹出现……穿过那条光芒万丈的时间隧道，看到你最崇拜的一位名人，他就是你的前世，你会和他有一次愉快的对话。他也许是屈原、李白、杜甫、白居易、鲁迅、凡尔纳那样的大文学家；也许是霍金、爱因斯坦、居里夫人那样的大科学家；也许是某位电影艺术家；也许是文学名著中的人物；也许是政治家……然后，有了灵感，你找到了解决病痛的方法。”“超能量向日葵”是老师的大胆想象，能为小伙伴治病，并且能遇到自己的“前世”，这需要学生脑洞大开，发挥联想和想象，自己的“前世”是谁，怎样救治小伙伴。这与网络流行的穿越小说形式相仿，学生喜欢这种写作形式。相对于以往的写作题目“一个名人的介绍”“与某个文化名人的对话”，换了一种形式，然而，学生写作就换成了一种欢快的心态。

在“未知星球生存”的写作活动中，写作教学不是冷冰冰的理智活动，而是有理智与情感，有温度和深度的活动，学生用全部的思想和精神去感受和体验写作过程的丰富复杂，真切地体验伴随活动而来的痛苦或欣喜。

在想象“救治”的过程中，学生会产生复杂的情感：病中对家人的思念，小伙伴生病的焦急，见到“前世”的惊讶。联想和想象是要伴着情感产生的。有心理学家说：“让我们先来看看最普通的创造。在这里，感情因素是原始的、初发的；这是因为一切创造总要以某种需要、某种愿望、某种用心、某种没有满足的冲动，甚至常常以某种痛苦的孕育为它的前提。这里的感情因素不论表现为愉快或痛苦，为希望、为烦恼、为愤怒等等，它总伴随着创造的每个阶段或整个发展过程……”“联想和想象”从知识层面上讲，是抽象的概念，在“未知星球生存”的写作活动中运用这个概念，带着某种不确定的真实的情感运用，写作训练成了真正的深度学习的载体，学生的作品，成了带有情感温度的学习成果。

在“未知星球生存”的系列写作活动中，学生的学习方式在改变，将个人独写变成小组合作写作。学习的过程是学生在合作交流的基础上完成——小组成员共同到一个星球，遇到共同的困难，解决共同的困难，小组成员组成了写作共同体，每人每天完成 1 项写作任务，4 名小组成员 3 天一共完成 12 个作品，彼此相连，形成自己的中篇科幻小说。

表 3-7 “未知星球生存”写作内容

时间	写作内容
第一天	A 学生(片段一：介绍) B 学生(片段二：机场送行场景) C 学生(片段三：狂欢场景) D 学生(片段四：争吵，建房子)
第二天	A 学生(片段一：生病) B 学生(片段二：照顾病人) C 学生(片段三：步行找宝贝) D 学生(片段四：运用交通工具找药)
第三天	自由活动
第四天	发现商机 组长分配写作内容
第五天	1. 小组成员修改自己作品 2. 组长连接 12 篇作品，形成中篇小说 3. 打印 4 份
第六天	1. 读自己小组的作品 2. 读其他小组的作品

这次习作，以共同体为单位，思考、碰撞、交流，达成共识；又分别独立写作，写作内容相互关联，但绝不相同，真正意义上体现了学习的本质。学习是拓宽经验的过程，这个写作过程是多个经验的集合，互相说—互相学—互相启发，经验碰撞时，学习得以发生。每位同学对小组共同的作品享有权利并承担责任，在独立自主与合作互动之间寻求张力，学生共写习作，相互欣赏，相互修改，形成合力。

三、迁移与应用

《快乐假期漫游记》是学生在假期中的再度“深度学习”，这个写作实践设计解决的是所学知识向个体经验转化的问题，也就是深度学习的迁移与应用，即将所学知识转化为学生综合实践能力的问题。

“迁移与应用”是有目的地培养学生综合能力、创新意识的活动。“迁移”是学习发生的重要指标，“应用”是检验学习结果的最佳途径。如果把学习活动看作一个闭环结构，那么便在闭合处迁移到别处去；又通过应用开启新的学习。学生学习的主动性、积极性、自觉性，都在迁移与应用中得以显现，并在活动中得以培养与加强。

《快乐假期漫游记》是综合的写作实践。学生要运用的写作知识除了“联想和想象”以外，还有塑造人物的“写人要抓住特点”“写出人物精神”“抓住细节”，写事要“思路清晰”，要“学会选材”；学生需要调动自己本学期所学习到的综合知识——联系自己所拥有的地理知识、历史知识、生物知识、数学知识、物理知识、英语知识、体育知识等，解决问题或者困难。这是符合学生的认知规律的，因为学生本身是拥有多样知识的综合体。《快乐假期漫游记》以写作的形式，给学生提供了“迁移与应用”的深度学习的平台。

当全班同学的作品集结成册时，《快乐假期漫游记》又进行了迁移与应用。学生研读修改作品后，再次设计目录。仿照七年级重点研读的《西游记》的章回目录，设计自己作品的章回题目。这是将阅读的经验迁移应用到写作实践中，在设计章回目录的过程中，学生们锻炼他们的概括能力、语言精练表达的能力。

有些教师在上想象作文训练课的时候，用学生的想象活动取代了教学，课堂的大部分时间都用于想象活动。这是让学生想象，而不是教学生写想象作文。教师的角色成了活动的策划者、组织者、主持人，而不是写作知识的传授者和引导者。而如何写好一篇想象作文的知识和技能，教师几乎不教。写作课的基本流程是导入活动、开展活动、书写活动。写作课成了制造写作内容的想象活动课。

写作是思维的活动。在关于训练学生发挥联想与想象的写作能力实践中，教师营造教学情境，提供写作支架，激发起学生的写作兴趣，能够给学生提供一定的联想和想象的空间。学生能围绕教师所设计的教学活动，根据教师提供的写作支架，充满激情地运用已有知识，挑战完成写作任务，成为具有扎实学习能力的学习者。这是教学的意义，教育的价值。

第四章
学习抒情

现代许多文学青年欢喜写抒情诗文。文学本是表现情感的，青年人是最富于情感的，这两件事实凑拢起来，当然的结论是青年人是爱好文学的。在事实上许多青年人走上文学的路，也确是因为他们需要发泄情感。不过就习作说，入手就写言情诗文仍是不妥当。第一，情感迷离恍惚，不易捉摸，正如梦中不易说梦，醉中只觉陶陶。诗人华兹华斯说得好，“诗起于沉静中回味得来的情绪”，意与中文成语“痛定思痛”相近。青年人容易感受情绪，却不容易于沉静中回味情绪，感受情绪而加以沉静回味是始而“入乎其中”，继而“出乎其外”，这需要相当的修养。回味之后，要把情绪表现出来，也不能悲即言悲，喜即言喜，必须使情绪融化于具体的意象，或寓情于事，如“步出城东门，遥望江南路，前日风雪中，故人从此去”，不言惜别而惜别自见；或寓情于景(即本文所谓态)，如“西风残照，汉家陵阙”，不言悲凉而悲凉自见。所以言情必借叙事绘态，如果没有先学叙事绘态，言情文决不易写得好。

——朱光潜《谈文学》

第一节　学习抒情

七年级下册第二单元写作指导"学习抒情"，引导学生学会直接抒情和间接抒情两种抒情方式，学会抒发真挚的情感，抒发自己独特的情感，甚至是复杂的多样的情感。

抒情就是抒发情感，表达情思。抒情与叙事相对，主要反映社会生活的精神方面，具有主观性、个性化和诗意化等特征。抒情方式具体说，又可分为借景抒情法、触景生情法、咏物寓情法、咏物言志法、直抒胸臆法、融情于事法和融情于理法等。

一、直接抒情和间接抒情的含义

直接抒情即直抒胸臆，是指不借助于别的事物，直接吟咏出来，抒发自己的情感。它的好处是情感炽烈、直接坦露、有强烈的感染力。

比如，七年级上册朱自清的散文《春》的结尾，运用比喻和排比的修辞手法，直接抒发作者对春天的喜爱赞美之情。"春天像刚落地的娃娃，从头到脚都是新的，他生长着。春天像小姑娘，花枝招展的，笑着，走着。春天像健壮的青年，有铁一般的胳膊和腰脚，他领着我们上前去。"比如，七年级上册鲁迅的散文《从百草园到三味书屋》的过渡段："我不知道为什么家里的人要将我送进书塾里去了，而且还是全城中称为最严厉的书塾。也许是因为拔何首乌毁了泥墙罢，也许是因为将砖头抛到间壁的梁家去了罢，也许是因为站在石井栏上跳了下来罢……都无从知道。总而言之：我将不能常到百草园了。Ade，我的蟋蟀们！Ade，我的覆盆子们和木莲们！"这一段是鲁迅先生散文中的"神来之笔"，突然而至的情感喷发，表达了对百草园的热爱和依恋不舍的情感，对失去"乐园"的沮丧，对三味书屋生活的"恐惧"。七年级下册光未然的诗歌《黄河颂》，全诗直接抒情，鲜明而强烈地抒发了作者对黄河的景仰、对祖国英雄儿女的赞颂之情。九年级下册舒婷的诗歌《祖国啊，我亲爱的祖国》，全诗直接抒情，抒发了对祖国的强烈炽热的情感，具有巨大的感染力。

直接抒情的语句，可以在文章的开头。开头直接抒情，先声夺人，奠定全文的情感基调，带领读者跟随作者的情感，走进文章。如《二十四孝图》："我总要上下四方寻求，得到一种最黑，最黑，最黑的咒文，先来诅咒一切反对白话，妨害白话者。即使人死了真有灵魂，因这最恶的心，应该堕入地狱，也将决不改悔，总要先来祖咒一切反对白话，妨害白话者。”直接抒情的语句，还可以在文章的中间部分，如《从百草园到三味书屋》的过渡段，表达一种复杂的情感。大部分文章直接抒情的语句，在文章的结尾，尤其是中国古代文章，讲究“卒章显志”，在文章结尾时，用一两句话点明中心、主题的手法就叫卒章显志，也叫“篇末点题”，“志”就是指文章的主题、中心，“卒”为完毕。唐代杰出的现实主义大诗人白居易在《新乐府序》中说：“首句标其目，卒章显其志。”在文章结束时，作者将要表露的胸怀、志向很自然地说出来，给人一种鼓舞和向上的力量。范仲淹的《岳阳楼记》，在前面叙事写景的基础上，直接抒发了“先天下之忧而忧，后天下之乐而乐”的情感，就是运用这种“卒章显志”手法的典范。如《阿长与〈山海经〉》的结尾，鲁迅先生直接抒情“仁厚黑暗的地母呵，愿在你怀里永安她的魂灵”，把文章的情感、意味、气势、境界，陡然提升到一个意想不到的高度。

间接抒情，是没有直白的抒情语句，而借助对事件、景物、实物、哲理、情感的描写，含蓄地表达情感。

“借事抒情”是借助叙事抒发强烈的主观感情。这种抒情是“情”由“事”生，情有所依。在叙事中抒情，不着痕迹，作者对事件娓娓道来、对人物细致刻画、对场景真实再现，打动人心。例如，臧克家的《说和做——记闻一多先生言行片段》中有这样一段话：“他又由唐诗转到楚辞。十年艰辛，一部《校补》赫然而出。别人在赞美，在惊叹，而闻一多先生个人呢，也没有‘说’。他又向‘古典新义’迈进了。他潜心贯注，心会神凝，成了‘何妨一下楼’的主人。”这段文字凝练地概述了闻一多先生的治学生涯以及所取得的学术成果。作者通过对人物治学状态概括性的描述，展现了人物潜心治学的态度，巧妙地传达出作者臧克家对闻一多先生的赞扬和崇敬之情。

“借景抒情”是作者带着强烈的主观感情去描写客观景物，如杜甫的“感时花溅泪，恨别鸟惊心”，花鸟本无情，因作者的强烈的情感渗透，花含泪，鸟惊心，诗人把自身所要抒发的感情寄寓在景物中。它的特点是景生情，情生景，情景交融，浑然一体。在杜甫的《春望》中，以对花、鸟、草木等自然景物的描写代替感情抒发，如同王国维说的“一切景语皆情语”。《土地的誓言》中有一段话：“在春天，东风吹起的时候，土壤的香气便在田野里飘扬。河流浅浅地流过，柳条像一阵烟雨似的窜出来，空气里都有一种欢喜的声音。原野到处有一种鸣叫，天空清亮透明，劳动的声音从这头响到那头。秋天，银线似的蛛丝在牛角上挂着，粮车拉粮回来，麻雀吃厌了，这里那里到处飞。稻禾的香气是强烈的，碾着新谷的场院辘辘地响着，多么美丽，多么丰饶……”作者从视觉、听觉、嗅觉多角度描写土地，将自己对故乡的浓烈的热爱融入对土地、对原野的描写中。

“借物抒情”是作者通过描写事物来表达自己的思想感情。如杜牧的“折戟沉沙铁未销，自将磨洗认前朝”，借一件古物“折戟”兴起对前朝人、事、物的慨叹。这两句描写看似平淡不着一丝作者情感，却暗含着作者对岁月流逝而物是人非的感叹之情。《安塞腰鼓》是刘成章借安塞腰鼓抒发对力量、对生命的赞美之情。文中有直接抒情的语句，但是更多的是作者将炽烈的情感融入描写之中。如在描写鼓声时：“百十个腰鼓发出的沉重响声，碰撞在四野长着酸枣树的山崖上，山崖蓦然变成牛皮鼓面了，只听见隆隆，隆隆，隆隆……”运用动词“碰撞”描写这腰鼓释放的磅礴能量，运用比喻“山崖蓦然变成牛皮鼓面”，从人的感觉、人的联想和群山的回响上，描写了鼓声震撼，蕴含了作者对“安塞腰鼓”的赞美之情。

“借理传情”是作者借助一定的生活哲理来传递自己的情感。比如，在《散步》一文结尾“但我和妻子都是慢慢地，稳稳地，走得很仔细，好像我背上的同她背上的加起来，就是整个世界。”作者莫怀戚在这蕴含哲理的文字中，表达了中年人在自己家庭中的强烈而真挚的责任感。在《说和做——记闻一多先生言行片段》的结尾处：“他，是口的巨人。他，是行的高标。”“言”和“行”，“巨人”和“高标”，对立统一，抒发了臧克家对闻一多先生的敬仰之情。

二、学生在运用抒情这种表达方式时的问题

对于抒情的表达方式，学生并不陌生。但是学生在行文的过程中，常常会流于形式，“为赋新词强说愁”，或者是先环境描写入题，再叙述事件，最后写一句：“啊！我的生活充满爱！”事件是事件，情感是情感，让人感觉很生硬。也就是说这样的学生还不知道怎样将情感融于景物、事情之中。学生不能静下心来选择“接地气”的、能抒发真情实感的材料，写出的文章不能打动人。主要的表现是编造事实抒假情，空喊口号无真情，缺乏铺垫烂抒情，流于表面无深情。

三、恰当抒情的关键是什么

1. 有对情感的深刻体验，能细致揣摩情感，是恰当抒发情感的关键

同样一件事，同样一句话，不同人会有不同的情感体验。人生阅历对人的情感活动具有重要意义。拥有丰富而深刻的人生阅历，可以使作者对社会人生

拥有一种“一览众山小”的俯瞰气度和英雄气概。司马迁为写《史记》，广泛搜集史料，从20岁便开始了游历考察生涯，足迹踏遍了半个中国，据实考察历史人物生活的环境，了解他们的出身、性格、生前事迹，获得了真实深切的认识和感受，所以他能将自己的情感自如地融入绘声绘色的事件描写中，融入栩栩如生的人物刻画中，融入深刻的哲理思辨中。鲁迅先生的《朝花夕拾》是对从前生活的回忆，是在他有了丰富的人生阅历之后的回忆，有了开阔的视野，更有了内心的细腻的情感积累，因此文章动人。

但是对于中学生来说，他们的活动范围和活动时间有限，他们的人生经历也有限，怎样才能有深刻的情感体验呢？练习抒情，最好的办法是“写什么，就熟悉什么”，或者是“熟悉什么，就写什么”。王充在《论衡·别通》中说：“涉浅水者见虾，其颇深者察鱼鳖，其尤甚者观蛟龙。足行迹殊，故所见之物异他。”深入的程度不同，见到的景象、提出的结论也不相同；越熟悉越深入，就越能发现“世之奇伟瑰怪非常之观”，得到的东西就越独特。浅尝辄止，永远不能发现生活深处的奇观和人生的真谛。我们没有沈从文的《湘行散记》的旅行经历，也没有与湘行路上的各色人的接触……但是可以引导学生写自己春游的经历，春游时接触的人，欣赏的自然风光，观察校园外的人生百态，可以抒发自己对人生、对历史、对自然的深刻情思。

2. 能选择适当的方法抒情

在写作中要引导学生运用恰当的方法表达自己的情感，如运用叠词、动词、形容词，还可以运用适当的修辞手法，有目的地表达丰富而细腻的情感。比如“在我学习的过程中，妈妈为我端来一杯茶”，这是最普通的生活场景，可以有多种语言方式描写：

(1)我正在学习，妈妈为我端来一杯茶。(不含情感，交代事件)

(2)我正在学习，妈妈笑眯眯地为我端来一杯热气腾腾的红茶。(两个形容词，写出了妈妈的态度，妈妈对我的爱)

(3)我正在学习，妈妈为我端来一杯茶，“当”的一声，放到桌子上，转身离开了我的房间。我知道妈妈还在为我今天的考试成绩生气。(两个动词，写出了妈妈的态度，妈妈对孩子的矛盾的爱)

(4)我正在学习，妈妈为我端来一杯茶。我喝了一小口，那茶水滑进我的胃，茶香温润了我的每个细胞，母亲对我的爱浸润了我的青春……(一组排比句，直接抒发了自己喝茶的感觉，赞美了细腻的母爱)

当然抒情的方法还有很多，要引领学生在实践中慢慢体验。

指导学生学习抒情，一定是在叙事、写人、记景、描物的基础上的抒情，抒情是在“实”写基础上的抒情，如果没有前面的“实”，抒情就是空中楼阁，就是无本之木，就是无源之水。

第二节 教学案例：体验温暖
——大腹便便谢母恩

在校园中体验温暖的感觉，感受家庭的责任感，捕捉内心那柔软的瞬间。3 月 8 日妇女节，是个温暖的节日。每年的这个节日，我都会和学生们做有意思的活动，学生们会把活动的体验过程和内心的感受记录下来。

学生对于自己的母亲很熟悉，每日生活在一起，但是在紧张的学习中，与家长的沟通却越来越少。通过真实的角色体验，体会母亲生育、养育孩子的艰难、快乐，感受母爱。体验生活，获得写作素材，获得情感的积淀、升华。

在语文课本中有各种写亲情的经典名篇，冰心的《母爱》《纸船》，川端康成的《父母的心》，邹韬奋的《我的母亲》，列夫·托尔斯泰的《七颗钻石》，高尔基的《童年的朋友》，王安忆的《我们家的男子汉》，朱自清的《背影》，莫怀戚的《散步》，莫泊桑的《我的叔叔于勒》，史铁生的《秋天的回忆》……都是学生学习的重要范本。

活动设计：在七年级第二学期 3 月 8 日的语文课上。我请学生们将书包背在胸前两节课(含课间)。体会母亲孕育自己时的辛苦。

活动体验要点：体验自己边背着几斤重的书包，边听讲、记笔记时的感觉；体会母亲十月怀胎，大腹便便的感觉；观察同伴的动作、表情、语言……

写作任务：同学们，3 月 8 日是个温暖的节日，在这两节课，你有怎样的体验，有怎样的感受？请你写一段文字，记录你真实的经历，抒发你对母亲的真实的情感。

写作过程指导：

1. 写前活动

(1)边背着几斤重的书包，边听讲、记笔记，我的感觉是____________。

(2)我观察到了我的同学__________，他的行动、神态、语言是______。

(3)我联想到的是____。

(4)我想对妈妈抒发的情感是__________________________________。

2. 写作技能练习

(1)基于真实的观察，进行人物描写、场面描写、心理描写，使得情感的抒发有内容依据。

(2)根据内容特点和表达的需要，选择合适的抒情方式——直接抒情，间接抒情。

3. 撰写提纲和初稿

根据下列的提示，安排好文章的写作顺序。也可以根据自己的写作内容，拟出有个性的提纲，根据提纲，完成写作的初稿。

(1)我自己背书包上课的体验感觉，在叙述中融入自己的情感。

(2)我看到××同学背书包时的动作、神态。

(3)我自己的真实的感觉。

(4)用直接抒情的方法，抒发自己对母亲的情感。

4. 修改与交流

(1)今天把这篇特殊的文章读给妈妈听，把文章作为礼物献给妈妈。

(2)了解你在母亲肚子中时，母亲的体重，母亲遇到的困难，母亲的感受。

(3)再次修改你的作文。

学生习作1

大腹便便谢母恩

今天早上，上完早读，便听到刘老师说："上完第一节课后把书包拿到前面来收拾好，第二节语文课，我们来玩个游戏。"虽说是极其平静的一句话，还是在班中引起一片骚动。我的心中也在疑惑：收拾书包玩游戏？这可真是前所未有，刘老师又在玩什么"把戏"？真是令人琢磨不透。"不过，"我很快自我安慰道："这样肯定是让我们有新鲜感。那么，预知后事如何，请听下回(第二节课)分解。"我的脸上重新挂上笑容，心里还是有一丝急切的期盼。

伴随着清脆的上课铃声，我们终于盼到了第二节课。很快，老师的话证明了我的预感是没有错的："同学们，现在请收拾好书包，并将它朝前背。你们还记得自己蜷缩在妈妈肚子里时的那种温暖舒适的感觉吗？那时候，妈妈们都是很辛苦的，今天是妇女节，正好也让我们体会一下母亲们怀孕时的辛苦。"

我一听，大吃一惊，但又慢慢变成高兴，因为老师的这个想法确实太新奇了，我还从来没有体验过"大腹便便"的感觉，所以兴奋起来，一下子拿起书包就背在肩上。我的书包很轻，所以还算轻松。我偷偷地瞟一眼别人，嘻嘻，有的愁眉苦脸地拿起书包背在肩上；有的也像我一样兴奋；有的强装平静地将书包背上……同学们的反应真是各式各样。刚开始上课时还精神抖擞，到后来情况就不一样了——一位同学起立回答问题时，明显受不了书包的重量，她把书包一下子放到地上了；还有的就直接把书包摘下来放到椅子上再起立回答问题；再有就把书包往后一悠，甩到背后，背着舒服……

下课前，老师说："40分钟，感觉怎么样？能体会到母亲的不容易吗？要是你的母亲怀孕时，感觉累了，就把肚子一甩，到背后去背着，那还了得?!"全班一阵哄堂大笑。

"大家估计一下，自己的书包有几斤重？你回家之后问问妈妈，你在妈妈肚子中的时候，妈妈的体重增加了多少斤?"刘老师把话说到这里就下课了。

晚上回到家，我把今天的好玩的经历和妈妈讲了一遍，问妈妈她怀孕时长了几斤，我真没想到，妈妈竟然体重增长了30斤，那就是要多背6个我的书包啊。我不禁暗暗吐了一下舌头，当妈可真是不容易。我拍拍妈妈的肚子，对妈妈说："妈，今天是女神节，你休息，我来替你做家务。"

我一边做家务，一边在感叹着、感谢着我的老妈，为了我，她竟然受了那么多的苦，以后，我得多干点儿活，让她多享受一下生活。我也不得不感谢刘老师，一节课的体验，让我知道了母亲的不容易，刘老师，也是我的女神，祝您节日快乐。

（王艺冰）

学生习作2

大腹便便知母恩

今天是3月8日妇女节，老师组织了一场"大腹便便知母恩"活动，我们将书包背在前面，假装孕妇的肚子，背上两节课。

一开始大家都有些不愿意，也许将书包背在前面显得很奇怪吧，大家都相互约定：背上书包后绝不走出教室。但刘老师的U盘这时恰巧找不到了，老师叫我去三楼办公室帮她找U盘。我只好硬着头皮背着书包上楼去。

万万没想到短短几级楼梯，背上书包就显得如此漫长。书包沉甸甸地挂在我的肩上，将我往下拽。我只好努力挺直腰，一步一步，向三楼缓缓爬去。终于到了三楼，我已经有些气喘吁吁了，到了老师办公室的门口，我又有些犹豫了。办公室里的老师和同学看到我这副样子，会不会嘲笑我？我在办公室门前来回踱步，可不进去又会耽误大家上课，我只好见四下无人，偷偷摸摸地溜了进去。进入办公室，我尽量把身子压低，快速地走到刘老师的桌子前，蹲下去把书包藏到自己与桌子之间，翻找起U盘……

以前看到孕妇，内心总是毫无波澜，今天亲自体验了当孕妇的感觉，才知道孕妇的不易。我们的妈妈怀我们的时候，不也是这样吗？我们的重量要比几本书重多了，而且孕妇们怀的不是几本书，而是一个个鲜活的生命，是两个人爱情的结晶。他们对自己孩子的爱护和关怀远比我们对自己"孩子"的关怀多得多。我们每个人的诞生都是一种幸运，我们从千千万万种可能中脱颖而出，来到这个世界，首先应该感谢我们的母亲。我们从一个胎儿成长到现在，是母亲的爱浇灌着我们，因为我们是母亲的希望。

（高翊宸）

每一年的妇女节，我都会和学生一起感受温暖。每一轮，我教初一的时候，都和学生利用一节课或者两节课的时间做这个"大腹便便谢母恩"的游戏。王艺冰同学记录下了自己在活动中的感受，尤其是回到家之后，与妈妈对话后，"妈妈竟然体重增长了30斤，那就是要多背6个我的书包啊"，通过数字的对比，明白了母亲的不易，感恩之心顿生。文章中有对人物的语言、动作描写，还有对自己的心理活动的描写，是一篇较为生动的日记。高翊宸这个小男生写了自己"怀孕"背着书包去找U盘的尴尬情景"见四下无人，偷偷摸摸地溜了进去"，真实的动作描写，写出了心理。

在记录生活的基础上，学生能够抒发他们对母亲的情感，或者蕴含在描写之中，或者直抒胸臆。这抒情，是在体验后的真情流露。

第三节　专家指导：写作学习活动设计

2017年11月，教育部组织研制的《中小学幼儿园教师培训课程指导标准（义务教育语文学科教学）》中有关于写作教学培训的明确规定（见表4-1）。写作教学中强调了"写作学习活动设计与过程指导"。"设计真实或拟真的写作任务"期待解决写作情境缺失的问题；"分析完成写作任务的条件和要求""估量学生完成写作任务的主要困难或问题"期待解决学习目标失当的问题；"组织包含若干学习元素的写作教学单元""借助写作学习支架开展写作教学活动"解决过程指导缺位的问题。

表 4-1 写作教学培训内容

<table>
<tr><th>一级指标</th><th>二级指标</th><th>主题</th></tr>
<tr><td rowspan="8">写作教学</td><td>写作知识和写作教学知识的更新</td><td>掌握基本的写作知识和写作教学知识</td></tr>
<tr><td>给学生提供多种写作机会</td><td>多种语篇类型的写作机会</td></tr>
<tr><td rowspan="5">写作学习活动设计与过程指导</td><td>设计真实或拟真的写作任务</td></tr>
<tr><td>分析完成写作任务的条件和要求</td></tr>
<tr><td>估量学生完成写作任务的主要困难或问题</td></tr>
<tr><td>组织包含若干学习元素的写作教学单元</td></tr>
<tr><td>借助写作学习支架开展写作教学活动</td></tr>
<tr><td>习作修改指导与习作评价</td><td>在修改、交流中形成写作学习经验</td></tr>
</table>

陶本一为叶黎明的著作《写作教学内容新论》所作的序中说，“写作教学有三个重要方面：有写作动机、有东西可写、能够写出来。相对应的分别是写作的兴趣、内容和技巧。”设计恰当的写作学习活动，设计好写作学习任务，能激发学生写作的兴趣，帮助学生恰当表达，形成文章。

一、设计真实或拟真的写作任务

设计真实或者拟真的写作任务，主要目的在于创造写作的情境。如果学生为了完成老师布置的任务而写作，那样的作品很难有真情，也会使得部分学生更加厌恶写作。设计写作情境，诱发学生的写作欲望，期待学生产生有感而发的写作需求，作品就像是从心中流出来，而不是挤出来。作为学习者，学生学习了某个写作知识，在适当的写作情境中，自觉或者不自觉地运用这个知识，而不是纠缠着局部的、割裂的知识，进行写作练习。设计写作情境，引导学生在宽松的状态下有目的地学习一定的写作知识。

根据写作知识“学习抒情”，面对“3 月 8 日”这个特殊的温暖的节日，刘老师设计了真实的写作任务，设计了学生能够亲自去体验的拟真实的生活情境。在这样的情境之下，学生在感受着母亲孕育自己的特殊的日子，感受着那份特殊的辛苦，抒发真实的情感。这种“抒情”是在真实的体验下的抒情。

写作任务主要包括如下的要素：话题、作者、读者、目的和语篇类型等。一个具备写作情境的学习任务就应当明确：写的是什么话题，作者以什么身份来写，写给谁看，目的是什么，写成什么样式。

设计写作任务的关键是学习活动指向真实的生活，类似于学生在真实生活中可以遇到的某个情境，使写作任务具有实际的功能，对学生来说具有真实的、实际的意义。写作任务既可以是自发的，也可以是被要求的；既可以由学生个体完成，也可以小组合作进行。在教学中设计写作任务，有以下几个要点：(1)提供写作的语境要素，让学生自然地进入写作的状态；(2)真实或拟真语境，激活学生已有的生活经验，生成写作的内容，指引学生带着任务收集素材；(3)根据任务的需要，学生尝试谋篇布局，遣词造句；(4)教师适时提供写作学习支架，帮助学生在完成写作任务的过程中学习“如何写作”。

二、分析完成写作任务的条件和要求

要顺利完成既定的写作任务，学生需要具备什么能力及达到怎样的程度。这就要分析完成写作任务的条件和要求。

比如，为了表达对妈妈的感谢之情，写一段抒情性文字。(1)学生要明白“抒情”这个概念性知识如何应用；(2)学生能够观察生活，并进行联想和深刻体验；(3)学生要明白，在叙事的基础上所抒发的情感是最真实的情感；(4)学生要在一定的情感积累下完成任务。

三、估量学生完成写作任务的主要困难或问题

联系设定的写作任务，研究不同程度学生的既往习作，设想学生完成本次写作任务时的写作状态，估量学生的主要困难或问题。这需要教师对学情有理性的思考，要经过科学的调研，了解学生的真实写作水平。在了解学情的基础上，确定教学目标。

写作教学最重要的是要确定学习目标。学生在完成写作任务的过程中，要能够有目的地学会相关的知识和技能。根据学生实际的写作问题和写作困难，教师选取相应的学习元素。估量学生写作的困难大部分是写作过程的困难。比如，“学写抒情”侧重于学生表达主观的情感，需要学生有生活经验的积累，需要学生在生活积累、情感积累的基础上，进行情感表达。

在刘老师设计的“大腹便便谢母恩”的写作任务中，要求学生写自己亲身的经历，目的是“三八”节当日抒发对自己母亲的感谢之情，因此写作的内容要考虑到文章的读者——自己的母亲，同时要写自己在亲身经历过程中的体会，还要观察同学的体验过程，深入思考，抒发自己的情感。自身体验—观察他人—写作构思—起草落笔—阅读交流—润色修改，在这样的写作程序中，学生主要的困难在于“怎样抒情”“抒发什么情感”，基于这样的思考，要将学习目标定位为“能用形象的语言写出体验过程”“能运用多种描写方法，间接抒发自己的情

感”“能用直接抒情的方式抒发自己对母亲的感激之情”。

四、组织包含若干学习元素的写作教学单元

学生在写作时是两个身份：(1)作者，要完成写作任务；(2)学习者，在完成任务的过程中学习与写作任务相关的写作知识、技能、策略和态度。

一次特定的写作教学，教学内容来源于两个方面的重合：(1)完成写作任务的核心能力要素；(2)学生完成写作任务的主要困难或问题。学生完成写作任务，通常有若干学习元素，因此需要按完成写作任务的进程组织学习元素，形成教学序列，分步教学。

与单篇或单次课为主的阅读教学不同，写作教学通常是单元性的，一个写作任务通常需要若干课时，或者要设计几个具有类似情境的写作任务来组成一个任务群，这样才有可能将学生存在的主要困难和问题逐一加以解决。此外，我们还要考虑不同年级学习元素之间的关联，使其内容在复杂程度上具有相应的变化，可以根据两条线索来进行学习元素的组织：一是对于特定的年级而言，呈现出课程主题的变化，即每个年级都要学习不同类型的语篇；二是几个课程主题在不同年级反复出现，但每次出现其具体内容都有复杂程度的变化，课程在不同层次上的推进，构成学生某一能力水平的真正的螺旋式上升。

比如，“学习抒情”在七年级下册教材中出现，在八年级下册第一单元“学习仿写”中有对心理描写的仿写，写情感和写心理都与以往学生的写实的写作不同，需要学生有丰富的体验，还需要学生具备一定的写作技巧。在八年级的3月8日，刘老师设计了“小心翼翼护儿女”的写作活动课程，这与“大腹便便谢母恩”组成了任务群，是在两个学段之间组织学习元素，学生获得不同的写作体验，也进行了不同的写作内容的学习。

五、借助写作学习支架开展写作教学活动

在写作过程中，学生会遇到各种各样的问题，需要教师给学生提供具有针对性的指导。在学生完成任务或学习某个学习元素的过程中，给学生提供过程化指导，一般要经历以下步骤：(1)在真实语境中，学生根据写作任务，尝试习作；(2)聚焦学习元素的习作交流和点评；(3)学生借助写作学习支架明白应该怎么写；(4)尝试运用所学的写作知识修改习作；(5)聚焦学习元素的习作交流和点评，总结和交流学习经验；(6)学生根据自己的学习体会再次修改习作。

学生在完成写作任务的过程中，会遇到各种问题和困难，教师需要给他们提供学习支架，帮助他们解决困难。

学习支架分为主支架和辅助支架两种。主支架的设计，应符合学生的认知

规律，保证学生能围绕学习元素学得充分，学得透彻。对不作为本次写作任务学习的元素但学生或部分学生有困难的，提供相应的辅助支架。学习支架的形式多样，主要有范例、提示、建议、向导、图表和解释等。

“大腹便便谢母恩”这个写作任务，设计了“自身体验—观察他人—写作构思—起草落笔—阅读交流—润色修改”这样的6个基本写作环节。其中在“写作构思”环节和“修改交流”环节设计的支架，分别针对两个学习目标，是主支架。在“自身体验”“观察他人”等环节设计的支架，就是辅助支架。

刘老师设计了写作程序支架，学生能清晰地感受到应该按照怎样的步骤完成任务。比如，在“写前活动”中，设计了：(1)边背着几斤重的书包，边听讲、记笔记，我的感觉是________；(2)我观察到了我的同学________，他的行动、神态、语言是________；(3)我联想到的是________；(4)我想对妈妈抒发的情感是________。这些环节和步骤构成了学生学习写作的过程，保证学生能有的写，能有明确的写作思路。这就是程序支架。

概念支架是帮助学生厘清关键概念的写作支架。比如，在“学习抒情”课例中，刘老师带着学生分辨“直接抒情”和“间接抒情”这两个概念，在教学环节中设计了“在叙述中融入自己的情感”“用直接抒情的方法，抒发对自己母亲的情感”，这就是概念支架在写作过程中的选择运用。

元认知支架引导学生管理自己的思维，进行反思。刘老师设计的“修改与交流”环节运用了元认知支架：(1)今天把这篇特殊的文章读给妈妈听，把文章作为礼物献给妈妈；(2)了解你在母亲腹中时，母亲的体重，母亲遇到的困难，母亲的感受；(3)再次修改你的作文。在阅读和对话中，反思自己的作品。

综上所述，写作学习活动设计是写作教学的起点，要创设真实的写作情境，激发学生写作的兴趣和写作动机；精准分析学情，分析完成写作任务的条件和要求，估量学生完成写作任务的主要困难或问题，确立好学习目标；组织包含若干学习元素的写作教学单元，帮助学生逐步提高写作水平；借助写作学习支架开展写作教学活动，帮助学生解决写作过程中的困难。

第五章
传记写作

文章是传达自己的意思和情感给别人的东西。倘然自己本来并无这样的意思和情感，当然不应该作表示这样的意思和情感的文章，不然便是说诳了。近来，许多青年欢喜创作，却又并不从实际生活上切切实实的观察体验，所以虽然作了许多篇东西，却全同造谣一样，令人读去觉得非常空虚。“情者，文之经；辞者，理之维；经正而后纬成，理定而后辞畅：此立文之本也。”所以作文先要有真实的“情”，才不是“无病呻吟”。所谓“真实”，固然不是开发票或记账式地将事实一件一件地照样写出，应当有所选择；但把很细微的事情说得很夸张，把很重大的事件说得很狭小，或竟把有说成无，把无说成有，都不免成为虚空。

——夏丏尊　刘薰宇《文章作法》

第一节　传记写作

传记是常见的文学体裁。主要记述人物的生平事迹，根据各种书面的、口述的回忆、调查等相关材料，加以选择性地编排、描写与说明而成。被鲁迅先生称为“史家之绝唱，无韵之离骚”的《史记》就是中国文学史上最优秀的传记之一。中学生学写传记，要学会客观地观察人物，客观地记录人物，展示人物的精神世界。

一、传记与回忆性散文的区别

传记是写人的生活经历，写人记叙文也是记录人的生活，反映人物的精神，这两种文学体裁有什么不同呢？要厘清区别，还是要先阅读经典的作品。

可以引导学生再读《藤野先生》《鲁迅自传》两篇文章，区分传记与写人为主的回忆性散文两种文体的异同。

同样写自己（鲁迅）去日本留学的经历，在回忆性散文《藤野先生》中描写细腻具体；在《鲁迅自传》中则较为概括明了。

同样写“弃医从文”的经历，《藤野先生》中交代了弃医从文的起因、经过、结果；在《鲁迅自传》中则较为概括。

即被派往日本去留学。但待到在东京的预备学校毕业，我已决意要学医了。原因之一是因为我知道了新的医学对日本维新有很大的助力。我于是进了仙台医学专门学校，学了两年。这时，正值俄日战争，我偶然在电影上看见一个中国人做侦探而将被斩，因此又觉得在中国医好几个人也无用，还应该有较为广大的运动……先提倡新文艺。我便弃了学籍，再到东京……

——选自《鲁迅自传》

第二年添教霉菌学，细菌的形状是全用电影来显示的，一段落已完而还没有到下课的时候，便影几片时事的片子，自然都是日本战胜俄国的情形。但偏有中国人夹在里边：给俄国人做侦探，被日本军捕获，要枪毙了，围着看的也是一群中国人；在讲堂里的还有一个我。

“万岁！”他们都拍掌欢呼起来。

这种欢呼，是每看一片都有的，但在我，这一声却特别听得刺耳。此后回到中国来，我看见那些闲看枪毙犯人的人们，他们也何尝不酒醉似的喝采，——呜呼，无法可想！但在那时那地，我的意见却变化了。

——选自《藤野先生》

表 5-1　传记与回忆性散文比较

分析角度	传记	回忆性散文
表达方式	多用概述的表达方式，具体描写适度	多用具体描写，辅以概述
准确度	传记要详细地说明时间、地点、事件，力求准确	不要求精准，大致交代即可 根据写作主旨需要，具体选择
作者情感的表达	多客观描述传主的生平事迹	会有主观情感流露，甚至会在文中融入丰富的个人情感
读者因素	向读者客观介绍传主	带领读者了解回忆的人物，引导读者体会作者(我)对人物的情感
完整度	往往对人物的生平经历有完整的介绍	选取典型事例，展示人物形象的某一方面或者某几方面
相同点	1. 都是选取真实、典型事件，刻画鲜活的人物形象，展现人物精神风貌 2. 都注重艺术手法使用，注重运用修辞手法和细节描写 3. 写作目的都是为了能够引起读者的共鸣	

二、传记的真实与生活的真实

真实是人物传记写作的基本要求。人物传记的真实是人物的主要经历真实、事迹真实，甚至对人物的细节描写也须真实，要做到人真、事真、言真、情真，以真取信，以真感人。

传记要记录传主真实的生活场景。《美丽的颜色》一文写居里夫妇工作的棚屋，详细描述了夏天与冬天棚屋的状况，真实再现了当时恶劣的生活与工作环境。同时作者说明，从 1898 年到 1902 年，居里先生和夫人都是在这样的条件下工作的。真实的地理环境，准确的时间跨度，其间发生的故事就有了真实的背景。

传记要记录传主真实的历史年代。《史记》是中国历史上第一部纪传体通史。《陈涉世家》记录了陈胜吴广起义的真实的历史事件。在秦王朝的残暴统治下，爆发了中国历史上第一次轰轰烈烈的农民起义——陈胜、吴广领导的大泽乡起义。秦二世元年七月，大泽乡 900 人被逼走投无路，陈胜吴广揭竿而起。从这篇传记中，我们看到了那个时代的农民的缩影。

传记要摘录传主真实的语言。统编教材七年级下册课文《伟大的悲剧》选自茨威格传记《夺取南极的斗争》，这是作者根据斯科特留下来的一些底片、胶卷、书信和遗书，发挥想象力而写成的。真实是打动读者的首要因素。在作品中，茨威格多次引用斯科特日记中的原话，如："历尽千辛万苦，无尽的痛苦烦恼，风餐露宿这一切究竟为了什么？还不是为了这些梦想，可现在这些梦想全完了。""这里看不到任何东西，和前几天令人毛骨悚然的单调没有任何区别。"对斯科特日记原文的摘引，突出了真实性，再现了传主的内心情感。

但是传记的真实并不等于生活的真实。

历史上没有任何一部传记作品能够真的做到"无一字无出处"。在文学传记中，"虚构"是必不可少的，传记作者对传主细节的描写要高于生活。在《美丽的颜色》中，写居里夫妇发现"镭"的那一瞬间，作者写居里夫妇的动作神态："她小心翼翼地走向前去找，找到一张有草垫的椅子，坐下了。在黑暗中，在寂静中，两个人的脸都转向这些微光，转向这射线的神秘来源，转向镭，转向他们的镭！玛丽的身体前倾，热切地望着，她此时的姿势，就像一小时前在她睡着了的孩子床头看着孩子一样。"这是想象中的真实，作者当时并不在场，是作者对传主当时的神态的细节描写，也是经过加工的细节描写。《史记·项羽本纪》中的"鸿门宴"一场，楚汉双方出场的人物，无一不是栩栩如生，司马迁并不在场，那些细节必定是出于他的想象，但是"鸿门宴"却是中国传记作品中最经典的场景之一。传记要求真实，但并不绝对地排斥想象和虚构，应当弄清楚，哪些地方可以虚构，怎样的虚构才是合理的、传记所允许的。

传记作者对传主的评价要准确公允。在《美丽的颜色》中，作者艾芙·居里是居里夫人的小女儿，她评价他的科学家父母："工作日变成了工作月，工作月变成了工作年，比埃尔和玛丽并没有失掉勇气。这种抵抗他们的材料迷住了他们。他们之间的柔情和他们智力上的热情，把他们结合在一起；他们在这个木板屋里过着'反自然'的生活，他们彼此一样，都是为了过这种生活而降生的。"这样的评价生动，内涵极其丰富。茨威格在《伟大的悲剧》中评价南极探险者的行动："一个人虽然在同不可战胜的厄运的搏斗中毁灭了自己，但他的心灵却因此变得无比高尚。所有这些在一切时代都是最伟大的悲剧。"这段议论，评价了斯科特等探险英雄的精神的伟大。评论的真实是建立在作者对传主了解基础上的真实。

三、怎样引导学生写好传记

首先，确定自己要为谁作传。传主的选择要注意：(1)选择自己熟悉的人物作传主；(2)选择高尚的人物作传主，传递高尚的精神，打动读者，形成正能量；(3)传主可以是历史名人，也可以是自己的父母、亲人，还可以是自己的师长、同学、朋友(见图5-1)。

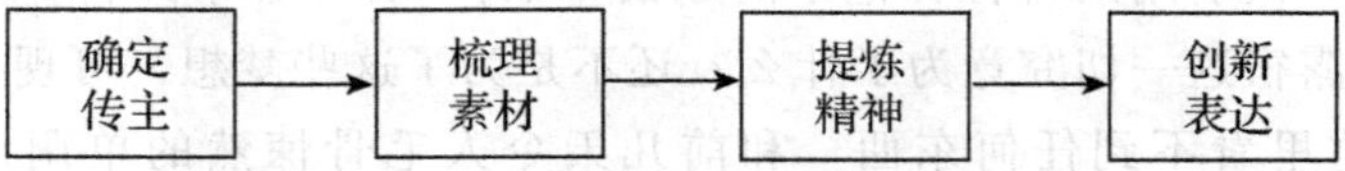

图5-1 传记写作流程

其次，要梳理传主的事迹，再现传主的生活。选择典型的事例、言行，记录传主的生活，能够突出人物的个性特点，表现人物的思想情感与精神品质。写好传记还需要作者发挥合理的想象，要有能凸显个性的细节描写，再现所写人物的生活场景，给读者以现场感。

再次，通过事件梳理，提炼出传主的精神品质，行文中要能够写出传主的精神成长史。传记的写作目的就是要传递精神，唤醒人心。如罗曼·罗兰创作《贝多芬传》《米开朗琪罗传》《托尔斯泰传》等名人传记，是有感于20世纪初法国的世风日趋颓靡，希望借助这些英雄人物的力量来唤醒人心，变革现实。他着重刻画了传主的伟大心灵，颂扬他们追求自由、伸张正义的超凡精神，并在写作中投射进自己对英雄的敬仰。司马迁在《太史公自序》中所言，“究天人之际，通古今之变，成一家之言”，即探究天道和人事之间的联系，通晓古往今来历史发展变化的规律，并建立自己独有的历史观念与历史哲学，这绝不是仅仅追求材料的真实就能达到的境界。

最后，要把传记写好，还需要有读者意识与创新意识。要想一想写的传记给谁看，不一样的读者群，在一定程度上决定了传记的写作内容的确定与表达方式的选择。例如，为班上某位同学作传，由于读者基本是熟悉他的同学、老师，如果只写一些大家都熟悉的事，文章便会平淡无味，这就需要选择一些少有人知且有表现力的事来写。同时，如果能表现出传主“众所周知”的个性之外的“另一面”，文章就容易出彩了。人物传记的创新，可以体现在叙述角度的创新、表述方式的创新、语言的创新等。

第二节 教学案例1：读传记文学作品，寻找精神力量

传记文学的文学价值和教育功能是独一无二的。传记文学记录了历史名人或者成功人士的生活经验和自身的心灵历程，对于青少年的成长具有重要的意义。传记文学作品有历史感和人文精神，给人以震撼性的力量，能够为学生的成长提供强大的动力。

统编语文教材七年级和八年级上册课本中有多篇传记，《邓稼先》《伟大的悲剧》《列夫·托尔斯泰》《美丽的颜色》。这些都是学生阅读的范本。

表5-2 阅读传记文学作品

课本作品	阅读目标	分析
《藤野先生》 《鲁迅自传》 《回忆鲁迅先生》	补充阅读《鲁迅自传》。在对比阅读的基础上，能区分“传记”与写人为主的“回忆性散文”两种文体的异同	1. 同样写自己(鲁迅)去日本留学的经历，在回忆性散文《藤野先生》中描写细腻，具体；在《鲁迅自传》中则较为概括。 2. 写弃医从文的经历，《藤野先生》中描写细腻，具体；在《鲁迅自传》中则较为概括
《列夫·托尔斯泰》 《伟大的悲剧》	1. 为人物作传，能发挥合理想象，再现传主生活场景。 2. 在行文中能客观评价传主	1. 同是茨威格的作品，《列夫·托尔斯泰》是为一个人作传；《伟大的悲剧》是为一群人作传。 2.《伟大的悲剧》是茨威格根据日记想象完成；《列夫·托尔斯泰》主要是茨威格根据传主照片想象完成。 3. 两部传记都是慢慢揭示人物的精神世界，人物的精神力量。 4. 在《列夫·托尔斯泰》一文中，作者运用肖像描写，多处运用了对比的手法，展现人物的内心世界
《美丽的颜色》	1. 为人物作传，能发挥合理想象，再现传主生活场景。 2. 能引用适当资料，感染读者	1. 艾芙·居里在《美丽的颜色》中，详细描述了夏天与冬天居里夫妇工作的棚屋，真实再现了当时恶劣的工作环境；同时又发挥想象，在细节方面想象了当时工作环境的艰难，发现镭之后的欣喜。 2. 艾芙·居里在《美丽的颜色》中，引用了居里夫人的日记、自传等，使读者信服，更能打动读者

续表

课本作品	阅读目标	分析
《邓稼先》	1. 能选择典型事例，真实、客观地为他人(自己)作传，表现人物的个性特点。 2. 适当发议论，客观评价传主，丰富传记的内涵。 3. 把传记写好，要有读者意识和创新意识	1.“两弹元勋”一节，客观真实地介绍传主的生活经历。 2.“邓稼先与奥本海默”一节，用对比的手法介绍传主。 3.“我不能走”一节，引用适当资料，介绍传主，感染读者。 4.“永恒的骄傲”一节，学习“能适当发议论，客观评价传主，丰富传记的内涵”。 5. 本文的小标题的形式，有创新意识

但这些文章大多是节选，篇幅短，借助这些短小的传记作品，学生再读，了解传记的阅读内容，传记的写作特点。当然，学生还需要阅读整本书，需要对“传记”这种文学样式有感性的了解、理性的分析。

育英的“3＋3”课程体系，最大限度地给学生提供了阅读的时间；3层的图书馆、校园中随处可见的流动图书馆，在空间上给学生的阅读提供了支持。学校在阅读上对学生的培养目标是“做会选书的阅读者，善读书的育英人”。根据课程的安排，老师会给学生推荐一类书，如在七年级下学期，我为学生推荐了传记文学作品整本书阅读。

期中考试结束，语文课上学生自主阅读。这一周的时间，学生自主选择读传记。我和小助手们将图书馆书架上的100多本传记集中放到阅读台上，学生自主选择读哪本传记。

学生挑选的传记种类繁多，关于科学、文学、政治、历史、艺术等，方方面面，传主或幽默风趣或刚正不阿或才高八斗、学富五车……传记其实就是故事，是真人的故事，优秀传记记录了成功人士的故事。传记文学作品能够给人以精神的力量。对于正处在人生观、世界观形成期的十四五岁的少年来说，读传记对学生生命的成长大有裨益。读传记，就是透过文字看到传主的真实面貌；读传记，就是超越时空，接触到一个高贵的生命；读传记，可以“让无力者有力，让悲观者前行”。

学生读传记，了解传主。了解他的生平事迹，他的家庭，他的朋友，他的轶事传说；了解他的生活时代，了解传主的主要的贡献、成就；了解他高贵的精神品质；了解传主对别人的影响，对当时社会的影响，对整个世界的影响。学生读传记，了解历史。一本成功的传记，一定是历史的一部分，是这个人和他生活的那个时代的历史。可以用读历史的方法来读传记，了解传主所生活的时代背景，当时人们的生活习惯以及生活态度，用当时的历史的观点来评价传主。学生读传记，读出别人对传主的评价。优秀的传记作者一定对传主有深入的了解，还会拥有大量的关于传主的直接材料和间接材料。传记中会引用别人对传主的评价。读传记，要读出评价：当时的人对传主的评价，后代人对传主的评价，作者对传主的评价，作者对传主的态度。读传记，要读出作者：作者和传主是什么样的关系？作者的写作目的是什么？作者在写作的过程之中使用的，哪些是真实的元素，哪些是虚构的元素？作者在写传主的过程中，是否会有过多的个人倾向？读传记，要读出"我"：这本传记，与我何关？这本传记，能否引出我的某些行动，自己是否因为读这本传记有一些改变？关于这个传主，还有哪位作家写他，这些传记有怎样的不同？能否找到他的更多的资料，包括他的自传，形成自己的思考和判断？

传记是生命的故事，是我们生活的指引，给我们以力量。80 名学生，读 80 本传记，了解 80 位传主。学生之间的交流使更多的学生了解更多的传主，了解更多的高贵的灵魂。学生们交流时，除了口头交流，还采用了思维导图的形式、读后感的形式。

学生习作 1

读《侯宝林传》

"千磨万击还坚劲，任尔东西南北风。"

——题记

侯宝林的童年，在求生中度过。与其他生活在北平的孩子一样，只是多了贫穷。

从"捡破烂"到"卖冰核"再到"要饭"，受尽冷眼，处在底层，却将社会的百态尽收眼底。有人说，侯宝林之所以能成为大师，是因为当人们都处在深渊时，只有他追求了梦想，其实不然，相声这条路只是为了不饿死才走上的，与其宣扬什么，不如称之为一个"必然的巧合"。

"生活就像一盒巧克力。你永远不会知道下一块是什么味道"，侯宝林伸手一摸，拿出一颗酸甜的糖，由此，生活骤然发生了转折——来到师父家，签了"生死状"，从此生活有了点依靠，至少温饱不愁。开始了艺术的道路，从学到唱，挨了不少打，进步倒是快，仅三个月就登台演出了，但最大的动力，还是来源于“拿份儿”和师父的棍棒。一年多后，开始和“云里飞”搭班演出，随后又在天桥和鼓楼之间辗转。在这段时间里，相声走进了侯宝林的生活，也让这个曾经卖艺只为活命的普通百姓，有了艺术的追求，不再只思考怎样说大家会喜欢，而是在言语之间带了锋芒，毫不留情地划开社会，露出其中的黑暗来。在那民族存亡的时期，中国人死于冻饿、鸦片、迫害、战争，而侯宝林等人所做的，是让更多百姓觉醒起来，而不是数着囊中的钱苟活一生。

这相声，一说就是说了后半辈子，经历了饥饿、奔波、困苦、挫折，并没有让这个旧社会人们口中的“臭艺人”跌落成市井流民，而正是这底层的生活，让侯宝林看遍了社会百态。那个时代里，他没有被改变，而是用着自己的方式，净化了艺术，洗刷了中国人的思想，任周围狂风四起，他自岿然不动。侯宝林高尚，却不见一点高傲，朋友之广，从天桥艺人到儒雅的学者，都是他的朋友，待人亲和风趣，平易近人。这也是我最敬佩侯宝林的地方。

侯宝林是我的引路人，读了他的传记，我变得更加能坚持自己的想法，面对不好的行为，可以做到慎独，处事上不再随大流，更加有自己的见解，侯宝林让我懂得了坚持自我的重要，人在世界上活着，不是为了和别人变得一样，活出自我才是最重要的！

这就是侯宝林带给我的。

“我们一路奋战，不是为了能改变世界，而是为了不让世界改变我们。”出生底层，一生只读过三个月书的侯宝林，却有着人们难以做到的高尚和气节，正所谓“大隐隐于市”，行走世俗之中，却依旧有着自己的棱角，才是最难能可贵、值得学习的吧！

（郭颜恺）

学生习作 2

他是我前行的引路人

仓央嘉措，这个雪域上谜一样的活佛，他有多重身份，也许是令人敬仰的六世达赖，也许是街头洒脱的浪子，也许是多情的诗人，也许是卓玛心中最贵的人。不管是哪个身份，他从未变的是对困境的淡然，对红尘的洒脱。就这一点，我也该用上一辈子的时间去学习了。

初二，学业的繁重总是难以避免的。老师的教诲，家长的叮嘱，同学的优异成绩，总是把我淹没。于是不愿面对，只把自己深埋在题海中，不断地、机械地刷题。但这样留下的不过是越来越不充足的睡眠以及乱蓬蓬的头发。效果越不好便越要刷题，越刷题精神越不好，无休止地恶性循环下去，直到我遇到了《仓央嘉措》。

他教会我无论什么时候，只要累了，都要坐下来，看看月亮和星星，看看远方。若有诗情，大可放心地作出一首诗来，不管生活压力多么大，情绪多么波动，控制不住自己时，应该让自己适当放松。他与桑巴较劲较累了，便去酒馆中喝上几杯，放松够了再回去。反正达赖的责任脱不下，便带着去放松下，然后回来继续承担。我觉着这是十分有意思的，忍不住地想把这方法套用在自己身上。写累了，听听音乐，吃块饼干，看起来是那么不务正业，可实际休息回来后，效率一定是提高的，这也是"磨刀不误砍柴工"的道理吧。于是自此后，总觉得学习也不那么枯燥了。

在人生的各条大路上时，难免遇到困难，疲惫不堪。此时，为什么急着先过去呢？不如先坐下休息一下，冷静头脑，再站起来思考。那时你会发现，哦，如此简单，不过休息一下便解决了。

在每条大路上行走时，仓央嘉措就是我的引路人，他从不告诉我前进的方向，却总在我疲惫不堪时对我说："坐下来，歇会吧，一会儿走得更快呢。"

（王冬雪）

读传记，寻找自己精神的引路人。学生在阅读中了解传主，同时联系自己的生活，思考生活。阅读的过程为写作提供了丰富的滋养。

第三节　教学案例 2：为偶像作传

七年级上学期学生的写作视点聚焦在校园生活上，七年级下学期学生的写作视点要多一些家庭生活的描述。根据七年级下册 6 个单元的选文特色，我将写作的序列化训练着眼于"精神的力量"。

第一单元写作"写出人物精神"，课本给了知识性的提示："抓住典型细节来表现人物的精神风貌""可以借助一些写作手法来加以突出、强调""可以借助一些抒情、议论的语句，对人物的精神品质进行点睛式的概括"。举了《回忆鲁迅先生（节选）》《邓稼先》《说和做——记闻一多先生言行片段》的例子，供学生模仿。

根据写作教学目标，我设计了几个写作任务，落实这 3 个知识点，提升学生的写作能力。

一、写作任务1：为家长作传——寻找家庭中的精神偶像

周末，抽出半个小时的时间，对你最敬佩的一位家长进行采访，了解他的童年或少年或青壮年时期的经历，了解他的学习经历、工作经历。尤其要了解家长学习或者工作的转折点、变化点。思考家长转折、变化的原因是什么，据此挖掘人物的精神的力量。通过写作，将你的家长介绍给你的同学。

写作的要求：根据你对家长的采访，为家长作传。可参考下面的写作程序。完成在语文积累本上，字数不少于600字。

1. 仿照《邓稼先》一文的第二部分（运用全知视角——第三人称），客观写出传主的生活经历。（语言简洁，不超过100字）

2. 重点写传主的“变化”之处：传主转变前的主要事件，转变后的事件，转变的原因，适当运用对比手法。（此部分详写）

3. 仿照《邓稼先》一文的第三部分（运用见证人视角——第一人称），写出传主最主要的精神品质。

在设计这个写作任务时，我考虑到了如下因素：

1. 写作目的：写出“人物的精神”。

2. 写作情境：与家长对话，了解家长的生活经历，筛选出重要信息，形成自己的文章。

3. 读者因素：这个作品是向自己的同学介绍自己的家长。

4. 写作支架：(1)《邓稼先》一文第二部分提供了客观写出传主的生活经历的范例，第三部分提供了写出传主最主要的精神品质的范例；(2)《邓稼先》一文提供了写作视角转变的范例；(3)为学生提供了描写人物的最主要的突破点——写“变”，找“变”的原因。

学生习作1

一个美丽的灵魂

好看的皮囊千篇一律，有趣的灵魂万里挑一。

——题记

1981年，湖北荆州的一家医院中，伴随着一声啼哭，我妈就这样降临了。时光飞逝，弹指间，三十七年过去了，即将奔四的老妈仍旧活得快乐，活得细

致（仅对我记住的十年而言）。

老妈的洁癖是一绝，从武汉到北京，从扫帚到吸尘器，每天打扫的习惯，从来不曾断绝，即使我们爷俩对吸尘器的轰鸣深恶痛绝，她也从不停止对我们的“折磨”，在打扫的道路上不顾一切地越走越远，可见对其之爱得深。花，也是老妈继打扫卫生之外的另一大爱好，不知从何时起，我们就过起了“五彩缤纷”的生活，麻烦归麻烦，却效果显著，看到这些花儿，心情都会愉悦几分——也许是应了老舍先生的话吧，托花朵的福，老妈天天都很快乐，对我的唠叨也少了。可就在这时，她的第三大爱好也被开发了出来——健身。说到健身，老妈可谓是我们家中第一人，从瑜伽到高强度的HIT，她一直坚持着，影响了不少人——当然，作为导致她身材走样的元凶，我也没能幸免，踏上了健身这条路。

这是老妈生活的一面，精致而快乐。

她还有另一个方面——工作时的另一方面，作为白衣天使，细致和严谨是不可或缺的，工作虽不很繁重，但她却从不懈怠，随时等待着患者的出现——即使只是输液这一个动作，也定要双眼紧盯针头，在交错的血管中找出正确的一条，再放药瓶，固定针头，调整输液速度，几个动作一气呵成，从不拖泥带水……

我的老妈，她温柔漂亮，细致而严谨，有好看的皮囊，也有一个有趣的灵魂！

（郭颜恺）

学生习作2

姥爷的奋斗史

一副眼镜，一份报纸，一支铅笔，这是姥爷的标志。他常常在报纸前一守就是大半天。他的眼里不仅闪烁着知识的光芒，更有着坚毅与热情，那布满皱纹的手记录着曾经经历的苦与乐。

我记得姥爷曾面带微笑，眼神悠远地告诉我：“我是在中国共产党的领导下成长的。”

姥爷参加过抗美援朝战争。“红军不怕远征难，万水千山只等闲。”虽然不是长征，姥爷却确实翻越了万水千山。他负责运输货物，常常是不论严寒酷暑，都要如同铁人一般在风雨中送补给，送弹药。敌人的飞机不停轰炸，死伤无数。现在的我们哪里经历过生死？有时受点累就虚得不行。可年轻的姥爷，春夏秋冬，日日夜夜，和部队一起奔波。问起他：“难道不怕吗？”他一脸正气地说："怕什么？没有付出，战争哪里会有结果，没有这点儿精神，还是合格的党员吗?"我哑口无言，姥爷当笑话似地说起："当时我们的车翻进沟里，另外的同志砸了腿，幸好我反应快，要不小命都没喽!"我真的无法想象，姥爷对国家对党的坚定。从姥爷的身上，我感受到了共产党员的精神无限崇高，他们为了胜利和解放，至死不懈！

现在，在大院里，每家都有好些琐事，姥爷就帮着居委会统计这个，问候那个，有时还帮着送点东西，一户一户地跑，总是大半天都忙活着。他不经常讲话，却给每户人家带去微笑，那布满皱纹的手好像永远那么有力。姥爷老了，身体没那么好了，大家总让他歇歇，可姥爷就是摆摆手，严肃地说："有什么呢!"转身继续干，姥爷性子沉默，却是大家眼中的热心人。姥爷年轻时候就为党奉献，他的苦中作乐，乐于奉献延续到了现在，每次见他在院里走走停停的背影和那瘦削的肩膀，我都感到一种坚韧，一种向上，一种为人态度。姥爷用他微驼的背，撑起我的精神家园。

我们的人生之路，学习之道，都是要磨炼、奉献的，我明白了这个道理，也要在实际生活中应用它。付出就能改变现状，每个人的人生都很宝贵，也许我的人生不会像姥爷那样轰轰烈烈，但姥爷能吃苦、乐奉献的精神，我会传承下去。

（李昀叡）

二、写作任务2：我的偶像，我的变化

你在父母的身边生活多年。他们在家中敬老爱幼，在单位是中流砥柱，在社会是国家栋梁……他们或者平凡或者伟大，或者幽默或者严谨，或者勤奋或者敬业，或者洒脱随性或者热情火爆……你的父母就是你的偶像，请你以"我的偶像"为题目，写一篇不少于600字的文章，献给你的父母，感谢父母带给自己的精神力量，那种无言的力量。

写作提示：

1. 文章以第一人称进行叙述。
2. 在描述自己偶像的典型事例，记叙事件的过程中注意对人物语言、动作、神态等的描写，展现偶像的精神。
3. 用议论或抒情的语言表达他的这种精神给你的启迪或帮助。
4. 再描述关于自己改变的一件事，印证偶像带给你的精神力量。

5. 用"变化"的眼光重新审视自己的亲人，热情地抒发自己对偶像的喜爱或崇拜之情。

在设计这个写作任务时，我考虑到了如下因素：

1. 写作目的：写出"人物的精神"以及这种精神产生的强大力量。

2. 写作情境：在深入了解家长的基础上，由实到虚，提炼家长的精神、解读精神，写出这种精神对我的影响。

3. 读者因素：写给自己的家长。

4. 写作支架：(1) 5 点写作提示，给学生提供具有可操作性的写作步骤；(2)引导学生通过具体的事件，抒发所要表达的情感；(3)继续练习描写人物的最主要的突破点——写"变"，找"变"的原因——精神的力量。

5. 写作内容：侧重于情感的唤醒，促进学生对日常生活的表达和反思，通过这种写作，也能认识自我，思考"我是如何成为我"的问题。

第四节　教学案例 3：我的作文形象大使

刘建宇老师是数学特级老师，也是育英学校的教师、教育家。他博学多才幽默，深得学生的喜爱和敬重，我们一同教同样的班级，他是我的作文形象大使。他是同学们的写作素材。

八年级时，我和学生们一同研究怎样写传记，我先问学生。刘建宇老师是我们的作文形象大使，我们在七年级写了很多关于刘建宇老师的作文：介绍刘老师的严厉的爱——小绿手和刘老师；专心的老师——讲得投入了，忘记下课，年级主任找学生找班主任；讲课用独特的山东普通话；经典动作——从讲台的一端跳到另一端；无私的爱——周末给学生解答问题；作为同事，我也写过几篇关于刘建宇老师的文章……我们写过的关于刘建宇老师的作文，能不能组合在一起，组成"传记"并交稿。为什么？

学生和我一同回忆了传记的定义、特点、分类。

传记是一种常见的文学形式。主要记述人物的生平事迹，一般由他人记述，亦有自述生平者，称"自传"。

传记大体分两大类：一类是以记述翔实史事为主的史传或一般纪传文字；另一类属文学范围，传记作者在记述传主事迹过程中，可能会渗透自己的某些情感、想象或者推断，但和小说不同，传记一般不虚构，纪实性是传记的基本要求。

传记文体特点是真实性和文学性。其中，真实性是传记的第一特征，因为传记叙写的是历史或现实中存在的活生生的人，有真名实姓、居住地点、活动范围等，写作时不允许任意虚构。但传记不同于一般的枯燥的历史记录，它又具有文学性。它是写人的，有人的生命、情感在内；它通过作者的选择、剪辑、组接，倾注了爱憎情感；它需要用艺术的手法加以表现，以达到传神的目的。

比如，统编教材七年级下册中的《伟大的悲剧》，是作家按照探险队留下的日记等材料，还原斯科特等人的经历，真实是基础。但是这部伟大的作品，又通过丰富合理的想象，展现出了人物的内心世界与英雄气概。

比如，节选自艾芙·居里的《居里夫人传》的《美丽的颜色》，那天傍晚，居里夫人和居里先生一同回到实验室，在黑暗中，居里夫人发现了镭，他们非常高兴。“小心翼翼地走向前去找，找到一张有草垫的椅子，坐下了。在黑暗中，在寂静中，两个人的脸都转向这些微光，转向这射线的神秘来源，转向镭，转向他们的镭！玛丽的身体前倾，热切地望着，她此时的姿势，就像一小时前在她睡着了的孩子床头看着孩子一样。”通过对夫妇两人发现镭时的神态、语言、动作的描写，记录他们内心激动热切的情感以及作为科学家独特的气质。

所以传记写作具有真实性，也具有文学性。传记写作要记录人物的生平事迹，也要记录人物的言行，通过事迹和言行，展现人物的精神。

根据真实的写作情境，我们进入了为刘老师作传的写作任务当中。

征稿启事

尊敬的四年制初三(13)班、(14)班的师生们：

大家好！

2018年教师节，数学特级教师刘建宇被评为“育英学校教师教育家”。为了宣传刘建宇老师的敬业、爱生、乐观、向上的精神。请您以传记的形式，真实地介绍刘建宇老师。编辑部将择优选登师生们的作品。

《育报》编辑部

2018年10月10日

给数学刘老师写传记。我们要记录刘老师的生平经历，还要记录传主刘老师独特的气质：他是老师，又不同于其他的普通老师，他是“育英教育家”，他是数学特级教师；他是一个普通人，是一个热爱生活的普通男人。

同学们重新梳理素材库，发掘刘老师丰富、多样的生活、工作侧面。写传记，要考虑到读者因素，在读者面前展现一位教育家与其他教师不同的侧面，展现他的内心世界。

同学们通过课后采访刘老师本人，刘老师的家属，刘老师的同事、徒弟等，获得了丰富的、真实的资料。

表 5-3　为写作素材归类

作为“普通人”的刘老师		作为“教育家”的刘老师	
素材	人物性格	素材	人物精神
1. 班会课上的歌声 2. 选修课给同学讲军事 3. 中秋之夜操场赏景 4. 在校园内顽皮滑行 5. 运动会上的引体向上 ……	热爱生活 风趣幽默 多才多艺 认真负责	1. 不布置固定作业 2. 周末在办公室研究数学教学 3. 特殊的班费，给特殊的同学 4. 创造了“全息”教学方法 5. 研究高中教材 7 遍 6. 严格要求学生做题步骤完整 7. 给父母都出差在外的学生特殊照顾 ……	勇于创新 真情大义 责任与良知 不拘一格 不慕名利 能够挑战自我

拥有了丰富的写作资料，这是写“传记”的前提。

作为老师，在写作前我给学生提供了写作的支架——传记的写作程序：

1. 你的写作目的是什么？
2. 读者是谁？
3. 你定好了题目并反复揣摩了吗？
4. 你需要对写作对象进行调研吗？你是否设计了采访提纲？
5. 你列了主人公的经历清单了吗？
6. 你有没有准备好 2 到 3 件具体事情展现人物精神？
7. 你有没有准备好生动的细节去支撑你的主题思想？
8. 你有没有发现传主的“变”与“不变”？

在充分准备的基础上，有的学生完成了刘老师的小传。

学生习作1

责任与良知，本真与率性

——记数学老师刘建宇

写过许多描述刘老师的文章，但大多数是以我——一个学生的视角来看待他，这一次，通过专访刘校长、李老师和高老师，刘老师的形象在我的心中变得更加的全面和立体。

自我评价，刘老师用了“责任”和“良知”两个词。很难想象，一位全国闻名的特级教师竟曾经是一名数学差生。因为生活所迫，刘老师不得不放弃了自己当商人的梦想，而在数学教师的路上不断开拓创新、锐意进取，而支撑他如此潜心的动力，正是他肩上的责任，本着对每一名学生都负责任的态度，一种身为人民教师的良知。问起刘老师教学生涯最难忘的经历，不是成为特级教师，不是被授予什么教育大奖，不是成为“十大教育家”，而是自己从教的第一天，给学生讲代数式，回家抱着忐忑的心情判作业，看到学生们优良的作业，刘老师很幸福，心中满满的成就感。刘老师教导我们，做人最重要的，一是要有布衣情怀，二是要有创新意识，不能故步自封，要用一生去追逐梦想，去奋力拼搏，哪怕功名化为乌有，却依然无怨无悔！

用刘校长的话来形容刘建宇老师“圣人似孩童，‘仁’初本念”，是最本、最善、最挚的人。刘建宇老师在教育上有自己独到的见解，对待事物的本质能看得很透彻，正所谓“见树木，又见森林”。

作为刘建宇老师的徒弟，李老师说，刘老师给他印象最深的是他的平易近人，丝毫没有全国特级教师的架子，为了指导青年教师，常常会熬到半夜两三点钟。对于年轻的老师，刘老师总会给予最无私的帮助。

也正如刘老师的爱人高老师所说，刘老师不懂得浪漫，但是对刘老师来说，即便是在操场上，搭个小桌子，倒一壶酒，与爱人在操场饮酒赏月吟诗，都是一种随性的美。如此，要再引用刘江校长的一句话：“刘建宇老师有一种忘我的痴情。”

也许这就是刘老师内心最深处的本真与率性，带着在教学上的责任和良知，做我们成长路上的引路人。

（黎瑞轩）

学生习作 2

带着“坚守”和“遗忘”

——记数学特级教师刘建宇

晚 9 点。育英学校。思问楼北侧七年级办公室的灯还明亮着，李老师、庄老师、高老师、刘建宇老师都在静静地备课、看书、思考……我的心中不禁一颤，他们都是育英学校新引进的人才，他们曾经创造了自己人生的辉煌，来到育英学校继续创造着学校的辉煌。

百度搜索刘建宇：数学特级教师，齐鲁名师，独创“刘建宇全息数学教育思想”。《让数学学习体现诗性与智慧的回归》《让学习体现智慧的永恒》《为学生搭建自主学习的平台》先后在《创新教育》上发表。2002 年，《山东教育》总编辑、中国十大教育新闻人物陶继新先生以《数学教育：智慧生成之旅刘建宇老师的诗意教学与哲学思考》为题，用 2 万多字的篇幅对刘建宇老师进行了报道，并给予了很高的评价……

7 月 10 日。见到刘老师，似邻家大叔一样，没有山东人的魁梧与彪悍，甚至没有想象中的教育家的儒雅与矜持，他就像是我身边的一位熟识的同事，很平静地就进入了工作状态，制作板报，准备迎接自己的新学生。一层(12)班的教室里，迎接新生的标语——“带着坚守遗忘来到新家(12)班”。“坚守”和“遗忘”，这是对离开小学步入中学的学生的鼓励；更是从山东走进育英，刘建宇老师对自己的鼓励……读这一对词语，好似看到教育的先行者转过身来，对我们的热切召唤，是思想上的共鸣，更是行动上的共勉。

做刘老师的学生是幸福的。每日清晨，(12)班教室的黑板上，总会有一句刘老师随手写下的名言，刘老师与学生的交流从这里开始了，这是对学生行为的指导，更是对学生的人生的启迪。刘老师给学生们看他原来学校临沂二十中跑操的视频，说：“4800 名学生在 30 亩土地上，跑得井井有条，这需要严明的纪律。北京的孩子要是有了严明的纪律，就攻无不克战无不胜!”(12)班学生跑操时的纪律意识在加强。

数学课堂上，学生们将数学课变成了游戏，朗朗上口地读着儿歌似的口诀：“式中各项都乘到，分子整体加括号。括号外面带符号，步步小心错不了。移项要变号，最后一步不颠倒，保证做题做对了。”他告诉学生，做题要做到以一当十，而不是题海战术；只要做题目，就要做得“透透的”，以后如果再做类似的题目，能够举一反三。因为找到了学好数学的有效方法，所以刘老师教得轻松，学生们学得轻松。更重要的是，学生们体会到了学习数学的乐趣。

做刘老师的同事是幸福的。他开放自己的课堂，微笑着让同事们去听课。他会在办公室里和同事们幽上一默。那日，兴之所至，他坐在办公桌前，操着浓重的山东口音，动情地朗诵着诗歌：

如果夏天能代替春天

那融雪后的蓓蕾还有什么容颜

倘若为了金色的秋天而讨厌冬天

既有收获，又是否太短

今天，我们对童年做什么样的解读

就已构成一个民族的生命哲学和文明方式

刘老师是一位数学特级教师，更是一位哲人，是一位充满激情的思考者。他在思考着"数学"与"学生生命智慧"的关系。数学教育应该是开启和使用学生的生命智慧。数学教育应该让学生的生命智慧在生命过程中得到开发和实现。

刘老师告诉我，只要注重学生的生命教育，抓住学生的"自主"，处理好学生"学"与教师"教"的关系，一切教学方式都是形式，坚持原则，坚持方向。一切以学生的"自主学习"为核心的教学研究都将是最有价值的、最有生命力的研究。所以，刘老师坚持着"以学生为本"的教学尝试，坚守着自己对教育的理解，引导学生对生命进行反思和不断理解。

与数学特级教师刘建宇老师一同工作，我慢慢感受他内心的"坚守"，体会着他的"遗忘"。

学生可以改变，学生可以通过教师的改变而改变。刘老师在改变，在慢慢适应着北京的快节奏，适应北京学生的"八个心，见识广，想得多，但不会学习"……我们因为与数学特级教师一同工作，也在改变。

（刘向娟）

为刘建宇老师作传，是学生们非常快乐的一次作文过程。他们通过采访刘老师其人，采访和刘老师熟悉的老师、领导，百度搜集资料，获得了丰厚的写作素材。搜集资料的过程，使得他们对刘老师的崇敬更深一层。筛选资料，重组资料，学生写出了很多精彩的作品。在这之中，我也和学生们一同写作，写写我的同事。

第五节　教学案例4：自传和他传
——“寿星老”和“狗仔队”

生日怎么过？光有礼物和蛋糕已经不能满足学生们的精神需求。于是我和学生一同设计了“‘寿星老’和‘狗仔队’”的活动，也成了快乐的以“传记写作”为训练点的系列化作文活动。

一、角色职责

1.“狗仔队”(采访者)的职责——每月月初，宣传委员将过生日的同学名单统计出来，写在黑板上。班上的几个小组通过竞争，组成“狗仔队”，对“寿星老”进行采访。分工合作，一位同学先写邀请函、采访提纲，一位同学写采访经过，一位同学完成“寿星老传记”，一位同学负责装潢、张贴在宣传栏上。

2.“寿星老”(过生日的同学)的职责——梳理自己的成长历程，完成自传。

这个活动引起了学生们极大的兴趣，期待着自己过生日时被别人采访，期待着去采访喜欢的同学，期待着采访时的轻松与碰撞。

二、活动特征

1. 合作写作是前提。(1)小组内1号同学，写邀请函、采访提纲，表示对自己喜欢的同学的重视。采访提纲，也是传记的写作提纲。这是一个合作完成的写作过程的开始。(2)小组内2号同学，记录采访经过，这是对话记录。是完成传记的素材。(3)小组内3号同学，完成“寿星老”传记，这是综合采访提纲、对话记录和自己对过生日同学的了解而完成的完整的“他传”；是团队合作的结晶；也是自己再加工的精品；更是给过生日的学生的最好的礼物。也是传记练习的最好的载体。

2. 独立快乐写作是升华。“寿星老”自传——成长了一岁，在这个生命的节点，在“狗仔队”的簇拥和提示下，梳理自己的生命历程，完成“自传”。还要看同学给他写的传记。传记与自传完全不同，虽然传主是同一个人。

三、活动意义

学生作品的阅读者不再是单独的老师，而是更多的同学。写作的过程也不局限在固定的时间，也不局限在固定的地点。学生们制订采访计划、预约采访、写作。完成一部传记，要5个学生共同完成。这个写作的过程大约要历时一至两周的时间。

学生的很多作品只有一个读者，写作的目的是“为了得到分数”，这个传记作品的目的不是为了得分，作品是写给自己的，写给好朋友的，写给亲爱的伙伴们的。

学生需求的是这个活动，但是更需求的是被别人重视，被别人吹捧的感觉，自信油然而生，文章的文采自然生成。

学生习作

奡哥传记

皮肤黝黑，两眼有神；长得不丑，一米六九；身高不矮，走路很拽；
嗓音浑厚，酷爱唱歌；最爱之歌，胡萝卜须；外号颇多，从无怨言；
一张笑脸，常挂嘴边；最爱偶像，必定许嵩；篮下杀手，非他莫属；
崇拜之人，毛主席也；上课话多，一凡常管；面对班级，没有意见；
由此可见，大爱吾班；为人憨厚，易于管理；武力面前，从不翻脸；
性格之好，众人皆知；再谈肤色，其之特点；全身上下，遍布黑迹；
相比他人，实属不同；奡哥举动，有时可笑；自制笔袋，质量很烂；
没用几天，筋骨尽断；考试前夕，自带瓜子；复习之余，不忘品尝；
老师发现，令其扫之；弯腰寻找，仔细认真；毫无怨言，低头苦干；
不出半天，整洁如旧；脾气之好，得以体现；再谈爱好，必属歌唱；
手拿话筒，注视屏幕；倾听前奏，准确进入；嗓音独特，众人皆喜；
对班印象，说出奇怪；听其诉说，搞笑可爱；班中众人，有外星人；
火星金星，皆有来之；我问其故，其曰不知；再谈奡哥，谈其特点；
回答问题，必定挠头；平日爱好，并无太多；装疯卖傻，必定居前；
热爱篮球，心有梦想；有朝一日，加入金隅；每日练球，直至夜幕；
最爱动漫，海贼王也；小学开始，直至现在；为人风趣，幽默相伴；
心态乐观，一乐天派；还一特点，并未提及；双眼眯缝，咧嘴大笑；
笑声冲天，捂肚弯腰；听我一言，绝无好事；其之特点，便是如此；
爱说爱笑，爱蹦爱跳；爱玩爱闹，其之本性；向往自由，无拘无束；
问其兄弟，有多重要；他便回答，使我惊叹；厚过于地，高出于天；
再问友情，价值如何；他又答曰，令我称赞；比钱重要，比命金贵；
本性奡哥，真情奡哥；待人真诚，毫无虚假；一心一意，做出真我；
大十二班，奡哥看好；有何理由，不做更好；皮肤黝黑，目光犀利；

性格甚好，脾气很小；面带微笑，笑口常开；问其谁也，如此完美；大十二班，畀哥是也！

（赵子健）

这是淘气的男孩子赵子健，给另一个男孩子畀所写的传，我戏称这是最有趣的骈文传记。

第六节　专家指导：写作要进行思维训练

如果写作是一条河，思维则是河流的源头。有了源头，才会有河流。思维是人脑借助于语言对客观世界的认识、反映。写作就是作者对客观世界的认识、反映的文字呈现。写作思维就是写作过程中所进行的思维活动。著名心理学家、教育家皮亚杰说："写作才能思维。"叶圣陶说："学习写作的人应该记住，学习写作不单是在空白的纸上涂上一些字句，重要的还要在于学习思想。"就作文教学来讲，思维操作的训练意义最大，因为它具有可教性和可学性，这应该是作文教学与训练的重点。正是因为思维与写作的最密切的联系，语文教育家顾振彪才说："启动思维操作，是牵住了作文训练的牛鼻子。"

写作教学和训练体系要严格按照写作原理和语言原理的科学规律进行设计。按照这些原理，要写好作文，有两个基本原则是必须坚持的：一是动力学原则，二是操作性原则。

所谓动力学原则是指写作的激情性。一方面是教师的作文题目设计要具有激发性，另一方面是学生具有某种情感素养、人格境界。后一方面尤其重要，这就要靠平时的观察思考、情感体验、生活体验、思想修养等。韩愈所谓"气盛言宜"就是这个意思。

所谓操作性，就是指写作思维的操作技术，因为文章内容作为一种表现于文字的书面语言，是作者心里内部的语言的转译、传达。这心里的内部语言，其实就是写作的思维活动，就是平时所说的"想好才能写好"。写作教学，要强调对学生的写作思维训练。提高写作思维能力，是写作教学的重中之重。学生的作文，是他们思维活动的内部语言的外显。写作中的选材、立意、布局、谋篇都是在思维的支配下所进行的语言操作。思维和写作的关系是深层与表层的关系。

写作思维中最重要的事情是“写什么”和“怎么写”。“写什么”是写作的“立意思维”，就是要透过现象发现本质，这本质就是“立意”，就是文章的“中心”“主题”等。“怎么写”是写作的“结构思维”，在写作中思维不仅要有思想、观点，而且要围绕观点、主题、立意选择材料、组织材料，就是将主题化为可以呈现的形式，如篇章、结构安排、语句组织的思维活动的过程，因此在写作中“结构就是思维”。

关于写作与思维的关系问题，美国著名写作理论家、写作教育家唐纳德·麦奎得和罗伯特·阿特温说得最准确：“过去大家以为，思维是一种内部的语言活动，而写作是外在的语言表达，这自然是不错的。但事实上，我们在思考问题时，总要有一定的语言形式。这就涉及思维和口头语言之间的密切联系的问题。在整个写作中，写作和思维是同时产生的，写作的过程也就是思维的过程。”在写作的时候，我们除了要学习如何以大见小，如何在局部小事中包含较广阔、深远的意思之外，还要学习怎样将一种思维形式引导到文章的结构形式，怎样用一个简单的词语和隐喻构成一篇文章的一个组成部分，等等。

在“学写传记”这一系列的读写教学活动中，刘老师遵循着“训练思维”的模式，由读到写，由表层到深层。学生对“传记”这种文学样式的体验过程见图 5-2。

四次读写训练之后，学生明确了读传记，除了要读出人物事迹外，还要读出人物精神；写人物传记，要搜集人物的事迹，要梳理出人物的精神……这是由表层事件到深层的人物精神的思维过程，这也是“因实出虚”“虚实相生”的思维过程。

读传记，形成初步的“传记”独有的阅读思维模式，为写传记打下基础（见图 5-3）。

传记具有人生示范、励志教诲、温暖人心的功能，它的文学价值、历史意义、心理效用和教育功能，是独一无二的。优秀传记作品可以在人的心灵留下真理的重量，可以“让无力者有力，让悲观者前行”。对于初中学生来说，阅读传记，能为自己找到人生的示范，激励自己积极向上，努力拼搏。可以吸取别人成功的经验和失败的教训。阅读传记时可以完全以旁观者的角度来看待传主的一生，从传主的经历中学到很多，如面对人生的态度、解决问题的方法和心态等。

理性的阅读传记，告诉学生读传记要读出什么，怎样阅读，这是在培养学生的阅读思维。通过阅读，学生从中学到关于传记写作的基本目的，传记写作

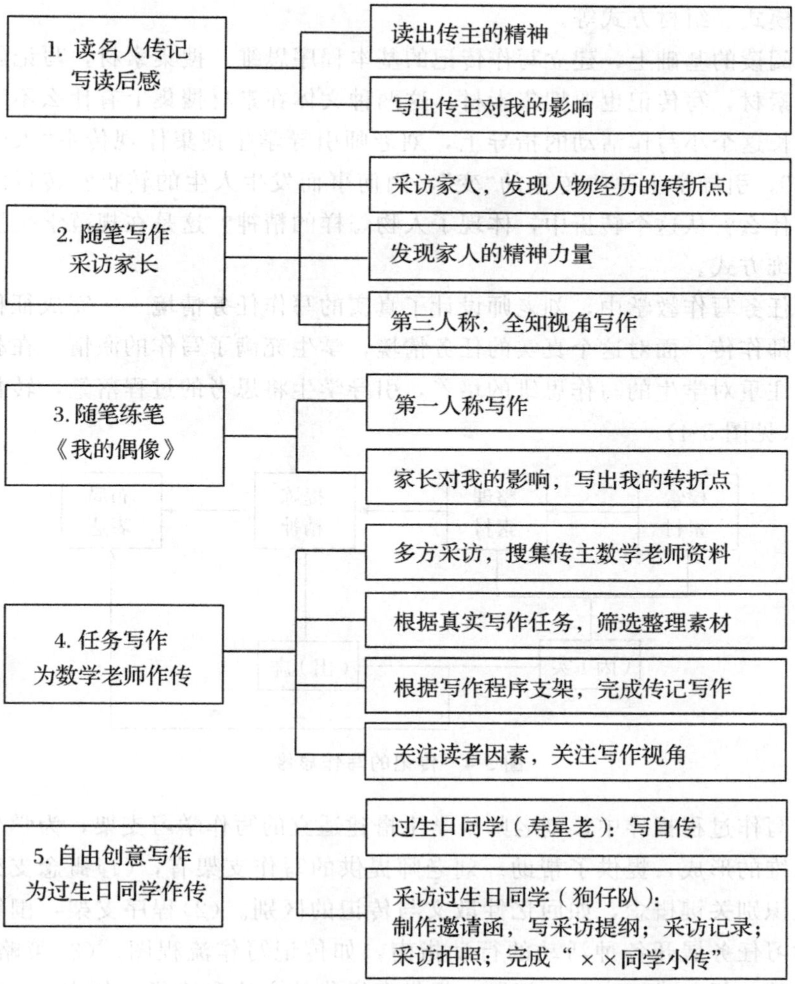

图 5-2　“学写传记”教学过程

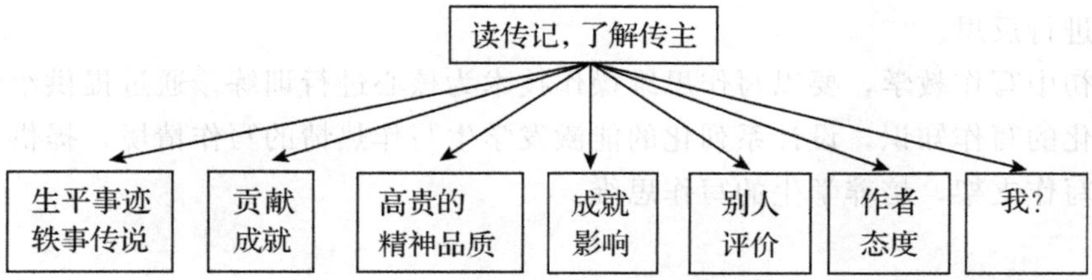

图 5-3　读传记的阅读思维模式

的语言模式、组材方式等。

在阅读的基础上，建立写作传记的基本程序思维。搜集素材，写记叙文也要搜集素材，写传记也要搜集素材，这两种文体在素材搜集上有什么不同？在采访家长这个小写作活动的指导上，刘老师引导学生搜集体现传主“人生转折的素材”，引导学生关注传主的“变”，因何事而发生人生的转折？转折的根本原因是什么？从这个转折中，体现了人物怎样的精神？这是在规范学生搜集素材的思维方式。

在任务写作教学中，刘老师设计了真实的写作任务情境——完成征稿，为数学老师作传。面对这个真实的任务情境，学生充满了写作的激情。在教学过程中，注重对学生的写作思维的培养，引导学生将思考的过程落笔，转化为写作过程(见图 5-4)。

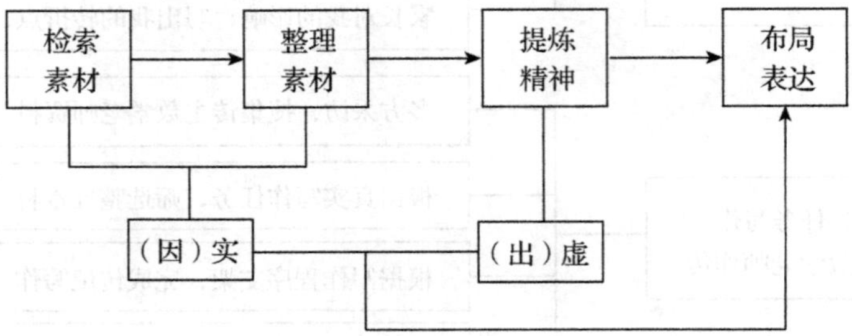

图 5-4　传记的写作思维

在写作过程指导中，刘老师给学生搭建适宜的写作学习支架，为学生传记写作思维的形成，提供了帮助。刘老师提供的写作支架有，(1)概念支架：帮助学生识别关键概念，如回忆性散文与传记的区别。(2)程序支架：围绕既定写作学习任务展开各种活动的行动指南，如传记写作流程图。(3)策略支架：为完成某一任务或解决某一问题，提供多样化的方法和途径。如表 5-3 素材归类方法表格。(4)元认知支架：支持个体管理自己的思维和学习过程，引导学习者进行反思。

初中写作教学，要以写作思维操作技术为核心进行训练。通过提供给学生系列化的写作知识，设计系列化的能激发学生写作热情的写作情境，提供多维度的写作支架，培养学生的写作思维。

第六章
学习仿写

学文如学画，学画可临帖，又可写生。在这两条路中间，写生自然较为重要。可是临帖也不可一笔勾销，笔法和意境在初学时总须从临帖中领会。从前中国文人学文大半全用临帖法。每人总须读过几百篇或几千篇名著，揣摩呻吟，至能背诵，然后执笔为文，手腕自然纯熟。欧洲文人虽亦重读书，而近代第一流作者大半由写生入手。莫泊桑初请教于福楼拜，福楼拜叫他描写一百个不同的面孔。霸若因为要描写吉普赛野人生活，便自己去和他们同住，可是这并非说他们完全不临帖。许多第一流作者起初都经过模仿的阶段。莎士比亚起初模仿英国旧戏剧作者。布朗宁起初模仿雪莱。陀思妥也夫斯基和许多俄国小说家都模仿雨果。

——朱光潜《谈作文》

第一节　学习仿写

统编语文教材八年级下册第一单元的写作训练为“学习仿写”。

学习写作，如同练字临帖一样，模仿是基础。“学习仿写”是写作教学中重要的一课。大教育家朱熹说：“古人作文作诗，多是模仿前人而作。盖学文既久，自然纯熟。”在《红楼梦》中“香菱学诗”一节中，林黛玉指导香菱作诗，也是先推荐她读王维的诗，从模仿开始。作家茅盾说：“模仿是创作的第一步。”美学大家朱光潜提出：“我们不必唱高调轻视模仿，古今大艺术家，据我所知，没有不经过一个模仿阶段的。第一步模仿，可得规模法度，第二步才能集合诸家的长处，加于变化，造成自家所特有的风格。”仿写是有效提高写作水平的方法之一，对于学生来说，仿写可以降低写作难度，提高写作水平。

一、怎样确定仿写范文

教材中有很多文质兼美的文章，这些课文饱含情感、结构清晰、语言优美，是学生仿写的范本。在教学中，结合教学内容，联系学生特点，找到随文仿写点，在阅读的基础上引导学生仿写。比如，鲁迅先生的《从百草园到三味书屋》，朱自清的《春》，汪曾祺的《昆明的雨》，莫怀戚的《散步》，都是可以从多个角度进行仿写练习的名篇。

另外，统编教材中推荐了“名著阅读”篇目，在整本书阅读的基础上，引导学生了解作品的特点，深入体会作者的情感，研究作家的语言特点，在此基础上，进行细节的仿写、局部的仿写或者语言风格的仿写。比如，读沈从文的《湘行散记》，可以分析沈从文的语言特点，阅读文字中“迷人的自然风光”，进行“环境描写”的仿写；可以欣赏《湘行散记》中独特的“风土人情”，进行“人物刻画”的仿写；可以体会《湘行散记》中作者对历史、对命运的深深的思考，进行“议论抒情”的仿写……比如，读老舍先生的《骆驼祥子》时，可以读故事情节，分析祥子与车三起三落的故事，仿写老舍先生编织故事的方法；读老舍的语言，仿写老舍先生“京味十足”的对话，仿写景物民俗的独特视角。

一些考试练习中的语段材料也可以成为学生的仿写范本。这些阅读语段大都为名家名篇，经过了出题者的分析，精心设计题目，经过了学生根据试题的静心思考，经过了教师讲评，学生印象会十分深刻，比如散文《寻面记》、议论文《小议慎独》都是非常好的仿写范本。

作文仿写的教学目标，可以根据仿写对象多角度、多方面设定，可以是语言、修辞、选材方法等作文的小细节，也可以是布局谋篇、行文线索等整篇作文知识点的仿写。

二、从哪些角度引导学生仿写

学习写作，如同古人写大字，先从基本的汉字笔画练起，再练习整个字；先描红，再仿写；先写单个字，再摹写整行整篇；先学习一种笔体，再深入模仿一位大家的书体……这是由浅入深的过程。写作仿写也是如此，是循序渐进的过程，仿写词语、成语，仿写带有修辞手法的语句，仿写一个场景，这是仿写的一个角度。仿写优秀作品的选材、结构、立意，这是仿写的另一个角度。对于某位作家超级喜欢，不自觉地进行模仿，比如模仿朱自清写景散文语言的恬静优美，模仿余秋雨文章中对文化的深刻思考，这是仿写的最高层级。

模仿生动的词语、独特的句式、精彩的段落。比如，《从百草园到三味书屋》中运用了生动的形容词的“碧绿的菜畦，光滑的石井栏，高大的皂荚树，肥胖的黄蜂，轻捷的叫天子”，由低到高描写了儿童眼中的百草园；冬日捕鸟一段，运用了传神的动词，“扫开一块雪，露出地面，用一枝短棒支起一面大的竹筛来，下面撒些秕谷，棒上系一条长绳，人远远地牵着，看鸟雀下来啄食，走到竹筛底下的时候，将绳子一拉，便罩住了。”“扫、露、支、撒、系、牵、拉”等词语，生动地写出了捕鸟的过程。这些形容词、动词的使用方法，可以引导学生仿写。比如，汪曾祺《昆明的雨》的第7段，围绕“昆明菌子极多”这个中心句，写了牛肝菌、青头菌、鸡纵，还讲了一个关于“捡鸡纵”的笑话，这一段经典的文字，可引导学生仿写，如何围绕中心写作。

三、七年级上下册教材中可以训练学生仿写的素材

1.《秋天的怀念》(“复杂心理”仿写)

【仿写语段】望着望着天上北归的雁阵，我会突然把面前的玻璃砸碎；听着听着李谷一甜美的歌声，我会猛地把手边的东西摔向四周的墙壁。

【训练内容】请写一句话，表达自己复杂矛盾的心情。(1)仿写标点符号——分号；(2)仿写复杂的心理状态。

【仿写解读】这是描写心情的两句话，每个句子前半部分是描写美好的事物，后半部分描写不好的情绪，形成对比，突出自己的心情和感受。

2.《春》(“修辞”仿写)

【仿写语段1】盼望着，盼望着，东风来了，春天的脚步近了。

【训练内容】请写一句话，运用反复句式，表达一种热烈急切的心情。

【仿写解读】注意反复、拟人等修辞手法的运用，丰富文章的语言。

【仿写语段2】春天像刚落地的娃娃，从头到脚都是新的，他生长着。

春天像小姑娘，花枝招展的，笑着，走着。

春天像健壮的青年，有铁一般的胳膊和腰脚，他领着我们上前去。

【训练内容】请写一段话，多角度写校园中的一处小景，可以从"一年四季"的时间维度多角度写，可以从"一天晨昏"的角度写，也可以从"阴晴风雨"等角度仿写。仿写博喻。

【仿写解读】多角度歌颂春天。"娃娃"到"小姑娘"再到"健壮的青年"是一个由小到大，由弱到强的递进过程，表现了不同阶段的春天给人的不同感觉，突出作者对春天的喜爱。

3.《紫藤萝瀑布》("借景抒情"写作手法仿写)

【仿写语段】花和人都会遇到各种各样的不幸，但是生命的长河是无止境的。

【训练内容】根据你体验最深的一种动物、植物，写写它给你带来的人生的思考。借物抒情的写作手法。

【仿写解读】抓住"物"的特征，将"物"与"人"巧妙结合，进行哲理的思考。

4.《散步》("详写一事"写作手法仿写)

(1)仿写开头

【仿写开头】我们在田野散步：我，我的母亲，我的妻子和儿子。

【训练内容】写一件事，用简洁的语言交代时间、地点、人物、事件。学习记叙文简洁开头。

【仿写解读】开头朴素简洁。交代人物、事件、地点；交代事件的起因。

(2)仿写全文

【仿写全文】全文内容。

【训练内容】写一件生活中的小事，一事详写法，交代好事件的起因、经过、结果。

【仿写解读】文章起承转合，写一家人散步的经过：共同散步的融洽，后来产生的分歧，最后解决分歧的办法。

(3)仿写结尾

【仿写结尾】但我和妻子都是慢慢地，稳稳地，走得很仔细，好像我背上的同她背上的加起来，就是整个世界。

【训练内容】写一件小事，在文章的结尾，用简洁的语言写出自己对事件的哲理思考。借事抒情的写作手法。

【仿写解读】根据“事情发展”给自己的感悟，进行哲理的思考。

5.《从百草园到三味书屋》(“过渡段”仿写)

【仿写语段】我不知道为什么家里的人要将我送进书塾里去了，而且还是全城中称为最严厉的书塾。也许是因为拔何首乌毁了泥墙罢，也许是因为将砖头抛到间壁的梁家去了罢，也许是因为站在石井栏上跳了下来罢……都无从知道。总而言之：我将不能常到百草园了。Ade，我的蟋蟀们！Ade，我的覆盆子们和木莲们！……

【训练内容】练习过渡语段。从某一件事过渡到下一件事，从写某一个人过渡到另外一个人，从写一个场景过渡到另一个场景。

【仿写解读】作者从百草园生活写到三味书屋的生活，中间用三个表示推测的“也许”句，表达出对百草园生活的留恋与不舍。

6.《邓稼先》《太空一日》(“小标题”写作形式仿写)

【仿写内容1】《邓稼先》小标题：从“任人宰割”到“站起来了”；“两弹”元勋；邓稼先与奥本海默；民族感情？友情？；“我不能走”；永恒的骄傲。

【仿写内容2】《太空一日》小标题：我以为自己要牺牲了；我看到了什么；神秘的敲击声；归途如此惊心动魄。

【训练内容1】描写身边的一个人物，拟好小标题，仿照《邓稼先》，多角度介绍人物的经历和精神。

【训练内容2】记录自己的一次做实验的经历，拟好小标题，按照操作顺序、感想记录过程。

【仿写解读】小标题是对标题下面一段话的概括。拟小标题是对学生概括能力的训练，也引导学生围绕小标题组织语言；多个小标题，提示学生从多个方面或多个角度来展示材料、表达主题。

对于经典的文学作品，不能仅仅停留在读的层面，还要进行细品：引导学生体会作品语言的魅力，学习文章篇章结构，感受作者的情感。好的作品，就是写作的范本。仿写是写作入门的重要途径之一，在随文阅读的过程中，学生沿着大师的足迹前行，在仿写的基础上，形成自己的写作风格。

第二节　教学案例：小心翼翼护儿女

“三八”节前用一周的时间保护鸡蛋(孩子)。记录自己在保护鸡蛋过程中的内心感受。观察同学保护鸡蛋过程中的故事，记录他的语言、动作、神态。注意在观察写作的过程中能够有点有面地描写所见。

1. 活动设计：在八年级第二学期 3 月 8 日前的语文课上，我请学生们保护一周鸡蛋，在保护鸡蛋的过程中，体会自己的心理感受。学习写复杂的心理活动。在行文中，学生有目的地仿写，锤炼语言，有意识地练习排比、比喻、拟人等修辞手法。

2. 活动体验要点：(1)体验自己保护鸡蛋的情感；(2)观察小伙伴们保护鸡蛋的言行；(3)揣测自己的小伙伴们保护这枚鸡蛋的心理；(4)这枚鸡蛋如同脆弱的刚出生的小宝宝，保护它需要耐心，需要爱心，换位思考妈妈在养育自己的过程中，是怎样的心理？(5)体验自己保护鸡蛋的心理变化过程。

3. 写作任务：同学们，在这一周的时间内，我们将摇身一变，变成一位父亲或者母亲，我们将保护自己的小宝宝——一枚鸡蛋。在这几天中，我们要记录下自己和蛋宝宝的故事。在记录时，我们要选择自己最喜欢的文章，作为范文，模仿范文。模仿范文的篇章结构，模仿范文的写作手法，模仿范文的语言。

4. 写作过程指导

(1)写前活动

①今天围绕蛋宝宝发生的故事是________________________。

②我的体验是____。

③设计这篇随笔，我会有意识地模仿的文章是________________，要模仿的是________________________(结构、写作手法、语言)。

(2)写作技能练习

①基于真实的观察，进行人物描写、场面描写、心理描写。

②有意识地模仿名家作品的片段或者全文。

(3)撰写提纲和初稿

根据真实体验，安排好文章的写作顺序，根据提纲，完成写作的初稿。

(4)修改与交流

①我要把仿写的名家文章(段落)推荐给________听。

②今天的这篇随笔，我要读给________听，让他和我一同分享我的快乐。

③根据同学的建议，我会再次修改我的随笔。

学生习作1

分组风波

为了体会父母养子的不易，这次我们每个人要保护一枚鸡蛋一周，而且还要为蛋蛋找到它的另一个家长，于是，全班同学开始了自己的寻亲之旅。

两位科代表站在台上，看着她们狡黠的笑，应该预谋已久啊，而我印象最深的就是涵月在台上的一举一动。她是个好玩的科代表：在同学们都不好意思上前抽签时，她不断揽客，充盈门面；在同学们排队时，她会喊着“免费的桃花符”来活跃气氛；而在当“珠联璧合”两人相遇时，她也会露出自己标志性的八卦眼神和狡黠的笑容。

我们也是一群贪玩的同学，抽签前，内心忐忑不安；抽到男生后，尴尬窘迫；抽到自己喜欢的女孩子时，欢呼雀跃。

抽签结束，我们发现，我们班的同学都和彼此相互联系：我是我的这枚蛋蛋的妈妈，同时也是小张同学的蛋蛋的爸爸，小王同学又是我的这枚蛋蛋的爸爸……如果每层关系是一条线，那么社会关系则可称为是一张网，我们每个人都是网上的一个节点，而这张大网就在我们班中。没错，我们有一个爱玩的老师，这次的活动又很好玩。

学生时代，并不能真正体会到社会中的错综复杂，而这个很好玩的游戏，让我们感受到了这张社会的大网，看到每个人之间千丝万缕的联系，懂得了合作，明白了责任。

这个会玩的班级，还将继续玩儿。

(安雅坤，仿写刘成章的《安塞腰鼓》，仿写排比句)

作文中再现了“小心翼翼护儿女”活动分组时热闹的场景。此项活动是在八年级阶段组织的，学生分组，两人组成一个“家庭”，成为那枚鸡蛋宝宝的“爸爸妈妈”。此篇日记，有点有面地描写了分组的场面。全班分组结束后，大家发现，每个人都不是孤立存在的，因为每一枚鸡蛋都有着千丝万缕的联系，而且，重在介绍好玩的老师、好玩的科代表、好玩的班级。

文章中有意识地模仿了《安塞腰鼓》的场面描写，在描写科代表的动作神态时，在描写自己分组时的心理时，都运用了排比的修辞手法。

学生习作 2

捏不碎的鸡蛋

李羽挑衅似地问我："你信吗，你绝对捏不碎这个鸡蛋。"说着满脸笑容地举着一个形状十分特别的鸡蛋在我眼前晃了晃。

"为什么？鸡蛋那么脆弱，怎么能捏不碎？"我满腹狐疑地问道。

"根据物理力学实验，"他颇有些运筹帷幄地对我说，"鸡蛋只要受力均匀，不管使多大的力都不会有一丝破裂。"

我心中暗喜：这件事情我已经想了很久了，这个实验我也早就想做了，既然这次他主动提出来，我就满足一下他吧！

"那我今天就当一次勇于实验的伽利略吧。"

"受力要……"

我拿起他的鸡蛋，手向前一伸。根本没听到他说的后半句话，刚刚轻轻一捏，不到一秒，只听轻微的一声"咔嚓"，鸡蛋立马就粉身碎骨了。所有人都惊讶地看着我，我看着我手上的蛋壳、地上的蛋液和同学们幸灾乐祸的表情，哭笑不得。哭：同学们对于我的不幸没有一丝的同情；乐：我终于找到一个机会证明了这个实验的结果。

（孔天宇，仿写鲁迅的《社戏》，对话描写）

学生仿写了《社戏》中的对话描写，采用了 4 种形式，(1)人称在前，说的话在后。(2)人称在后，说的话在前。(3)人称在中间，话在两边。(4)省略人称，直接写对话。在对话中，有意识地描写了说话人的动作，使语言更加形象。

这位学生的文章记录了自己毁坏鸡蛋的过程。将物理实验用到这枚小小的鸡蛋上。当时，我到教室看到地上躺着的蛋黄，很是无语，看了这篇文章，才知道了原因。看来这个男孩子还有探究的精神和意识。于是后面就有了学生加强保护鸡蛋的记录。

在这个持续 5 天的活动中，有的孩子很快就投入进了感情，有的学生是慢慢地进入情境，用真情在记录生活，这样的文章是"绿色"的，也是有文采的。

学生习作3

不要向这个叔叔学习

很快，到了下午第一节课，综合实践课，李老师上课令大家变得异常活跃，大家也都很热切地把自己设计的鸡蛋给李老师看，李老师一个个“好”令大家很高兴。

王瑞举着他画着鬼脸的鸡蛋给李老师看，问道：“老师，我的鸡蛋好看吗?”

老师故意说：“这眼睛怎么一大一小啊!”

王瑞说：“这才可爱嘛!”

李老师也说：“确实挺可爱的。”

上课了，李老师说：“把你们各自的鸡蛋都收起来吧！要上课了!”

王瑞调皮道：“我要让我的孩子和我一起上课。”

……

到了下午第一节课语文课，雷蒙听讲不认真。

刘老师问道：“雷蒙，你的小地雷带来了吗?”他说：“没有。”

老师说：“今天晚上回家一定要告诉你的孩子，你今天是怎么听讲的。”

班里有几个男孩，马上拿出自己的鸡蛋，说：“孩子，你以后一定要好好学习啊！千万不能向这个叔叔学啊!”引起我们大笑。

（王瀚锐，仿写鲁迅的《社戏》，对话描写）

这是一篇有性别的文章，能看出作者是一位小男生，对话描写看出了学生的顽皮，但是也可以感受到，学生在慢慢进入“父亲”的角色，是带有孩子气的父亲的角色。

语文课上，我引导学生深入思考，挖掘活动的意义。

有的同学拿着他们的蛋蛋，寸步不离，生怕弄坏。这就是溺爱孩子的父母啊。我开着玩笑说：“你们的父母可不是随时都把你们绑在腰间的，该工作的时候是要工作的。你们该上课的时候要认真啊，把你的孩子放到小柜子里，或者窗台上，就像是妈妈把你放到学校里。那里也是安全的。”

有学生将鸡蛋放到小柜子中，虽然能保证鸡蛋不坏，但是缺少了对“孩子”的关爱。这时，我问孩子们：“你们的父母会长时间不搭理你们吗?”

活动中因为不慎，学生的鸡蛋碎掉了之后，我追问他们：“短短5天，你们都不能保护好你们的孩子，在你成长的14年中，你会遇到多少危险啊，会遇到多少次意外，但是为什么你能安然无恙?”

老师稍作引导，学生也会有自己的深入的思考。

学生习作4

体谅父母

在向别人炫耀的同时，我自己的心里似乎明白了一些父母的举动。平日里家里来了客人，父母总让我在客人面前拉一段小提琴。小时候，我很不解父母为什么这样做，有时还和他们闹脾气，但现在想想，那时的我实在是太幼稚了。因为我明白了，将孩子的优点展现出来似乎是父母不禁要和别人分享的骄傲。因为我们是父母的唯一，也是他们的挚爱，有如此举动是正常的。

父母所做的一切都是为我们好。虽然我们现在是青春期，有时会忍不住和父母闹脾气，但也不能太过分。因为那会令我们的父母伤心。现在我很感谢刘老师，因为刘老师的举动，让我从“护蛋”的活动中得到了很大的启发，让我体谅了父母的辛苦。

（王均，仿写鲁迅的《社戏》第19段，心理描写）

心理描写对于学生来说，是最难模仿的，心理描写需要的是真实的情感，需要的是再进一步的思考。在热热闹闹的活动中，学生们投入了自己的热情和真情。已经有学生开始静下心来沉思了，在同学们带着蛋蛋和“七大姑八大姨”认亲时、炫耀时，有的学生想到了自己的父母对自己不就像自己对这枚蛋蛋一样吗？我的这枚蛋蛋——我的“儿子”是我的骄傲，我要在同学面前炫耀；而我——我父母的儿子，也是他们的骄傲，他们也要在亲友面前炫耀。心里有了认同的感觉。

学生习作5

宝贝，有些事你不知道

孩子，今天你一天都待在小柜里，我知道你不开心，尽管你依然冲着我微笑。

孩子，有些事你不知道……

你还不知道为人父、为人母的辛酸，你还不知道当我看见那些不负责任的父母们失去自己的孩子时，我心里有多害怕。

当然，我知道你会这样想：我这一切都是在解释，在为我不愿意管你而贪玩的解释。

是啊，你的父亲还不成熟，但我还是希望你可以成为我的骄傲，在你同龄的小伙伴中长得最漂亮，最可爱，但最重要的是和我在一起最快乐。

开始，我就以为这是个游戏，但当我给你画上了那双眼睛时，你就注定与众不同。每当看到你那双眼睛，我就有很多话想对你说，因为你永远会静静地聆听，永不打断我，我谢谢你对我的尊重，也为我今天的过错向你道歉。

我会带着你去看清这校园中每一处精彩，也要带着你去尝尽这世间的酸甜苦辣。

当然，孩子，你会受到伤害，会遇到挫折，但别怕，因为你的父亲会为你撑起一片天空。

（王瑞，仿写吴伯箫的《灯笼》第 11 段，运用第二人称，表达情感）

第二人称，“你”无疑是抒情最好的人称。使用第二人称，如同与人面对面谈话。在《灯笼》这篇散文的第 11 段，“你不希望……”“你听……”由第三人称到第二人称，语言亲切，让读者如同见到了那“塞外点兵”的灯笼。

小男孩的作品仿用了“你”这种人称方式。读这个小男孩的作品时，我落泪了。“是啊，你的父亲还不成熟，但我还是希望你可以成为我的骄傲，在你同龄的小伙伴中长得最漂亮，最可爱，但最重要的是和我在一起最快乐。”他把自己称为“不成熟的父亲”，对自己的孩子说“别怕，因为你的父亲会为你撑起一片天空”。我想这个男孩内心中做父亲的责任感在增强。至少在他这个 14 岁少年的心中，有了一分做父亲的坚强与柔情。

后来，我将我读这篇文章时的感觉和这个男孩子的母亲交流，男孩子的母亲说：“我读儿子的这篇文章时也流泪了，我以前总是觉得他每天稀里糊涂，丢三落四的，不懂事，但是看了这篇文章，我觉得我的孩子是有思想、有情感的男人。”

这是一个母亲对儿子的最高的评价吧——男人。

“护蛋”活动让这些十四五岁的孩子们不只有了情感，还多了些理性的思考。有个小男孩护蛋的经历让他想到了儿童时与父母分离的情景，“三年对我如一日，对父母如千年”，如果没有这次角色的体验，他会有这样的体验吗？在自己的“孩子”遇到危险的时候，想到了自己得急性中耳炎时，父母的不同的表现，母亲的哭诉，父亲的无言，呈现在读者的眼前，更落在这个曾经单纯的少年的心间。

文中的"你"字，让那枚蛋蛋，有了生命，有了情感，有了倾听的能力。

学生习作6

医疗事故

昨天，我的"儿子"不幸死在了张晓晗护士的手下，细节我不必多说，可以看看昨天的日记。现在我想谈谈我"儿子"的死因——医疗事故。虽说我们的孩子都是假的，碎了也没关系，但如果把它们变成将来真正要出生的、属于我们的孩子，出现了这样的事情，我们的心里会好受吗？据悉，中国一年中的医疗纠纷，多半是因为医疗事故。这让我们不得不去面临这样一个严峻的问题，怎样避免医疗事故？

避免医疗事故的方法有很多，可以提高医院的行政管理水平、提高医生的业务素质、建立健全医院各项规章制度，等等。总的来说，只要规范医院各层工作人员的行为，让他们关心病人，就可以减小医疗事故发生的可能性。

尽管如此，还存在一些工作人员由于长期的累积疲劳，导致注意力不集中而发生医疗事故的可能性。这也就意味着排班会成为一个很重要的因素。无论如何，我们在防止医疗事故发生的这条路上要走的路还很长。

责任感的降低、医术的不精湛、爱的流失都会成为发生医疗事故的原因。我们无法保证医疗事故绝不会发生，但我们可以尽最大努力避免它的发生。我只希望，不要再让医疗事故成为受害者家属身上一道重重的、永远也抹不去的疤痕。

（王一凡，仿写《回忆我的母亲》结尾段，议论抒情）

《回忆我的母亲》结尾段，作者朱德，由回忆自己母亲的具体的事情，引发议论抒情，揭示自己感谢母亲的深恩，表达自己尽忠母亲的方法，报答像母亲一样的人……"母亲现在离我而去了，我将永不能再见她一面了，这个哀痛是无法补救的。母亲是一个平凡的人，她只是中国千百万劳动人民中的一员，但是，正是这千百万人创造了和创造着中国的历史。我用什么方法来报答母亲的深恩呢？我将继续尽忠于我们的民族和人民，尽忠于我们的民族和人民的希望——中国共产党，使和母亲同样生活着的人能够过快乐的生活。这是我能做到的，一定能做到的。"这是非常深沉的议论抒情的内容，从写作手法上看，是典型的"因实出虚"的写作范本。

这个同学的"宝贝"惨死在我的科代表手中。在这个活动中，科代表是个策划者，同时也是我这个“产科医生”雇用的“护士”角色。“护士”因为粗心致使孩子死亡，这是医疗事故，引起了学生对医疗现状、医生责任心的思考。由一枚蛋蛋的粉碎，到医疗事故的思考，这也是“因实出虚”的写作范文。

仿写，使得学生将学习和现实生活联系起来；把现实和深刻的思考联系起来；把思想和传递思想的方法巧妙地融合起来。

读学生日记，不只是了解学生的写作水平，更能为教师了解学生的思想、品德和心理发展提供极好的机会。在学生活动过程中，教师作为旁观者，要不断地了解学生，透视学生的内心世界，捕捉他们典型的情绪反应和情感表现。一旦发现积极的情绪，要及时地向所有的同学传递，开拓学生的思维空间，形成正能量。

颇有经济头脑的小女孩房子在班里办起了托管业务，这个女孩子虽然学习成绩不是十分优秀，但是她有一颗最有爱的心。班里的花花草草是她一手养大的，假期里去敬老院做义工，她也是最积极的一个。此时创造性地做起了“托管业务”。作为班主任，我为这个孩子的敏锐的思维拍案叫绝。本来以为学生们在“小心翼翼护儿女”角色扮演的活动中，能体会到做父母保护孩子的不容易，理解父母的深情就已经很好了，没想到学生们的创造性的思维使这个活动向纵深的方向发展。

我同时也在班中对这个有创意的做法进行了表扬。

同学真实记录：

房同学的托管业务不得不说真是保护到了牙齿，这是因为孩子是一份责任，当别人把孩子给她托管时，也是把责任给她，她要担负起保护孩子的责任，让孩子健康地活下去。

（王艺冰）

八年级的学生通过此次活动写作，想到了“责任”这一沉甸甸的词语。当这些 14 岁的少年心中装着责任的时候，还有什么事情做不到呢？

在一周的活动中，学生们体会到了生死离别，体会到了爱恨相依。一枚鸡蛋破碎，最开始学生们当作玩笑，后来有了心理的负罪感，最后……

学生习作 7

永生的宝宝

我把它“安葬”在向日葵的盆里，不久的一天我就能在向日葵灿烂的笑脸里看到蛋宝宝了！

放学后，我去看望向日葵小苗苗和蛋宝宝，想起曾经读过的一篇文章——《永生的眼睛》。文中可爱的小女儿不幸遭遇车祸，悲痛欲绝的母亲选择捐献女儿的眼角膜。她的生活并不富裕，地位也不高，她信仰的宗教认为，人死后应当保留全尸，但她还是选择捐献女儿的眼角膜，使另外两个家庭重获常人的欢乐。

这使我重新认识了什么是高尚，什么叫生命的延续，生命的延续就是爱的延续。希望向日葵茁壮成长，早日展开笑脸，迎接灿烂的阳光。

（房昊彤，仿写《永生的眼睛》，主题立意）

这篇文章仿写了课外阅读文章《永生的眼睛》，借鉴了范文的主题立意。让那枚碎掉的鸡蛋，永生在向日葵的笑脸中。

“蛋宝宝”破碎是一件很悲剧的事情，但是这位同学却给破碎的“蛋宝宝”另一种生命，将它种在向日葵旁边，“在向日葵灿烂的笑脸里看到蛋宝宝的微笑”。多么美妙的“爱的延续”啊。如果说前期的活动，学生们感受到的是父母之情的话，此时，这种爱已经延续，是一种跨越式的“大爱”。

“爱”与“死”是文学作品永恒的话题，在这次角色扮演、仿写的活动中，学生们感受着那种“无言的爱”，那种“难言的死”，“死亡”的感觉更加刻骨铭心。随着角色扮演活动的深入，学生们再看自己的那枚“鸡蛋”时，是带着温情的；学生们写文章时，是带着自己最真实的情感的；在听同学们的“护蛋”感悟时，很多学生是含着泪倾听的。

在2019年3月的活动中，恰巧，生物学科在讲鸡蛋（卵）的结构，要求学生解剖鸡蛋，我就顺势将这个“角色扮演”的活动拉回到现实生活中，这就是一枚鸡蛋，一枚可以吃的鸡蛋，也是可以解剖的鸡蛋，晚上回家，按照生物老师的要求，解剖鸡蛋，记录下解剖的过程，或者自己的情感。

学生习作8

解剖蛋蛋

了解，才能因材施教，对症下药，凡事都是这样。

生物课上，两科合并，做起了语文蛋蛋的解剖，当然不是解剖自己的“孩子”，而是通过解剖老师手中的鸡蛋，了解自己的“孩子”，而就算作为一名“看客”，我的感触也是颇深。

秦老师先用剪刀轻轻撬开壳，露出卵壳膜，又剥掉膜，里面的蛋清蛋黄就在眼前了，老师又把蛋清蛋黄从小孔中倒出来，一个蛋黄上面又有两个系带，一个胚盘，这枚小鸡蛋的学问还真不小。

之后老师又带着我们看了小鸡孵化的过程，从一个小受精卵，成长为一只小鸡，真是千辛万苦，而我看着手中的鸡蛋，想象着能从这枚鸡蛋中破壳而出一只小鸡，心中又感到无限欢喜，也更加珍视这个小卵。

（安雅坤）

这枚鸡蛋由自己的“孩子”，过渡到“这个小卵”；语文的写作与生物学科的实验完美结合；感性的情感投入与理性的科学分析有机结合……语文超越了语文，写作也超越了写作。

第三节 专家指导：写作学习要回应文本

写作教学，是教师引导学生关注普通的、细小的、真实的事物的过程；写作教学，是教师引导学生深入思考生活的过程；写作教学，是教师引导学生跟随优秀作品学习写作的过程。文学让我们在日常的生活中发现智慧。作为读者，要深入文本，品味文本，回应文本；作为作者，要深入文本，赞美生活，思考生活。

一、让生活回应文本

有时候，学生觉得生活没有趣味，没有内容值得写作入文，而导致生活没有意义的原因，不是生活本身，而是对生活的回应，是对生活的最细腻的最深沉的感觉，应回到生活中。导致一本书没有意义的原因，不是因为书本身，而是阅读者对书的回应，对某个字词的拍案叫绝，对作品意思的理解，对作者的内心情感的认同与理解……

教师引导学生写作，就是引导学生细致地感受生活，引导学生去看、去听、去说，因而会产生各种情感——厌倦、害怕、热爱、感动、开心、思考、质疑……有了这样的感受，也就有了对生活的回应。写作就像那一颗沉睡的种子，在黑暗中发芽；又像一粒沙，不断地摩擦着身体的重要部位，促使自己要去表达，要将这种感受、这种体验写出来……这样就有了对生活的回应。

在“小心翼翼护儿女”活动中，老师带领着学生感受着角色扮演的细腻的情感，从分组时的热闹欢愉，到保护那枚鸡蛋的不容易，到有了带着鸡蛋(自己的“孩子”)闯天涯的豪情……学生们都去看、去听、去说、去感受、去实践、去交流。

将眼前的活动和学生的生活相结合，引导学生思考：对母爱、父爱的深刻思考，对责任的思考，对社会关系的思考，对医疗事故的思考。这是学生通过写作，在回应生活。那枚小小的鸡蛋，在学生的生活中逐渐成为苏醒的种子，成为摩擦着身体的那一粒沙，促使着学生要写出来，要用笔记录这种情感和思考。

如何记录生活？如何抒发情感？这需要将生活再回应文本。仿写训练，是对经典文本的经典语言、经典段落、经典构思的仿写。利用仿写这种方式回应文本，激活学生已有的知识和思维模式。学生揣摩出优秀作品写作上的妙处，将这妙处与自己的生活经验相融合，运用这种写作技能，写出的作品会超越生活，超越自己的水平。

回应生活，回应文本，激活了学生的写作激情，融会贯通。

二、怎样回应生活，回应文本

回应文本，有时教师会领着学生“咀嚼”文本，把大量的精力花在对作品写作特色的分析上，并总结出许多条写作方法，结果被人讥讽为“盛大的尸体解剖仪式”。体验生活、动笔写作、仿照优秀文学作品，这是引导学生让生活回应文本的最好的方法。

写作与文本和亲身经历建立联系，加深学生们对文本的理解，对生活的理解(见表 6-1)。

表 6-1　写作回应生活和回应文本的比较

序号	写作回应生活	写作回应文本
1	学生学习搜集生活中值得一写的细节，并将这些细节在写作本上充分记录下来	学生学习搜集他们读书体会中精彩的瞬间，并将这些精彩记在读书笔记上
2	重读这些生活细节，从中选出重要的一项，把它当作那一粒沙子，围绕着这粒沙子，打磨写作，思考生活	重读这些体会，从中选出重要的一项，把它当作一粒沙子，围绕着这粒沙子，打磨阅读，将生活与阅读结合起来

续表

序号	写作回应生活	写作回应文本
3	老师认真聆听学生的“种子想法”，通过这种方式，帮助学生挖掘他们的想法和背后的意义，老师给他们提供深入思考的路径，帮助学生梳理写作的策略	学生的“种子想法”，在有关书本中是否有类似的呈现；在前人的生活经历中是否也有发生，提示学生思考
4	帮助学生回顾他们搜集、思考过的所有细节，引导学生思考： 我要表达什么想法？ 我要怎样表达自己的想法？ 经典文本上的写作手法是否能够借鉴？ 我会怎样设计篇章结构？ 我会借鉴哪位作家设计篇章结构的方法？	根据学生的写作需求，和学生一同研究范文；对于没有确定范文的学生，要为他们提供参考范文。并提示学生思考： 为了表达清晰，我可以模仿范文的整体还是局部？ 根据范文，我会确定怎样的写作形式？设计怎样的文章结构？运用怎样的语言？
5	学生写好草稿以后，要重读一遍。如果写的是记叙文，他们需要思考：我是不是给自己或别人画了一幅画像，这幅画可信吗？我是不是在客观地记录生活？我对生活的表述是否深刻？	学生写好草稿以后，再重读一遍范文。我的作品对范文的模仿是否合适？有没有更好的方式表明自己的写作意图？我可以怎样修改我的文章？

回应生活，回应文本。向学生们展示怎样观察生活，怎样思考生活，怎样记录他们的生活。仿写就是将写作教学与阅读教学相关联，既要保证学生的阅读量，又要引导他们理解思考和借用所读的内容。

第七章
学写读后感

从前教我们作文的先生，并不传授什么《马氏文通》《文章作法》之流，一天到晚，只是读，做，读，做；做得不好，又读，又做。他却决不说坏处在哪里，作文要怎样。一条暗胡同，一任你自己去摸索，走得通与否，大家听天由命。但偶然之间，也会不知怎么一来——真是“偶然之间”而且“不知怎么一来”——卷子上的文章，居然被涂改的少下去，留下的，而且有密圈的处所多起来了。于是学生满心欢喜，就照这样——真是自己也莫名其妙，不过是“照这样”——做下去，年深日久之后，先生就不再删改你的文章了，只在篇末批些“有书有笔，不蔓不枝”之类，到这时候，即可以算作“通”。

——鲁迅《做古文和做好人的秘诀》

第一节 学写读后感

统编教材语文八年级下册第三单元写作教学内容为“学写读后感”。

读后感，是读了一篇文章或一本书后，在深入领会原文精神实质的基础上，对作品的主题、人物、表现手法或某一感兴趣的问题等提出自己的看法，表明自己见解的一类文章。读后感写作，是学生深化阅读的载体，是提升学生思维能力的载体，也是提升学生写作能力的载体。好的书籍或文章，读后学生会有或多或少的感想，如何将这种感想进一步理性化、现实化、条理化？

一、读后感写作的教学价值

有人认为，人类在不同领域所产生的心理活动，具有一定的思维特征，而这些心理活动或多或少与阅读有关。读书如同钻木取火，印在纸上的平淡无奇的铅字，在读者的头脑中变成富有意义的词语、句子，这个过程就像两块粗糙的石头摩擦以后产生了美丽的火花。厘清阅读时产生的一系列心理活动，撞击出更多的思维火花，落在纸面，就是读后感。

(一)读后感写作教学，是对学生进行思维训练的有效途径

在语文学习中，学生读经典文章、经典文学名著，但他们的写作能力，不一定通过大量阅读就能提升，思维水平也不是通过经典阅读就能提升的。“学而不思则罔”，其实“读而不思亦罔”。读书，或多或少会在学生认识上、思想上、感情上碰撞出火花，从而拨动学生思维的琴弦，引发学生理性的感悟。阅读后的总结、梳理、交流、碰撞、质疑、思考、对比，这才能获得更大的阅读收获。比如，读《曹刿论战》学生可能就曹刿的指挥若定进行文章内容的剖析，也可以就鲁庄公这个君王的“鄙”与“明”辨证思考，还可以就《左传》的叙事特点进行理性分析。读完《骆驼祥子》后，用折线图梳理祥子与车三起三落的故事；学生可以辨证思考，比如对于祥子和虎妞，这两个人，谁更悲剧。还可以对比阅读《钢铁是怎样炼成的》和《红岩》，哪些高尚的精神最能感染读者。父爱如山，在《傅雷家书》中，如山的父爱是怎样以书信为载体，呈现出来的……阅读的朦胧感受，升华为理性的认识高度，这是实现读写结合的前提。

(二) 读后感写作教学，是学生实现文体转换的桥梁

统编教材七年级的写作训练以学写复杂记叙文为主，写人、叙事、想象，记录生活，描写生活，重在叙述和描写。统编教材九年级的写作训练以议论性

文章为主，训练学生的概括能力、判断和推理能力。

“读后感写作”为学生搭建一座由记叙文写作到议论文写作的文体转换的桥梁。读后感既有对原文内容和生活材料的概括叙述，又有对“感点”蕴含道理的深入阐发，还有对现实生活材料的透彻分析，具有记叙和议论的双重功能，语言上又带有生动、活泼的特点，因此读后感是由记叙文写作向议论文写作转型的过渡性文体，是富有浓郁的文艺色彩的说理性文章。

二、怎样引导学生写好读后感

(一)交给学生解读作品的工具与策略

写作读后感之前，首先要走进作品，通过研读，对作品的思想内容和艺术特色有较为全面的认识。写作读后感，教学生解读作品，意味着交给他们一个从阅读作品到解读作品的全过程，让他们能细致周到地反思他们阅读的文本；交给学生一个过程，而不是交给学生一个解读作品的结果，让学生复述老师对一个文本的解读没有任何意义。

1. 策略一：追问，质疑

读一本文学名著，可以引导学生思考下面的问题。

作品中讲了怎样的故事？这个故事中，什么是真正重要的？关于这个世界，这个故事说了什么？关于我的人生，这个故事说了什么？这个故事对我的成长有什么意义？作者为什么写这个故事？这个故事背后还有什么故事？这个故事告诉了我们什么道理？这个故事的主题是什么？你会推荐别人读这本书吗？他们为什么应该或不应该读？

2. 策略二：探究作品背后的意义

学生读完作品之后，还要继续探究：对于小说等文学作品，可以探究小说的写作背景，人物的性格特点，精神特点等；对于科普读物等非虚构类作品，可以探究作者最想突出的思想是什么，其他次要的信息是如何支撑这个中心话题的等；对于历史类读物，可以探究作者的研究视角，了解这位作者想突出的中心，可以对比其他作者是如何写这段历史的……引导学生深入思考，拓宽、挖掘、深入解读作品背后的意义，带领学生走出字面理解的局限。

3. 策略三：充分利用结尾解读文本

阅读到作品的结尾，再回看全文，居高临下俯瞰，更容易理解作品的内涵，更深刻地理解作者的写作意图。比如，《骆驼祥子》的结尾：“体面的，好强的，好梦想的，利己的，个人的，健壮的，伟大的祥子，不知陪着人家送了多少回殡；不知何时何地会埋起他自己来；埋起这堕落的，自私的，不幸的，社会病胎里的产儿，个人主义的末路鬼！”站在作品的结尾，再探究祥子形象的意义，探究祥子的改变，探究祥子这个形象的社会意义是什么，老舍先生塑造祥子形象的原因……或者读《水浒传》，站在结尾处，知晓了各位英雄人物的结局，如对于“林冲”这个人物，再回到曾经阅读时喜欢、讨厌或者有疑问的部分，甚至是理解困难，或是引起愤怒的部分，重读其中一部分，再研究“林冲”，理解会更有深度。如果能再思考林冲的结局是“得风瘫”“病逝六和寺”，他的结局能否和鲁智深“坐化”的结局换一下？由此再推论作者对人物的态度是什么。

4. 策略四：关注文本细节，养成做笔记的习惯

让学生养成阅读的良好习惯：读书时，在书眉页脚做批注，在字里行间圈点勾画；读书时，一边读书一边记笔记；在与同学就书中内容讨论时，一直保持书本处于打开状态的习惯。

学生要关注文本细节，细节中有许多重要的隐喻和主题，讨论要在具体细节和中心思想之间转换，这就避免了学生过度简化文本所传递的思想。从文本细节转换到中心思想，再回到文本细节。

我们和学生一起学习解读一部作品时，要让学生体会到，解读并不容易，没有人会在一眨眼之间就知道答案。怎样让自己的想法更深刻，更开阔，更接近答案，教学生解读，就是教他们怎么找到文本背后的深层含义，怎样让他们的生活更有意义。

(二)给学生提供写作读后感的支架

1. 支架一：提供读后感写作程序性知识

读后感的写作没有固定的格式要求。有人说“文章无法而有法”，也有人说“文章有法而无法”，“法”在这里指方法、策略、程序。作为读后感写作的初学者，还是要给学生“法”(见表 7-1)，经过“有法”的训练，再到“无法”的创新创作，先学常规，再学变格。

很多老师在实践的基础上，归纳了写读后感的四步法：引、议、联、结。这四步法，能给学生提供全面的写读后感的步骤(见表 7-2)。

表 7-1　读后感写作程序支架

写作程序	基本形式
确定标题	1. 可以采用《读〈×××〉有感》或者《〈×××〉读后感》 2. 可以采用正副标题配合使用的方法，把自己要表达的观点或者感受凝练成正标题，以“读《×××》有感”为副标题
开篇，亮明感受点	1. 一般在文章的开头亮明自己的感受点，也就是自己的观点 2. 感受点的选择，尽量有深度，有新意，表达自己的独特感受 3. 一篇读后感，可以是一个感受点，也可以是多个感受点，但是受到中学作文篇幅的限制，一篇读后感的感受点最好不要超过三个
主体部分，适当概述原文证明“感点”	1. 摘引原文细节，或者概括原文具体情节，证明“感”之“源” 2. 可以直接摘引原文细节，针对细节谈感想 3. 也可以概述原文的情节，间接引述，证明自己的观点
深入部分，联想拓展	1. 联系自己的阅读积累，这部作品获得的感受联想到了其他的哪部作品 2. 联系自己的生活经验，联系社会现实，佐证自己的感受

表 7-2　读后感结构程序支架

结构		写作要点
第一部分	引	是读后感的开头，叙述作品的主要内容，提出感受点，为下文论述提供依据，此段文字力求简明扼要
第二部分	议	紧承上文抓住核心进行议论，深入剖析阐明自己的感受点
第三部分	联	在“议”的基础上，选取现实生活、历史、正面、反面的事例，继续充实自己的“感”，分析所读书目的现实意义。增加读后感的深度和广度
第四部分	结	总结全文，回扣自己的感点，提出自己的希望、倡议，把读者由认识引向实践，以收到余音绕梁的功效

在指导学生写作读后感的过程中，也要提醒学生尊重原作品的细节，尊重生活中的细节，以引起阅读读后感的共鸣。可以给学生提供这样的读后感写作程序：拟好标题，亮明感受点，概引作品的细节阐释感受点，联想拓展。

对于读后感的主体部分，依据作者的感受点是一个还是多个，可以给学生推荐不同的写作步骤(见表 7-3)。

表 7-3 读后感主体部分写作步骤

分类	亮明感受点	写作步骤
只有一个感受点	适当概述原文	1. 摘引或者概括原文细节 1，适当评析，证明自己的感受点 2. 摘引或者概括原文细节 2，适当评析，证明自己的感受点 3. 摘引或者概括原文细节 3，适当评析，证明自己的感受点 所摘引的原文细节，要围绕唯一的感受点选择
多个感受点（最好不要超过三个）		1. 摘引或者概括原文细节 1，适当评析，证明自己的感受点 1 2. 摘引或者概括原文细节 2，适当评析，证明自己的感受点 2 3. 摘引或者概括原文细节 3，适当评析，证明自己的感受点 3 所摘引的原文细节，要围绕感受点选择

2. 支架二：提供读后感评价量表

为学生提供读后感评价量表，学生明确标准之后，再落笔成文(见表 7-4)。

表 7-4 读后感评价量表

层级	层级标准
A 级	1. 有明确的标题，主标题是读后感的核心。能在开篇位置明确自己的“感点”。“感点”角度小，有深度，有新意 2. 围绕“感点”，摘引原文细节，或者概括原文具体情节，进行论述 3. 能联系阅读积累、生活经验，围绕“感点”深入论述
B 级	1. 能在开篇位置明确自己的“感点”。“感点”角度大，缺乏深度，缺乏新意 2. 能围绕“感点”进行论述。缺乏摘引原文细节，或缺乏对原文细节的分析；摘引原文过多，或者通篇是自己的认识，没有原文佐证 3. 能联系阅读积累、生活经验，围绕“感点”论述
C 级	1. 缺少自己的“感点”，多是复述他人观点 2. 摘引原文和表达自我观点比例不当，没有围绕“感点”展开论述 3. 联系生活不够

3. 支架三：提供读后感范例

刚刚接触到这种写作样式，有的学生会有恐慌的感觉，此时，教师要给学生提供“读后感”写作范例，比如《教师教学用书》中提供的两篇例文，可以提供给学生。有范文引路，学生的畏难情绪会有所改变。“写作生活”，需要保持高度的警惕性和敏感性。

写读后感，读写结合。被一篇文章、一本书打动是一件美妙的事，引导学生们带着一颗细腻敏感的心去阅读，带着那颗细腻敏感的心去生活，去成长。文学不仅意味着更多的阅读、更多的写作，还意味着更好的生活。写读后感，读写结合，让学生们看到更多，听到更多，感受更多，思考更多，学到更多。

第二节 教学案例：阅读，感悟经典

在育英的校园中，有多个流动图书馆，还有学生固定的阅览室，教室内有他们独有的个性化“小书架”。在这个校园内，读书是学生最寻常的状态。他们根据自己的阅读偏好，选择自己喜欢的书阅读。阅读之后，可以和与自己有相同阅读偏好的学生交流，可以是同年级的，也可以是高年级的。每年的“阅读交流盟”活动，是学生最喜欢的阅读活动。

在统编教材中，也有向学生推荐了大量的启迪心灵的好书。学生们读书，记录下自己的阅读感受，或长或短，或深或浅，读书是最好的生命成长。阅读是走进另一位作家的生活，与高尚的人对话，感悟深刻厚重的文化内涵，获得心灵的共鸣、精神的成长，读书，读出自己(见表 7-5)。

表 7-5 统编初中语文教材名著导读中的读写结合训练

年级	名著导读主题	写作训练
七年级上册	《朝花夕拾》 消除与经典的隔膜	鲁迅笔下的那些人物：任选一个人物，梳理各篇中描述他的语句，分析其性格特点，学习、借鉴鲁迅描写人物的方法。完成专题探究后，写一篇读书报告
	《西游记》 精读与跳读	1. 话说唐僧师徒：唐僧师徒四人，你最喜欢的是谁？写一篇短文介绍这个人物 2. 创作新故事：大胆发挥想象，自己来创作一个取经路上的新故事

续表

年级	名著导读主题	写作训练
七年级下册	《骆驼祥子》 圈点与批注	给祥子写小传：请你根据作品的内容，写一篇祥子的小传，完整地勾勒出祥子的经历
	《海底两万里》 快速阅读	1. 写航海日记：先绘制一份简单的航行线路图，标明时间、地点。从小说中选择某几个关键的时间点，结合小说的内容，写几则航海日记 2. 尼摩船长小传：请你根据作品内容，以最后返回陆地的法国生物学者阿龙纳斯的身份，给一个亲密的朋友写一封信，向他介绍尼摩船长其人 3. 潜水艇介绍：请你绘制一份“诺第留斯号”潜水艇的简易图，标明其各部位的名称和功能，并写一篇简介
八年级上册	《红星照耀中国》 纪实作品的阅读	选择自己喜欢的专题，完成探究后，写一篇读书报告
	《昆虫记》 科普作品的阅读	1. 跟法布尔学观察：借鉴法布尔的经验，设计一个观察实验，并进行实践，做好观察笔记 2. 跟法布尔学写作：从写作角度精读《昆虫记》，摘抄若干精彩片段，进行鉴赏、点评。观察你喜欢的小动物，学习法布尔的写作技巧，进行仿写
八年级下册	《傅雷家书》 选择性阅读	1. 傅雷的教子之道：探讨傅雷的教子之道，完成一篇读书报告 2. 父子情深：结合具体语段，细心揣摩傅雷的心情，以《两地书，父子情》为题写一篇短文 3. 我给傅雷写回信：可以选择一个感兴趣的话题，尽可能全面地梳理傅雷的观点，并进行归纳概况。试着写一封信，表达你对他观点的理解或你的看法
	《钢铁是怎样炼成的》 摘抄和做笔记	1. 保尔·柯察金的成长史：梳理保尔·柯察金的成长史，列出提纲，写一篇小传 2. 保尔·柯察金形象分析：摘录能够体现保尔·柯察金性格不同侧面的句子和段落，结合这些具体描写，对人物丰满的艺术形象做出分析 3.“红色经典”的现实意义：详细记录阅读心得体会，整理成读书笔记

续表

年级	名著导读主题	写作训练
九年级上册	《艾青诗选》 如何读诗	1. 探讨诗歌意象：阅读诗集，选择你最有感触的一两个意象，仔细品味，体会它们蕴含的感情，领会其中丰富的思想文化内涵 2. 分析诗歌艺术手法：选择你喜欢的一首艾青诗作，说说它在写法上有什么特点，好在哪里。既可以就诗作总体的写法发表议论，也可以就某一局部或某句诗谈谈你的观点
	《水浒传》 古典小说的阅读	1. 探究情节：选择你最喜欢的章节，梳理其中的情节，尝试用思维导图的形式画出来 2. 为人物立传：找出其中你最喜欢的一个，记录他的人生轨迹、英雄事迹和个性特征，为人物写一篇小传 3. 分析章回体小说艺术特点：看看这部古典小说在结构、人物刻画、语言等方面具有哪些特点，选择一个角度，写一篇赏析文字
九年级下册	《儒林外史》 讽刺作品的阅读	1. 故事会：梳理你想讲述的故事的情节，准备一个简要的提纲 2. 讽刺艺术探究：写一篇小论文，谈谈你对《儒林外史》讽刺艺术的体会 3. 续写故事：选择书中的一个人物，发挥想象，续写他的故事
	《简·爱》 外国小说的阅读	1. 探究简·爱形象：分析她的人生经历和性格特点，为她写一篇人物评传 2. 欣赏与排演：《简·爱》曾多次被改编为电影、话剧，观看同名电影，欣赏其中精彩的对白，加深对原著的理解，写一篇观后感。也可以将小说中的精彩片段改编为话剧

写作是模仿优秀作品的过程，写作是生成创新的过程，写作是记录自己心灵的成长的过程……

一、《朝花夕拾》读后感写作指导

1.《朝花夕拾》导读导写

钱理群曾经说过：“鲁迅对我们的中学生和老师，最大的作用，就是他的作品使我们变得‘大气’和‘深刻’。”读《朝花夕拾》，走近鲁迅先生，消除和经典作品的隔膜。我们可以探究鲁迅先生的童年生活，探究鲁迅先生的思想和情怀，探究鲁迅先生的人生经历；也可以认识鲁迅笔下的人物，那个时代的风俗、教育、民俗；还可以了解百年前的中国。

2. 读后感写作专题探究推荐选题

(1)鲁迅笔下记录了他生命中出现的一些人物，给人留下了极深的印象，如长妈妈、衍太太、寿镜吾先生、藤野先生、范爱农……人们常说："平凡中蕴含着伟大。"请你从《朝花夕拾》中选择你了解的人物，结合具体内容，探究平凡与伟大的关系。

(2)有人读完《朝花夕拾》后用一个英语单词"interesting"(有趣的)概括全书，说鲁迅先生是有趣的人，因为他生动有趣地描写"老鼠嫁女"，写看五猖会，写睡觉时呈现"大"字的阿长，写在百草园捉蜈蚣；也有同学用一个英语单词"love"(爱)概括全书，说鲁迅先生是有爱的人，因为他爱自然，在泥墙根发现乐趣，爱长妈妈这个普通的女人，爱没有民族偏见的藤野先生……如果你用一个单词或者几个单词概括《朝花夕拾》，你会选择哪个(些)单词？

(3)读《朝花夕拾》，了解鲁迅先生。同学们可以去绍兴鲁迅故乡探访鲁迅的童年生活，也可以去北京阜成门内的鲁迅故居探访鲁迅在北京的生活，也可以去厦门探访鲁迅的教书写作生活……参观鲁迅博物馆，查阅资料，了解更多鲁迅生平和作品创作背景等资料。请你结合相关资料思考探究，在你心中鲁迅先生是怎样的人。

学生习作

三个单词论《朝花夕拾》

读完《朝花夕拾》，我心中对鲁迅先生由陌生到相识，由相识到相知；鲁迅先生的个子不高，但是在我的心中，鲁迅先生的形象无比高大，让我仰视。读《朝花夕拾》，我认识了鲁迅先生有趣的童年生活，认识了鲁迅先生身边形形色色的人。如果用三个英语单词来诠释我读完《朝花夕拾》的感受，就是：

fun(乐趣)

以前我认为鲁迅先生是个古板的人，读完《朝花夕拾》，我发现鲁迅是个有趣的人，他童年的生活也极为有趣——fun，主要凸显在《从百草园到三味书屋》。百草园，是鲁迅小时候玩耍的地方，也是小时候的天堂，"单是周围短短的泥墙根一带，就有无限乐趣。""翻开断砖来，有时会遇见蜈蚣；还有斑蝥，倘若用手指按她的脊梁，便会拍的一声，从后窍喷出一阵烟雾。"这一段突出描写了鲁迅儿时在乐园中的乐趣，It is so fun之后，鲁迅又来到了三味书屋，虽然是书塾，但也在苦乐交织着。三味书屋后有一个乐园，“虽然小，但在那里可以爬上花坛去折腊梅花，在地上或桂花树上寻蝉蜕。最好的工作就是捉苍蝇喂蚂蚁，静悄悄地没有声音”。鲁迅在书塾中找到乐趣，也在读书上课时，“画一本《西游记》绘本”不亦乐乎，这些都是乐趣。It is all fun！在鲁迅的童年有多少有趣的画面啊！小学时读《少年闰土》，夜晚，少年闰土月光下捉猹的形象一直让我神往。能写出这么有趣的场景，鲁迅该多么有趣啊！

care for(关切，关心)

这个英文单词重点体现在《藤野先生》这篇文章里，这篇文章主要写到了鲁迅在日本学医，遇到了藤野先生的经历。在文中，藤野先生一心想把自己的学术传给鲁迅，也展现了对鲁迅的care for。藤野先生还让鲁迅抄写讲义。“原来我的讲义已经从头到末，都用红笔添改过了，不但增加了许多脱漏的地方，连文法错误，也都一一订正”这一段中，写到藤野先生“连文法的错误，也都一一订正”的仔细，对鲁迅的讲义，像宝贝一样对待，反衬出藤野先生对鲁迅的关爱，即使是一点小错，也要纠正。这，就是藤野先生对鲁迅的care for，在那个时代，这种关心打动了鲁迅，这是没有民族偏见的关心和爱护，显得弥足珍贵。

corruption(腐败)

这一单词主要体现在《范爱农》这篇文章里，这篇文章主要说出了社会的corruption。“他大怒之后，脱下衣服，照了一张照片，以显示一寸来宽的刀伤，并且做一篇文章叙述情形，向各处分送，宣传军政府的横暴。”这里写出了范爱农和鲁迅对当时社会的腐败和残酷的揭露。前文更是写出了范爱农对社会的不平、不满，并在后文又说到，因为社会的腐败，范爱农让鲁迅疑心是自杀，范爱农是个很有抱负的人，但社会最终还是给了他一个否定，It is so corruption。鲁迅先生以笔为枪，跟这个腐败的社会斗争着。

(马梓航)

二、《湘行散记》读后感写作指导

1.《湘行散记》导读导写

《湘行散记》以湘西生活为题材，通过描写湘西人原始、自然的生命形式，赞美人性美。沈从文先生在此书中既描写了下层人民生活的艰辛与哀戚，透过他们的悲与欢，血与泪，感悟人生的庄严，表达了作者宏大的悲悯情怀，也为我们描摹出了一幅幅恬淡、幽美、安宁的画面，令人神往。作者用诗意浪漫的文字为我们刻画了落英缤纷的美景，刻画了军官、侠匪、水手、烟贩、妓女、乡间郎中等个性鲜明、血肉饱满的人物形象。

人们常将沈从文和托尔斯泰相提并论。其实这两人的创作风格迥异，连精神信仰也不相同。但两人有个共同点：都对劳动人民怀有深厚的感情。托尔斯泰赞赏、敬佩农民，甚至亲自下地干活。沈从文则喜欢文物，钦佩劳动者的高超技艺。

2. 读后感写作专题探究推荐选题

(1)沈从文曾说“就我所接触的世界一面，来叙述他们的爱憎与哀乐，即或这枝笔如何笨拙，或尚不至于离题太远。因为他们是正直的，诚实的，生活有些方面极其伟大，有些方面又极其平凡，性情有些方面极其美丽，有些方面又极其琐碎，——我动手写他们时，为了使其更有人性，更近人情，自然便老老实实的写下去。”在《湘行散记》中，沈从文先生记录了湘西各种下层的百姓形象，请你选择你最感兴趣的人物，说说他(或他们)怎样体现了人性美、人情美。

(2)《湘行散记》中，穿越时空的对比描写，时间变，空间未变，但是人有的在变，有的没有变，在变与不变之间，传递着沈从文先生怎样的情感，请你根据具体内容进行探究。

(3)对比阅读《湘行散记》和《朝花夕拾》。可以对比沈从文和鲁迅的创作风格、思想情感，也可以对比他们笔下人物的异同，还可以对比他们眼中的自然风景有怎样的不同……选择对比角度，把你的阅读感想记录下来。

学生习作

生命的变化

——论《湘行散记》中的人物形象

“好书不厌百回读”，不错的，三读《湘行散记》，又让我有了一些新的感悟，便记录下来——

若说作者是围绕着历史和时间来写，倒不如说是变化。有些事物在变化，有的则不变。一些英雄美人成尘成土，一些傻瓜笨蛋则变得又阔又富；有的地方景色依旧，四周却一片黑暗；有些人变了，可命运照样悲惨……

一、一个戴水獭皮帽子的朋友的好与坏

对于一个戴水獭皮帽子的朋友，我保持中立的看法。作者说，他就是那

“变得又阔又富的傻瓜笨蛋”，我却认为他还是有一些不错的地方的——

他虽没对社会做出贡献，也没有为了钱，像《箱子岩》中的什长那样，去毒害、腐蚀乡民们的灵魂，这在当时的那个社会，还是挺难得的；但他的自甘平庸，也是我不喜欢的一点，当时的社会，需要的是有人能够站出改变，而他却“躲进小楼成一统，管它冬夏与春秋”。这就是社会黑暗的原因之一，也是他成为“傻瓜笨蛋”的原因罢！

他为人还是非常热情的，这也是非常重要的一点——“天刚发白，我还没醒，小船就已向上游开动了。大约已经走了三里路，却听得岸上有个人喊我的名字，沿岸追来，原来是他从热被里脱出赶来送我的行的。”这热情、重感情的性格，在物质条件丰裕的现在，却不多见了，人们交流全靠网络，仿佛连面对面的对话都少了许多……这也是我们要学习的一点。这一点，也仿佛烙印在湘西人的灵魂中。

二、两个桃源

“复行数十步，豁然开朗。土地平旷，屋舍俨然，有良田美池桑竹之属。阡陌交通，鸡犬相闻。”这段描写，相信大家都不甚陌生，出自那五柳先生的《桃花源记》。那里的环境优美，那里的人怡然自乐，见外人来了，还要设酒杀鸡来款待，寄托了作者对这没有剥削和压迫的世界的向往。这也是沈先生为何要在开头插上一段《桃花源记》的原因了。

现实中的桃源与它相差甚远，景虽同样秀美，但物是人非——

桃源中，多竹林好汉，多“风雅人”，多税，多棺材铺，多烟馆，多军警，货物品质平平常常，价钱却不轻贱……这桃源，也不太平，那沅州南门前，总有着新的血迹，可见交战不断。而这里，真正有人性的，怕是就剩下了水手和妓女，妓女看起来虽脏，但她们有的是一种直面生活的勇气；而水手，永远冒着危险在工作，一不小心就掉入乱石激流中死去了，但他们却有一种直面困难、敢于斗争的精神……

可这样的人，命运又如何呢？妓女们病重了，就去西药房打针，六零六，三零三，扎那么几下，或请郎中配副药，朱砂茯苓乱吃一阵，直至毫无希望可言了，就尽她咽最后一口气，再借钱买副棺材，土里一埋也就完事了；水手呢？一个不小心掉入水中淹死了，有时甚至连尸首也寻不见，却只用向家长们交代一下，烧几百纸钱手续便清楚了……

生活在“桃源”中的底层的人啊，他们可怜可叹！那些“风雅人”大多只能算社会的蛀虫罢了。这些人物虽平凡，却更比“风雅人”们洒脱得多，道德得多了，那些“英雄美人成尘成土”又何不能形容一下他们呢？

三、人与情

鸭窠围，是个美丽的地方，文中看来，它并没有被时间改变，同箱子岩一样被腐蚀，溃烂，变得破败。

吊脚楼是最常见的。吊脚楼里住着妓女，她们虽然非常“物质”，其中却也不乏做人的耿直和单纯，更有着一种相互之间的真情。

说到这，就要提一下那多情水手牛保和那多情妇人了。他们都是那么重情义，却都十分穷，但能把一切都奉献给对方。牛保把核桃直接送给作者，得知要卖又收回，拿东西交换才肯收下。拿到这苹果后，又回去将苹果献给那个妓女，忘掉了下河时间……那妇人，则无时无刻的关心着牛保，也挂念着他“冷的很”“快上床去”“等你十天，你有良心你就来”，通过这些词句，便可充分看出了在此之后，牛保又因为她，与船上伙计打了起来，两人同时落水，是生是死，也不可知了。

而那箱子岩的什长，那些有钱人、“风雅人”，就只是“玩玩”罢了，他们才是真正肮脏的，可悲的，难道他们就没有感情吗？

水手和妓女的感情是神圣的，用钱来衡量可以说是一种侮辱，他们之间的感情也充满了人生的苦涩，这是一段没有结果的感情，却值得被尊敬。

四、两个朋友，同样的结局

作者除“戴水獭皮帽子的朋友”之外，还提到了两个朋友——同他一起钓蛤蟆的老伴，和那爱惜鼻子的“印瞎子”，他们虽不相识，却有相似之处——

两人皆有远大的理想。老伴赵开明想做一个副官，而印瞎子，则是想做一个伟人。可是渐渐地，这想法也从他们心中被彻彻底底抹去了，被时间？不！是他们自己。

印瞎子，是很可悲的。他的理想，曾是令我敬佩的，那时，能想到自己要做伟人的人不多，想要改变社会的更不多；更多的是当官赚大钱……这也在开始，使我对他心生敬佩。之后呢，他升官发了财，也放弃了自己对那条鼻子的信仰，转而变得软弱，腐败，也开始吸食鸦片，并成瘾，文中“因为六年来除了举起烟枪对准火口，小楷字也不写一张了”，便交代了。

自从我读到老伴这个人时，就未抱多大希望，他的理想，在我看来是比较肤浅的，但不知为何，读完总觉得有一种挥之不去的愁……最终，他也被鸦片毁了，彻彻底底地毁了，年岁不大，却像个老人，那往日的理想，也烟消云散了。

时间，历史，真情，美景……沈从文描绘湘西人的，是“变”还是“不变”呢？

（杨翌昀）

三、《骆驼祥子》读后感写作指导

1.《骆驼祥子》导读导写

《骆驼祥子》是写城市贫民悲剧命运的代表作，这部小说在老舍全部创作中是一座高峰。作品讲述了一个人力车夫怀揣梦想来到北京城的故事。他想要靠自己的努力买车、开车厂，却在经历了三起三落之后放弃了理想，成了个人主义的末路鬼，社会病胎里的产儿。小说真实地反映了旧中国城市底层人民的苦难生活，反映了他们精神毁灭的过程。老舍先生作为北京人，他的文字中无不透露出浓郁的“京味儿”，北京的风土人情、习俗礼节、特色语言都在书中展现得淋漓尽致，体现了北京深厚的文化内涵。

2. 读后感写作专题探究推荐选题

(1)站在小说的结尾，“体面的，要强的，好梦想的，利己的，个人的，健壮的，伟大的，祥子”变成了“堕落的，自私的，不幸的，社会病胎里的产儿，个人主义的末路鬼”。结合小说具体内容，探究祥子悲剧命运的原因。

(2)鲁迅先生说“悲剧就是把美的东西撕碎给人看”。虎妞、小福子是和祥子命运关系密切的女性。有良好物质条件的虎妞难产而死，有相对美貌的小福子上吊而亡。请探究旧社会女性“悲剧”产生的原因。

(3)《骆驼祥子》中的语言质朴、简单，没有进行大量华丽的修辞与描写。请结合小说中的具体语言，结合你阅读过的老舍先生其他的作品，品析老舍先生作品的语言特点。

学生习作

悲剧！悲剧！悲剧！

——读老舍先生的《骆驼祥子》

《骆驼祥子》是老舍先生的代表作，创作于抗战爆发前夕，人民已苦不堪言，老舍创作了《骆驼祥子》，描写了一个自信自强的人力车夫祥子，由于黑暗社会的种种挤压，堕落为病态的扭曲的无业游民。

祥子，一个来自乡间的小伙子，带着乡下人的淳朴与一副硬棒的身体来到了北平。他靠卖力气吃饭，最后发现拉车这行最能挣钱。于是他就要在洋车这一行打出一片属于自己的天地，自己要打上一辆车，顶漂亮的车！“看着自己青年的肌肉，他以为这只是时间问题，这是必能达到的一个志愿与目的，绝不是梦想！”靠自己铁扇面似的胸与直硬的背，和执着坚忍的性格，祥子咬牙苦干了三年，三年里，思想的挣扎，病痛的折磨，焦躁的心情都使他吃够了苦头。钱却不管祥子，仍然不紧不慢地增加着，仿佛置身于事外。三年里风风雨雨，祥子都咬牙挺了过来。他的身体不是铁做的，但精神一定是铁打的！三年了，祥子终于打上了一辆属于自己的车，崭新的车！“风里雨里的咬牙，饭里茶里的自苦，那辆车是他的一切挣扎困苦的总结果与报酬，像身经百战的武士的一颗徽章。”洋车来之不易，这徽章里的辛酸与苦痛，恐怕只有祥子自己知道！自己的车，自己的生活，都在祥子自己手里，“干上二年，至多二年，祥子也可以开车厂子了！”可是，希望多半落空，祥子的也不例外。

祥子因为自己的莽撞，车让大兵抢去了！他自己也掉进了军营，穿着一身破军衣，祥子回想起自己过去的光荣，越来越痛恨那些兵。过去受过的苦，如今的成功，全都算白饶！祥子愤恨了，凭什么将人欺侮到如此地步呢？凭什么？凭什么？祥子喊了出来，把满胸的愤慨喊了出来，凭什么自己三年辛苦换来的车，一朝之间便失去了。凭什么那些兵可以肆意地打劫？这样的兵，这样的社会，国家能不乱吗？但祥子跌倒了，祥子要爬起来！祥子趁着大兵们撤退之际，牵着三匹骆驼从军营逃了出来。祥子要回海甸去，祥子在黑暗中走着，“好像全世界的黑暗都等着他似的，由黑暗中迈步，再走入黑暗中”，放眼望去，全都是黑暗，黑暗的社会。

祥子终于走到了海甸，但他的车没了，永远没了。祥子是个车迷，他对车那种近乎固执的执着让人落泪，后文中虎妞让祥子入赘她家继承车厂，他不愿意，他只想凭自己血汗挣来的钱打上一辆车，自己的车！而这微小的愿望，像一束光，是这社会中仅存的光明，但仅凭一束微光，无法照亮整个社会，只能自己慢慢熄灭。祥子又攒钱买车了，但立刻又被当年抓他的排长，如今的孙侦探敲诈去了，孙侦探与祥子同在一片天空下，可有人胎里富，有人就胎里穷！孙侦探利用祥子农民的淳朴，抢走了祥子的买车钱。那天下着鹅毛大雪，雪中有一个黑点，这就是祥子。钱没了，车也就没了，车没了，祥子去哪呢？于是祥子身上农民的善良驱使祥子去曹宅报了信，他在曹宅隔壁的王家住了一夜。夜里，他想去曹宅偷点东西卖了买车，但正直的人格让他躺下了。“不，不能当贼，不能！刚才为自己脱干净，没做到曹先生所嘱咐的，已经对不起人；怎能再去偷他的呢？不能去！穷死，不偷！”多么正直的一个祥子，但当时的社会正是无法容忍正直的人。社会生活像一把锉刀，磨去了祥子的棱角，也带走了他身上美好的品质——自强，自信，正直，善良……

他开始“抄”人家的生意了，无论老弱病残他都要抢，面对背后的咒骂，他要回一句：“要不是为买车，我绝不这么不要脸！”祥子为了钱，为了买车的梦想，他开始消磨自己的人格。这已是畸形的理想，社会像一只巨大的捕兽夹，祥子本不是走兽，但在北平，在故都，在这文化之城，他已经堕落为比野兽还坏的什么东西。从第一次车被抢走起，祥子就没有真正站起来过，他用膝盖在地上一寸一寸挪动着前进。他被社会打得体无完肤，同时内心压抑已久的欲望与情感爆炸开来，把祥子彻底打碎了，每一块碎片都是一片失去的美好，祥子已经堕落了。

祥子将曹先生的学生阮明卖了六十块钱，祥子已成了北平游荡的鬼魂，只比鬼多吊着一口气。枪毙阮明那天，万人空巷，因为礼教之邦的人民爱看杀人呀！市井的小民叽叽喳喳的叫喊充斥着北平，祥子的心却如同死水一般，毫无半点波澜，因为他已经成为一具行尸走肉。每天唯一的动机就是混日子活下去。以前那个体面的，要强的，好梦想的，利己的，个人的，健壮的，伟大的祥子不见了，北平的黄沙终将掩埋这堕落的，自私的，不幸的，社会病胎里的产儿，个人主义的末路鬼，也终将埋葬奋斗努力的，幸福屈辱的祥子的奋斗史！

祥子变坏了，生活给他开了一个又一个玩笑，迫使祥子向命运低头，祥子认命了，这是祥子的悲剧，也是整个社会的悲剧。他开始消极地生活，轻看生命，否定自我。祥子因无力回天而沉沦，祥子只能用坏来反击现实社会，但不论祥子怀抱理想也好，堕落也罢，都像一片羽毛飘到水面上，激不起半点波澜，人们的目光都在注视着上层的金钱与被枪毙的囚犯！老北京的底层社会，有过太多太多的祥子，他们挣扎着、奋斗着也堕落着，但他们的身影只能被时代的洪荒所吞没，他们身上发生的天大的不幸，与那仅有的令人快乐的发狂的幸福，永远没人记住，他们奋斗努力却又最终堕落的一生，终将隐匿于那个年代的老北京。

悲剧！这是祥子的悲剧！健康的满怀希望的祥子的悲剧！

（高翊宸）

四、《傅雷家书》读后感写作指导

1.《傅雷家书》导读导写

世上有一座桥，这座桥便是成长的桥。它是父母用自己的青春为子女搭起的一座生命之桥，是用希望和奉献搭起的一座通向成功和幸福的桥梁。傅雷和他的夫人为他们的儿子搭起了这样一座桥梁。《傅雷家书》摘编了傅雷夫妇1954—1966年给儿子傅聪的书信，最长的一封信长达7000多字。字里行间，充满了父母对儿子的挚爱、期望，以及对国家和世界的高尚情感。信中的内容，除了生活琐事之外，更多的是谈论艺术与人生，灌输一个艺术家应有的高尚情操，让儿子知道“国家的荣辱、艺术的尊严”，做一个“德艺俱备，人格卓越的艺术家”。《傅雷家书》体现了浓浓的父爱。

2. 读后感写作专题探究推荐选题

(1)楼适夷先生评价《傅雷家书》说：“这是一部最好的艺术学徒修养读物，这也是一部充满着父爱的苦心孤诣、呕心沥血的教子篇。”对于这份深沉而温暖的父爱，你是如何认识的，结合具体内容探究。

(2)有同学说“傅雷是别人家的父亲”。傅雷给儿子提出的建议涉及很多方面，如生活细节、人际交往、读书求学、感情处理等。仔细阅读原文，探究傅雷的教子之道。

(3)联系课外阅读资料，了解傅雷其人，谈谈傅雷的人格魅力。

(4)有同学说“因为有傅雷，所以傅聪是个幸福的儿子”，也有同学说“因为有傅聪，所以傅雷是个幸福的父亲”。读《傅雷家书》，谈谈傅聪的幸福。

学生习作

傅雷的人格魅力

——《傅雷家书》读后感

傅雷说：“我虽未老先衰，身心俱惫，每日工作十一小时尚有余力，今则五六小时已感不支，但是‘得英才而教育之’的痴心仍然未改。为了聪与弥拉，不知写了多少字的中文、英文、法文信，总觉得在世一日，对儿女教导的责任不容旁贷。”作为一个大翻译家，傅雷把两个儿子教育得十分出色，有他独特的教育方法，他自身的品格、魅力对孩子的影响，必是最大的。

他真。对他的学生尚宗，他说：“你自以为追求富丽，结果画面上根本没有富丽，人家看了有乡气俗气，岂不说明你的情绪也是乡气俗气?”对刘姓好友，一名大画家的画，也是照批不误，毫不含糊；对古代诗人的作品，也不随大流，从深处剖析。做人最重要的是真，只有真了才能敞开心扉，不圆滑，不隐瞒，不伪装，做最真实的自己。

他好礼。给儿子的信中，他嘱咐儿子要给罗、李两位先生回信，不要让他们以为你是一个忘恩负义的浮躁的年轻人。还要给他的恩师写信，说明自己不师从于他的原因，并表达感谢。古人讲仁义礼智信，可见礼是十分重要的了。傅雷很善于揣摩别人的心理，也就更加深了他对礼的认知。礼表达尊重，联络感情，也能让别人感受到你的人品。

他诚交朋友。可以看到，在傅聪的成长过程中，教他的都是名师，国内傅聪的成功与傅雷朋友的帮助分不开，傅雷并不是为了认识这些朋友而认识，而是真的有相同的见解，志同道合。现在很多人仅仅一面之缘就加微信，以后都不甚往来，朋友圈几百人，真正理解你帮你的没有一个。傅雷是十分善于和人打交道的！他的朋友无不把他作为知心好友，这与他的真诚的品性分不开。

在我们的生活中，也不乏傅雷这样的人，他会毫无遮拦地说出你的缺点，会时常与你通信，会成为你真正的朋友，这种人才应该是我们尊敬的，他将最真的自己，最诚的感情全部展现在你面前。

读傅雷家书，我读出傅雷独特的人格魅力，他为我的为人处世做了很好的榜样，也向每一名读傅雷家书的读者展现真、礼、诚。

（侯朋君）

五、《水浒传》读后感写作指导

1.《水浒传》导读导写

《水浒传》是中国历史上第一部歌颂农民起义的长篇白话小说。小说中塑造了一大批栩栩如生的人物形象。清代著名小说理论家金圣叹这样评价《水浒传》：“别一部书，看过一遍即休，独有《水浒传》，只是百看不厌，无非为他把108个人性格都写出来。《水浒传》写108个人的性格，真是108样。若别一部书，任他写1000个人，也只是一样，便只写得两个人，也只是一样。”因此，同学们在读《水浒传》时，要注意了解人物，对比分析他们的共性和个性。

周汝昌在评说《水浒传》中“林教头风雪山神庙”这一回目时讲：那一场大雪，拿着一条花枪，挑着一个酒葫芦。打了酒来，不论是画，还是影视，那个诗的境界，多么浓厚！《水游传》里边最美好的文字，也是文学艺术家之笔，大家都公认……同学们在读《水浒传》时，除了要关注人物，还要赏析文学名著中的语言、诗词等，还可以和另一本古典名著《三国演义》对比阅读。

2. 读后感写作专题探究推荐选题

(1)《水浒传》最大的艺术成就是塑造了一大批鲜活的英雄人物形象。这些梁山好汉个性鲜明，他们有疾恶如仇、侠肝义胆、重情义、讲义气的共同性格，但是每个人性格又不尽相同。比如，写人粗鲁处，便有许多写法，如鲁达粗鲁是性急，史进粗鲁是少年任气，李逵粗鲁是蛮，武松粗鲁是豪杰不受约束，阮小七粗鲁是悲愤无处说……请探究水浒英雄的群像，或者探究水浒英雄个人形象，这样的形象带给你怎样的思考。

(2)阅读众多梁山好汉上梁山的情节，分析他们走上梁山的原因，探究《水浒传》的主题。

(3)站在《水浒传》的结尾部分，从人物的结局，分析梁山好汉最终失败的原因。

学生习作

悲剧女英雄扈三娘

有人将《水浒传》翻译成《105 个男人和 3 个女人的故事》，扈三娘就是这 3 个女人中的一位。在这样一部"英侠传奇"之中，几乎没有一位女性是小说的"主流人物"。即便是作为"梁山一百单八将"的有那么一点点"主流"的 3 个女人，也是"好汉"的形象。

相对于卖人肉的"母夜叉"孙二娘和性格暴躁的顾大嫂，身为扈家庄千金小姐的扈三娘算是还有那么一点点女人味的形象，然而却也是一位悲剧性极强的人物。扈三娘相貌生得漂亮。在《水浒传》第四十八回中，扈三娘一出场，行头便与旁人不同，作者描述她"天然美貌海棠花"。扈三娘不是空有美丽，而是善战的将才。第四十七回中，便做了铺垫——"惟有一个女儿最英雄，名唤一丈青扈三娘，使两口日月双刀，马上如法了得"。再有石秀乔装打听祝家庄路径，遇酒店一老人又提"西村唤扈太公庄，有个女儿，唤做扈三娘，绰号一丈青，十分了得"。第五十五回中，与高太尉大战是扈三娘上梁山后的初战，结果大将彭玘一战便被扈三娘活捉。

作为女性，扈三娘毫无情感，这让我很是诧异。在攻下了祝家庄之后，李逵"杀得性起"，竟然冲进扈家庄，一顿板斧将扈家庄满门老幼杀个干净！这对正处妙龄的扈三娘来说该是怎样悲痛的人生惨剧啊！然而这个在战场上威风凛凛的女子知道自己一家被灭门后，非但没有拼死为全家报仇，反而出现在所谓庆功宴上痛饮庆功酒，这是怎样的"无心无肺无情"的女子啊。是扈三娘无情，还是当时社会无情呢？

更让人气愤的是，宋江让父亲认了扈三娘做义女，接着便以义兄的身份让扈三娘和王英成婚。"一丈青见宋江义气深重，推却不得，两口儿只得拜谢了。”只一个“推却不得”，扈三娘便嫁给了贪财好色、无才无德、无品无貌的王英，将自己的终身大事解决了。这实在是让人禁不住想问：这个“没心没肺”的女人真的是那个英姿飒爽的扈三娘吗？她的心中有爱情吗？她嫁的不是王英，她嫁的是宋江的一句话吧。

扈三娘这个漂亮的有本领的女子，本在我的头脑中有清晰的轮廓，读完后，那清晰的形象在我的心目中变得模糊了，我们看到的只是一个罩着美丽躯壳的砍砍杀杀的机器。本应是集千宠于一身的角色，然而结局却是死于非命。

相对于整部小说来看，对扈三娘的描写并不多，但寥寥几笔却勾勒出一个跌宕起伏的人生，这个人物的一生不得不用“坎坷”、“悲愤”和“心酸”来形容啊！由扈三娘、顾大嫂、孙二娘这3个形象，可见水泊梁山女子的悲剧。

（解则聪）

六、《聊斋志异》读后感写作指导

1.《聊斋志异》导读导写

《聊斋志异》是中国清朝小说家蒲松龄创作的文言短篇小说集。蒲松龄于40岁时，初步完成《聊斋志异》，后不断增补，他为此书倾注了大半生精力。《聊斋志异》是一部讽刺意味很强的书。书中对当时社会的种种弊端做了尖刻的讽刺：贪虐的官吏，横行霸道的豪强，戕害读书人的科举制度，摧残人性的封建礼教，都是作者讽刺和抨击的对象。《聊斋志异》中的故事，大都是借神话的形式写出来的：人可以变成老虎替兄报仇；小孩子的魂儿附在蟋蟀身上，那蟋蟀就所向无敌；人跟鬼魂可以结为夫妇；花妖与狐女，也都像人一样可亲可爱——“写鬼写妖，高人一等；刺贪刺虐，入骨三分”指的正是这些。

2. 读后感写作专题探究推荐选题

老舍评价《聊斋志异》“鬼狐有性格，笑骂成文章”。《聊斋志异》中的主人公多是鬼魅狐仙，但它们的身上却闪现着人性的光辉，寄托了作者的美好的理想。请你根据具体故事，探究《聊斋志异》反映了怎样的现实社会，传递了作者怎样的情感。

学生习作

谁是瞎子

——浅谈《聊斋志异》中的科举

因为蒲松龄的自身经历，所以在《聊斋志异》这部短篇小说集中，有很多小说反映了科举制度的罪恶。与《儒林外史》这部长篇小说不同，《聊斋志异》中的短篇小说对科举制度黑暗的揭露更加入木三分。

在抨击科举制度的那些篇章里，《司文郎》很有代表性。它写一位生前怀才不遇，死后还念念不忘科考的鬼魂宋生。他跟一位叫王平子的读书人结成朋友，一心要帮王平子考中进士，也好在朋友身上实现自己的夙愿。可尽管宋生才华横溢，王平子在他的指点下文章也写得极为出色，却始终没能考中！倒是一位目空一切、品学低劣的余杭生中了举。什么缘故呢？原来那些考官本身都是些不通文墨的家伙，他们又怎能看出文章的好坏呢？

故事里还有位瞎和尚，专会品评文章；品评的方法很特别，是把文章用火点着，拿鼻子去闻。那位狂妄自大的余杭生开头还不相信，烧了一篇名家文字让瞎和尚闻。和尚吸一吸鼻子说："妙哉，这味道很受用。"余杭生又拿自己的文章点着，和尚咳嗽了几声说："别再烧了，我要作呕了！"

当有人又点起一篇文章，瞎和尚竟脸朝墙壁、大吐大泄起来，声音像是打雷！——这文章，正是录取余杭生的那位考官写的。瞎和尚感叹说："我虽然眼睛瞎了，鼻子却还不'瞎'。至于那些考官，简直连鼻子也'瞎'了呢！"

到底谁是真正的瞎子？瞎和尚眼瞎，但是心亮，能分辨美丑；考官眼睛不瞎，但是不能分辨文章的好坏。谁是真正的瞎子，读者自知了，对科举制度的讽刺愈加浓烈。

谁是真正的才子？余杭生中了进士，但是文章不通；王平子在鬼魂宋生的指点下文章写得极为出色，但是却没有中进士，谁是才子？读者也自知了。

《于去恶》的主题也是抨击科举制度，于去恶跟前面这位宋生差不多，也是个科考失意的鬼魂。跟宋生不同的是，于去恶死后还热衷参加阴间的科举考试。可是阴间跟阳间又有什么区别呢？尽管文章数一数二，他却依然名落孙山。幸而已经成了神的张飞来阴曹巡视，看上于去恶的文章，推荐他作交南巡海使，于去恶这才有了出头之日。

于去恶因为遇到成了神的张飞，所以皆大欢喜，终成正果。但是在人间的蒲松龄，谁又能救他呢？他虽才华横溢，但终究是穷困潦倒一生。

蒲松龄自幼是个既聪明又用功的孩子。他钉了一个本子，每天早上在上面标明日子。这一天，无论是看一本书作一篇文，还是习一篇字，都要记在日子下面。如果这天什么都没做，他便惭愧得头上冒汗。

十九岁时，他应童子试，一连在县、府、道得了三个第一名，受到学官的赞赏。看那样子，拿个进士是不成问题了。可谁想到，在后来的考试里，他却屡试不中，直到七十二岁那年，他的孙子都中了举，他才当上个岁贡生。

考进士为什么没有考中？原因不说自明，封建的科举制度害人，黑暗的官场害人。蒲松龄是明眼人，嬉笑怒骂，用文字勾画了官场的丑恶百态啊。

（高博文）

七、《艾青诗选》读后感写作指导

1.《艾青诗选》导读导写

艾青是中国现当代文学史上的著名诗人。20世纪30年代，艾青的诗歌创作达到了一个高峰。在这个时期，他的诗歌充满了“土地的忧伤”，多表现国家和民族的苦难、悲伤和反抗，如《雪落在中国的土地上》《北方》《黎明的通知》等；同时，他的诗歌中还传达出了深厚的爱国之情，传达了对胜利的期望。艾青的诗歌中主要意向是“土地”“太阳”。他歌咏土地，表达了对祖国和人民的爱；他歌咏太阳，表达了对光明的渴望，对胜利的信心。他的著名的叙事诗《大堰河——我的保姆》表达了自己对大堰河，对中华大地的普通农民的深切的爱。

牛汉评价艾青：“在中国新诗发展的历史当中，艾青是个大形象。”聂华苓说：“艾青的诗，好在那雄浑的力量，直截了当的语言，强烈鲜明的意象。”王金平说：“艾青的诗歌，常常把个人的悲欢与时代的悲欢紧密结合在一起，从而比较鲜明有力地传达出时代的呼唤和人民的心声。”

2. 读后感写作专题探究推荐选题

(1)艾青诗歌中有丰富的意象，有些意象带有诗人独特的气质，如“太阳”“土地”等意象凝聚了作者深厚的情感、追求。请结合具体的诗歌，探讨艾青诗歌中所蕴含的丰富的思想文化内涵。

(2)在诗集《艾青诗选》中，塑造了很多让人印象深刻的人物形象，如：保姆大堰河、中国的农夫、蓬头垢面的少妇、年老的母亲、吹号者……请结合具体的诗歌，探讨艾青诗歌中的人物形象特点，诗人对这些人物的情感。

(3)选择你印象深刻的《艾青诗选》的诗歌，探究艾青诗歌的艺术特点。

学生习作

艾青与土地

艾青多次在诗中写到土地，土地在艾青诗歌中占有重要的意义，艾青用一生来描绘土地，用土地表达着自己的情感，因此艾青也被称为是“土地的歌者”。

艾青的诗歌之中，最被人熟知的便是《我爱这土地》一诗，无论老人小孩提到艾青，都会情不自禁地吟出“为什么我的眼里满是泪水？因为我对这土地爱得深沉”。为什么这句诗会流传这么久，又受到这么多人的喜爱呢？这便源于艾青对这土地的喜爱。

《我爱这土地》，艾青在题目中便直截了当地表达出对这土地的热爱。这篇诗文中，共有两个意象“鸟”和“土地”。“土地”代表着当时被外国侵略，身处苦难当中的中国，这个意象是民族精神的象征，是中华民族的象征。在文中，作者把自己比喻成一只鸟，谁不知鸟声清脆优美，而作者却用“嘶哑”来形容。因为“土地”遭到破坏，使艾青悲痛，用鸟儿间接地反映了对侵略者的憎恶，即使死了，也要使自己融进祖国的土地中。这时“土地”便不只是一个景象了，而是作者心中对祖国的赤诚的爱，“鸟儿”代表着革命战士，代表着无数个像艾青一样的爱国人士。人民悲愤，为了祖国不屈不挠，勇于牺牲的斗争精神淋漓尽致地表达出来，“鸟儿”是为了“土地”，付出了浓烈的情感。

在《复活的土地》中，诗的意象还是“土地”，“土地”指的还是中国，与《我爱这土地》不同的是，这里的“土地”指的是抗战胜利的中国，是恢复生命的中国。这“土地”胜利的背后，在它温热的胸膛里，重新漩流着的将是战斗者的血。保卫“土地”的战士们，用鲜血和宝贵的生命，换回这“土地”的复活。曾经死了的大地，才能够在明朗的天空下，复活了！艾青又借春天，借播种，借诗人来表现了土地的复活，又是借着“土地”来歌颂着伟大的抗战英雄。号召人民建设祖国，让苦难成为记忆。从这也能看出艾青对“土地”浓厚的爱。

艾青描写土地的诗歌众多，一个爱国诗人，他那至死不渝的精神令人感动，他对祖国的爱，难以忘怀。

（国心然）

八、李白诗歌专题，读后感写作指导

1.“李白诗歌专题阅读”导读导写

余光中在《寻李白》中，写“酒入豪肠，七分酿成了月光，余下的三分啸成剑气，绣口一吐，就半个盛唐”，写出了李白诗歌的内容、李白的豪情、李白在中国文学史上的传奇地位。读李白的《将进酒》《峨眉山月歌》《宣州谢朓楼饯别校书叔云》《蜀道难》……读出李白诗歌的雄奇奔放、俊逸清新，读出李白的浪漫主义情怀，读出李白诗歌的排山倒海、一泻千里的气势。

2. 读后感写作专题探究推荐选题

(1)读李白诗歌，探究李白诗歌的特点；读李白诗歌，探究李白其人。就自己感触最深的一点，结合具体诗句和大家分享。

(2)用对比阅读的方法探究李白的诗歌：可以和唐代其他诗人的诗歌进行对比，可以将李白不同类型的诗歌对比，还可以将李白的诗与其他朝代诗人的诗歌对比……开阔眼界，活跃思想，对李白其人其诗理解更加深刻。选择一个对比的角度，对比阅读，写出自己的感悟。

(3)用归类阅读的方法探究李白的诗歌：可以把李白写酒的诗歌、写月光的诗歌、写花的诗歌……进行归类阅读，在同中求异，在异中求同，写出自己阅读李白诗歌的感悟。

学生习作

跨越朝代的对比

李白(701—762年)，字太白，号青莲居士，又号“谪仙人”，被后人誉为“诗仙”，其人爽朗大方，爱饮酒、作诗，喜交友，是我国古代文学史上最有成就的诗人之一。而另外一位文人就是苏轼。苏轼(1037—1101年)，字子瞻，又字和仲，号“铁冠道人”“东坡居士”，世称“苏东坡”“苏仙”。他们俩分别代表了我国唐宋文学发展的最高峰。我今天要来对比一下这两位中国文学史上的伟大文人。

他们两人的相同处有许多，比如说：生平。他们的生平有一些相同，都是官路坎坷。苏东坡不是被贬就是在被贬的路上。李白呢？李白想当官，但是又当不上，再去争取，还是不行，再试，还是失败，就这么循环着……是不是官路坎坷呢！李白的《行路难》里的最后一句：“行路难！行路难！多歧路，今安在？长风破浪会有时，直挂云帆济沧海。”能清楚地体现李白的怀才不遇。苏轼的《卜算子·黄州定惠院寓居作》，是他在被贬后写的，“缺月挂疏桐，漏断人初静。谁见幽人独往来，缥缈孤鸿影。惊起却回头，有恨无人省。拣尽寒枝不肯栖，寂寞沙洲冷。”写出了作者心里的孤独和难过。他们两人的个性和风格也有些相同：李白和苏东坡有着相似的豪放性格，他们都执着地追求着梦想，豪情壮志。李白的《行路难》“长风破浪会有时，直挂云帆济沧海”和苏轼的《晁错论》“古之立大事者，不惟有超世之才，亦必有坚忍不拔之志”都体现了作者的豪情壮志；后人对他们的评价也极为相似，清代的刘熙载称苏轼的豪放“时与太白为近”。

其实他们俩还是有很多不同处的！

朝代不同。因为朝代不同，李白和苏轼才会有一些差异。我觉得李白就像盛唐，就像“酒”；苏轼像温婉的大宋王朝，像回味无穷的“茶”。李白喜欢饮酒，喜欢在酣畅中寻找自我，他的个性就像酒一样刚烈，当然酒也赋予了他缤纷多彩、瑰丽多姿的生活态度、超越现实的气质。“仰天大笑出门去，我辈岂是蓬蒿人”出自李白的《南陵别儿童入京》，多么生动地写出了李白的潇洒、超凡脱俗、豪放。而苏轼同样也是豪放的，但他的豪放却别于李白的洒脱奔放，苏轼的豪放中则带有沉稳和理思，像茶一样淡雅和清高，即便再浓再烈，也不会超脱其本质，就像他写的诗一样“人生如梦，一樽还酹江月”。

李白与苏轼天性豪放，在性格上大同小异，这就造就了两位豪放的大文豪，但也有区别，李白是感性上的豪放，苏轼是理性上的豪放。生活背景的不同使得两人在文学上出现了差异，李白生活在盛唐，其诗作重性情，旨在形象韵味的抒发；苏轼诗重说理，以议论理趣见长。后人多为两位大文豪折服，也以这二位“文坛仙人”的诗作最为脍炙人口。

（牛佳玥）

九、宋代文学作品专题，读后感写作指导

1.“宋代文学作品专题阅读”导读导写

北宋文臣武将，书写那300多年跌宕起伏的历史。欧阳修“与民同乐”以平实指向人心；洒脱大家苏东坡数尽“千古风流”；范仲淹“先忧后乐”怀仁人之心；词中将军辛弃疾梦回“吹角连营”；李清照“寻寻觅觅冷冷清清”书写婉约情思；文天祥舍生忘死“留取丹心”光照后人……宋代诗文，或豪放，或温婉，或浓厚，或浅淡，但都带着历史的印记。时势造英雄，造就了诗人不同的境遇。反过来，诗人又将时事风貌记录下来，他们成为历史最清醒的见证者，成了时代的英雄。

在茫茫的历史长河里，那些大江东去的豪放狂歌、晓风残月的凄冷叹息、春花秋月的幽婉心事，随着时光的车辙渐渐远去。读豪放温婉的宋词，读充满家国情事的宋文，会突然发现历史中的人事依然历历在目，教我们思考，教我们理解深沉大爱。

2. 读后感写作专题探究推荐选题

诗与人，人与史，是无法断开的缔结。读大宋诗文，了解诗词作者的经历，解读那段历史……请选择自己感受最深的一点，写成文章。

学生习作

仰望宋朝的天空

宋朝，一个文人墨客遍地的朝代，有的人醉心于景，有的人悲伤于情，有的人落寞于孤，有的人长叹于世。宋朝，一个充满无限哲理的朝代，有欧阳修的与民同乐，有范仲淹的先忧后乐。那是一位位文人对国的爱，对大同世界的憧憬。仰望宋朝的天空，感受那历史长河中的美和情。

宋朝的天空是爱的融合。《渔家傲》中的“雁去无留意”，雁虽去，但心却未随雁而去的爱国情。虽“长烟落日孤城闭”，但城闭终究是挡不住那浓浓的思乡情。“浊酒一杯家万里”，伴着酒，借着悲凉的心境，隐去了思乡情，背上了家任、国任、天下任的重担。伴着白发、泪水，将爱国情传遍宋朝，歌颂那爱的深刻，爱的无边。宋朝，一个凄婉动人的王朝，留给后人的是情感的凝华，是真切而浓烈的爱。仰望宋朝的天空，体会到的是忧国忧民的情怀。

宋朝的天空是欢愉的。《醉翁亭记》中那酿泉之上的醉翁亭，承载了多少因景而喜的骚人对自然的厚爱。那“水声潺潺”的酿泉是多么旷达人心，听的是水声，心中流淌的，是厚重的对自然的爱。“起坐喧哗”“觥筹交错”，伴着水声、乐声、欢笑声，饮下那一杯杯豪情之酒，同民欢笑，与民同乐。宋朝，一个与苍生百姓同欢笑的王朝，大概唯有“豁达”一词才配得上那山水民情的美不胜收。仰望天空，飘荡的是与民同乐的情怀。

宋朝的天空是阔达有力的。读《岳阳楼记》，观远山长江，无论是“浩浩荡荡”，还是“横无际涯”，却永也比不上作者的心胸的阔大。景暗时，“浊浪排空”化作了“去国怀乡”的思念悲情。景明时，“一碧万顷”和“渔歌互答”的美好化作了“宠辱偕忘”的高尚情怀。“不以物喜，不以己悲”，宋代文人心中装的是国家大业，化作了“先天下之忧而忧，后天下之乐而乐”的爱国情。

宋朝，一个铿锵有力，心怀壮志的王朝，是中华的骄傲，民族的骄傲，为后代留下无限豪情壮志和源源不断的动力。仰望宋朝的天空，心中流淌的是传承千年的爱国情怀，这爱国之情，已经成为强大的基因，融化在每个中华儿女的血液中。

（汤小宇）

第三节　专家指导：基于提升学生写作能力的阅读教学

叶圣陶在《向善读善写方面努力》中说："读与写关系密切。善读必易于达到善写，善写亦有裨于善读。二者皆运用思考之事，皆有关学科知识与生活经验之事，故而相通。"叶老的文章，强调了"善读""善写"之间相辅相成的关系。"熟读唐诗三百首，不会作诗也会吟"，这句俗语也强调了多读和会写之间的关系。

很多作家并没有专门学习过写作知识，比如弃医从文的鲁迅，比如获得诺贝尔文学奖的莫言，他们都是在阅读中学会了写作。读写结合，是我们母语学习的基本特点。在实际教学当中，读写结合是非常重要的经验。对于学生来说，阅读是输入，写作是输出。基于提升学生写作能力的阅读教学，是值得深入研究的。作为教师要有智慧地把两者结合，以提升学生的表达能力。

一、促进学生写作能力提升的"积累型"阅读课

这种阅读课，不是直接指向写作，而是为了学生的写作积累素材、积累写作经验，交给学生读书积累的方法、策略。教育家黎锦熙就曾主张"日札优于作文"，就是说，每天都写日记要比写作文更能提升能力，每天日记的内容是"修养日记"或"读书札记"，以此养成写作的习惯。其中"读书札记"，就是要求学生记录自己听讲或阅读中的体会心得，强调学生要随手记录，不论长短，贵在坚持。"札记届满一学期或一学年，即可按标类之数码，检集同类各条，组成单篇，分标题目；积久即为各种专题研究论文之资料"。

统编教材初中语文的编写上非常重视"积累型"阅读训练。比如七年级下册《古代诗歌五首》课后训练的"积累拓展"第五题："在写作中，引用诗句可以增加文采，增强感染力。不妨自备笔记本，摘抄积累诗文名句，以备写作中引用。"这就是"积累型"阅读训练，通过积累诗文名句，增加写作素材。

在统编教材初中语文七年级下册《骆驼祥子》"名著导读"中，给学生"圈点和批注"的读书方法指导，八年级下册《钢铁是怎样炼成的》"名著导读"中，给学生"摘抄和做笔记"的读书方法指导。"圈点和批注""摘抄和做笔记"是帮助阅读的辅助方法，却可以通过积累，运用于写作之中。学生阅读作品，边读边做批注和摘抄。

名句、名段、名篇的“摘抄”是提升写作能力的硬功夫，“背诵”更是硬功夫，这个功夫是要下的。“不动笔墨不读书”，也就是说，只有动笔才能将书读懂弄通。学生摘抄的过程，是慢读书、精读书的过程。将书中最精华的句子摘抄下来，记在本子上，有时间可以拿出来看一看，增强记忆，写作时可以将精彩句子用到文章中去，“积累”多了，可以使文章增色。学生在读书的过程中，随手摘抄，养成动笔的好习惯，筛检自己喜欢的文字摘录，也是思考的过程。动笔多了，写得多了，也就不怕动笔了。摘抄积累多了，慢慢就养成主动看书动笔的习惯，会产生成就感和自豪感，坚持摘抄，积累经典，写作时，信手拈来，应用自如。

鲁迅在年轻时，看到经典之句都要摘抄下来，摘抄积累成了他的一种爱好，最终使他成为中国大文豪。摘抄是读书的好形式，积累是提升写作能力的好方式，有了这个好习惯，学生作文就不愁写不出精彩的语句了。

二、促进学生写作能力提升的“仿写型”阅读课

“仿写型”阅读课是读写结合教学中最常见的写作类型。

首先，针对所学课文的题材进行仿写。往往学习完一篇文章后，布置学生写一篇同样题材的习作。比如，学习了《背影》就布置一篇写“父爱”的文章；学习了朱自清写景名篇《春》，就布置学生写篇《校园之秋》；学习了《紫藤萝瀑布》，就布置学生观察一段自然景色，完成托物言志的观察日记。学习之后，立即练习，学生能够快速将作家所运用的观察方法、写作方法、构思技巧、语言特点等运用到自己的文章中。这种有样文、有内容、有具体方法、有具体写作路径指导的阅读教学，在一定程度上能循序渐进地提高学生的写作水平。

其次，根据教材中呈现的写作知识点，引导学生阅读后进行仿写练习。比如，在学习统编教材七年级下册第三单元课文《台阶》时，课后有这样的问题：小说围绕父亲和台阶，有许多生动传神的细节描写。如写父亲不辞辛劳地去砍柴，“一个冬天下来，破草鞋堆得超过了台阶”；又如放鞭炮后，“父亲明明该高兴，却露出些尴尬的笑”。除此之外，再找出两三处，结合上下文加以分析品味，然后尝试着用一两句话进行点评。从阅读教学的角度上看，这是提示学生们要注意“细节描写”，这是一个阅读的知识点，也是写作的知识点。七年级下册第三单元的写作训练主题是“抓住细节”，在讲述抓住“典型”细节时，又说“细节贵在精而不在多，要善于抓住最能反映人物性格特征的细节来写。如《台阶》中父亲洗脚、踩黄泥等细节描写，都很好地表现了父亲的勤劳能干。”在阅读完《台阶》这篇文章后，学生就可以进行抓住“细节”对人物来描写的写作练

习。另外，学习完《安塞腰鼓》，可以针对“场面描写”这个知识点，进行写作练习；学习完《白杨礼赞》后，可以针对“象征手法”这个知识点，进行写作练习；学习完《列夫·托尔斯泰》后，可以针对“欲扬先抑”这个知识点，进行写作练习……这样抽象的知识点就在“阅读”与“写作”之间强化，学生通过阅读练习、写作训练，得到了螺旋向上的提升。

最后，对某些运用修辞手法的语句的仿写。初中语文教材中名家名篇多，其中名段名句也很多，很多语文老师在阅读教学课上，常常会随机进行仿写训练。在统编教材之中，也有很多仿写训练。比如，在学习统编教材七年级上册第一单元课文《春》时，课后有这样的问题：作者把春天比作“刚落地的娃娃”“小姑娘”“健壮的青年”，你怎样理解这些比喻？你还能发挥想象，另写一些比喻句来描绘春天吗？这是对写景的比喻句的仿写练习。在统编教材九年级上册第五单元《中国人失掉自信力了吗》课后，有这样的问题：“我们从古以来，就有埋头苦干的人，有拼命硬干的人，有为民请命的人，有舍身求法的人，……虽是等于为帝王将相作家谱的所谓‘正史’，也往往掩不住他们的光耀”，这就是中国的脊梁。“中国的脊梁”这个比喻好在哪里？模仿这个语段的句式，用排比和比喻这两种修辞手法写一段话。上面问题也是仿写训练，是对排比和比喻这两种修辞手法的仿写训练。这种仿写训练对学生的语言表达能力有潜移默化的影响。

三、促进学生写作能力提升的“感触型”阅读课

“感触型”阅读写作是比模仿型写作和积累型写作更高层次的写作，这种阅读更客观，写作更理性，是对某本书中的某个人物、某件事情、某种手法提出自己的见解和主张。“感触型”阅读写作，更像文学评论。比如，在统编教材八年级下册第五单元《壶口瀑布》的课后练习中，有这样的题目：“反复阅读课文第 3、4 段，品味其语言的妙处，并试着写一段赏析文字。”通过课文的阅读，学生练习写赏析的文字，这就是文学鉴赏评论。在统编教材九年级下册《简·爱》名著导读专题探究二，思考爱的真谛，“小说以大量的篇幅描写了简·爱与罗切斯特曲折的爱情故事。对这两个人物的爱情选择，你怎么看？什么才是真正的爱情？”这就是文学评论的雏形，对作品中某方面的内容进行评论，促进对作品内涵的理解，提升自己将思想变成文字的能力。

学习写读后感，这个专题的写作训练就属于这样的通过阅读进行“感触型”写作。刘老师的学生所呈现的名著读后感，都是学生们在静心读书的基础上完成的较为理性的写作训练作品。

《课标》第三部分，在写作教学实施建议中说：“要重视写作教学与阅读教学、口语交际教学之间的联系，善于将读与写、说与写有机结合，相互促进。”语文老师要整合课内外的读写结合资源，向学生推荐经典书目，给予方法指导，推动学生与文本之间的对话。督促学生养成良好的阅读习惯，适当积累，让学生能够有话可讲，有事可写。能够在平凡中发现伟大，在平淡中感受神奇，从真实中体会情感，读写结合，有感而发，提高学生的语文综合素养。

第八章
学习描写景物

比如园里那一棵古松，无论是你是我或是任何人一看到它，都说它是古松。但是你从正面看，我从侧面看，你以幼年人的心境去看，我以中年人的心境去看，这些情境和性格的差异都能影响到所看到的古松的面目。古松虽只是一件事物，你所看到的和我所看到的古松却是两件事。假如你和我各把所得的古松的印象画成一幅画或是写成一首诗，我们俩艺术手腕尽管不分上下，你的诗和画与我的诗和画相比较，却有许多重要的异点。这是什么缘故呢？这就由于知觉不完全是客观的，各人所见到的物的形象都带有几分主观的色彩。

——朱光潜《我们对于一棵古松的三种态度
——实用的、科学的、美感的》

第一节　学习描写景物

统编教材八年级上册第三单元写作训练的主题是“学习描写景物”。

描写景物，是中学阶段作文训练的重点，又是难点。引导学生观察景物，能够抓住特征描写景物；通过景物描写，抒发自己的情感。描写景物，既要写形象化的“景”，也要写抽象化的“情”，所以“描写景物”是形象思维和抽象思维的综合运用，是感性和理性的立体体现。怎样观察景物？怎样描写景物？

一、观察景物

1. 观察景物要选择好观察点

可以选择一个固定点对景物进行观察——定点观察。指导学生选择一个观察点，多种角度观察。比如，观察校园内的一棵树，可以从远处看，树的特征是什么，它周围还有什么景，这树与其他景观的关系是什么，获得宏观的整体印象；也可以近观，仔细观察树干的纹理，触摸裸露在地面的根；还可以仰视，观察高大的树干，茂盛的树冠；还可以站在楼顶俯视这棵大树，观察树冠上的鸟儿……景不变，人在动，获得不同的观察结果。比如老舍先生《济南的冬天》中，作者观察雪后的小山，从山上到山尖到山坡到山腰，如同一位高明的摄影师，通过镜头的变化，多个角度拍摄景物，呈现给读者。

可以选择一个观察点，长时间观察，感受景物的变化。比如在研究不同节气景物变化的时候，可以让学生选择一个观察点，从春分到惊蛰，从芒种到秋分，从霜降到大雪，进行持续的观察，景物、物候、节气，相互融合，一张照片，一段文字，合成系列记录。法国大文豪福楼拜说：“对你所要表现的东西，要长时间很注意地去观察它，以便发现别人没有发现过和写过的特点。”每一处景物都有与众不同的特点，即使是同一景物，在不同的季节，不同的时间段里，也会呈现出不同的姿态。如同欧阳修《醉翁亭记》中所写“若夫日出而林霏开，云归而岩穴暝，晦明变化者，山间之朝暮也。野芳发而幽香，佳木秀而繁阴，风霜高洁，水落而石出者，山间之四时也。”山间朝暮、山间四时，景物变化，各有特点。白昼、夜晚、早晨、黄昏，都会为景物涂上不同的色彩；雨中、风中、雾中、雪中，景物又会展现不同的风姿；春、夏、秋、冬不同的季节，又会促使景物产生各种变化。

2. 观察景物要调动多种感官

在观察景物时，不只要用眼睛看，还要用鼻子闻，用耳朵听，用手去触摸，这样就可以获得多方面的感受。比如，朱自清在观察春风时，就调动了多种感官："像母亲的手抚摸着你"，这是从触觉的角度感受春风；"风里带来些新翻的泥土的气息，混着青草味儿，还有各种花的香，都在微微润湿的空气里酝酿"，这是从嗅觉的角度感受春天；"鸟儿将窠巢安在繁花嫩叶当中，高兴起来了，呼朋引伴地卖弄清脆的喉咙，唱出宛转的曲子，与轻风流水应和着。牛背上牧童的短笛，这时候也成天在嘹亮地响"，这是从听觉的角度感受春天，听鸟儿的鸣叫声，听牧童的短笛声，因为作者观察到了春天的温暖、柔和、清新的特点，才能把无形、无色、无味的春风描写得有声、有味、有情。

学习描写景物，首先要从培养学生良好的观察习惯开始。生活当中，日月星辰、风雨雷电、一花一草、一虫一鸟，多观察、细观察，才能有所感悟。熟悉的景物，如校园景物、田野景色、街巷小景，写作之前一定要引导学生先实地观察，再构思动笔，这样就会有话可说，有内容可写。

二、描写景物

1. 抓住特征描写景物

描写景物，首先要抓住景物特征。景物的特征，常常表现在形状、色彩、声音等方面。如朱自清《春》中，抓住春雨"细、密、亮"的特点对雨进行描写："像牛毛，像花针，像细丝，密密地斜织着。"把春雨比喻为牛毛、花针、细丝，突出了春雨既细且密、闪闪发亮的特点。比如在《白杨礼赞》中，作者茅盾抓住了白杨树"笔直向上"的特点描写："那是力争上游的一种树，笔直的干，笔直的枝。它的干通常是丈把高，像加过人工似的，一丈以内绝无旁枝。它所有的丫枝一律向上，而且紧紧靠拢，也像加过人工似的，成为一束，绝不旁逸斜出；它的宽大的叶子也是片片向上，几乎没有斜生的，更不用说倒垂了……"用拟人的修辞手法，描写白杨树的干、枝、叶的"力争上游"，突出它们努力向上的特点。

2. 描写景物的不同形态

为了使笔下的景物生动，可以写景物的静态、动态，还可以以动态之景呈现静态之美，使静态之景呈现动态的生机。比如毛泽东的《沁园春·雪》中山岭、高原上的丘陵本来是静态的，但是"山舞银蛇，原驰蜡象"，让静态之景呈现出动态的力量，更显雪后奇伟雄浑、活泼奔放的气势。

另外还可以写出景物不同时段中的不同形态。如郦道元的《三峡》，描写了三峡不同季节的不同景致，让人感受到三峡多样的美。其中春冬季节“素湍绿潭，回清倒影，绝巘多生怪柏，悬泉瀑布，飞漱其间”的景象，俯仰结合，动静相衬，描写灵活生动，读来让人有身临其境之感。秋天则“常有高猿长啸，属引凄异，空谷传响，哀转久绝”，从听觉的角度，以声音描写秋天的三峡，让人心生“哀情”。《答谢中书书》中，作者描写了晨昏景色的不同，“晓雾将歇，猿鸟乱鸣；夕日欲颓，沉鳞竞跃”写出了四季、晨昏景物的不同，写出景物不同时段的形态特征。

如宗璞《丁香结》中对月下丁香的描写：“月光下白的潇洒，紫的朦胧。还有淡淡的幽雅的甜香，非桂非兰，在夜色中也能让人分辨出，这是丁香。”从色彩写到气味，视觉和嗅觉互通，传神地描绘出丁香花的美丽和幽香。

另外，描写景物要写出不同的空间状态下的美。从远到近，由上到下，从低到高……比如鲁迅先生在写“百草园”的景色时，“不必说碧绿的菜畦，光滑的石井栏，高大的皂荚树，紫红的桑葚；也不必说鸣蝉在树叶里长吟，肥胖的黄蜂伏在菜花上，轻捷的叫天子(云雀)忽然从草间直窜向云霄里去了。”按照从低到高，又从高到低的顺序，把自然的风光，写出了层次之美，写出了动态之美。

当然，实际的文章写作中，要根据需求，把时间顺序、空间顺序、逻辑顺序结合起来运用。景物丰富多彩而又层次井然。

3. 运用一定的修辞手法描写景物

描写景物要联想、想象，运用比喻、拟人、排比等多种修辞手法，把景物描写得生动、具体、形象，借以抒发内心的真切感受。如《春》一文中描写花的句子：“桃树、杏树、梨树，你不让我，我不让你，都开满了花赶趟儿”，把果树人格化，“不让”“赶趟儿”等动词，给春天的树赋予人的情感和动作。“红的像火，粉的像霞，白的像雪”运用了比喻、排比等修辞手法，用人们熟知的“火”“霞”“雪”来多重比喻盛开的花朵，让读者感受到了花儿的鲜艳和勃勃生机。“花里带着甜味儿；闭了眼，树上仿佛已经满是桃儿、杏儿、梨儿”，这是由“花”放飞了想象。由前面的“花”想到了秋天的“果”，由花的甜味想到果的丰收。作者将竞相开放、五彩缤纷的花儿写活了，栩栩如生，洋溢着作者的赞美之情。又如《济南的冬天》第三段：这一圈小山在冬天特别可爱，好像是把济南放在一个小摇篮里，它们全安静不动地低声地说：“你们放心睡吧，这儿准保暖和。”其中运用了比喻和拟人的修辞手法，将济南比作“小摇篮里的宝宝”，将周围的小山比拟成温存体贴的“看护者”，作者对济南的喜爱之情渗透其中，溢于言表。妙用多种修辞手法，把景物的特征生动形象地表现出来，把自己内心的感受记录下来。

4. 带有一定的情感描写景物

王国维在《人间词话》里说，“一切景语，皆情语也”，“以我观物，故物皆着我之色彩”。如同“感时花溅泪，恨别鸟惊心”，花鸟本无情，但在作者杜甫的眼中，花鸟都有了情感，有了和作者相同的对国家前途命运的担忧之情，对家乡亲人的思念之情。法国大作家福楼拜说：“我望着天空、树木和青草，心头涌起了一种从来没有的快感，我恨不得变成母牛，好去吃草。”这就是把情感和意志移入景物中，去收获满眼的瑰丽和丰富。

在中国文人的眼中，一花一草都倾注了自己的真情，花草树木成为人格的象征。莲是花之君子，菊是花之隐士，梅是高洁志士，竹是谦谦君子……它们是中国文人士大夫精神理想的寄托。

自然景物虽是一种客观存在，但在不同人物的眼中，却往往呈现出不同的姿态，不同的色彩。观察景物，要注入感情色彩，“登山则情满于山，观海则意溢于海”。描写景物要从视、听、触、嗅等多种角度描写，更要写自己心灵体味过的情中之景，景物描写中融进自己的感情。例如，《春》一文对小草的描写：“小草偷偷地从土里钻出来，嫩嫩的，绿绿的。园子里，田野里，瞧去，一大片一大片满是的。坐着，躺着，打两个滚，踢几脚球，赛几趟跑，捉几回迷藏。风轻悄悄的，草软绵绵的。”朱自清将自己对春日小草的喜爱之情落于笔端，小草具有了力量，能钻出来，让人喜爱，这已不仅是大地上的小草了，它成了作者心目中美好的艺术形象。朱自清将这种深挚美好的感情巧妙地融入了描绘春草的字里行间，使情与景达到了完美的结合。老舍先生《济南的冬天》中，薄雪“忽然害了羞”，让我们看到了姑娘似的娇媚；水因水藻而“不忍得冻上”，让我们体会到了水的万般柔情，更深刻地感受到的是作者对济南的冬天的喜爱赞美之情。

无论是寓情于景，还是在写景基础上的直接抒情，首先要有景，再要做到感情真挚，不能空发感情，不能无病呻吟。借景抒情、情景交融，应充分体现“融”字，由景生情，由景入情，融情入景，都应该是自然和谐的，不能有丝毫的牵强附会，或者虚情假意。只有真情实意地写景，才能打动读者，才能引起人们的共鸣。

学习描写景物，带领学生完成以写景为主的记叙文，学生掌握了方法，再多下点功夫，就一定能写出好文章来。

第二节 教学案例：一枝一叶总关情

在育英校园思问楼的臂弯处，有一株紫荆。在紫荆的周围，有丁香、有玉兰、有碧桃。春天，玉兰花儿快要凋谢，丁香怒放，碧桃开得正艳的时候，唯有这一树紫荆，还是裸露着光秃秃的枝干，虽有春风、春雨和春日的暖阳，这紫荆依然岿然不动。我曾经跟随着学生观察这紫荆，从那年的 3 月 23 日到 5 月，每天拍一张照片，每天写一两句话，看这树的变化，观赏那春雨后的一天，紫荆花怒放，满园都有紫色的浪漫，也看到春分之后，花落叶生。那个春天，我和学生们亲历了那棵紫荆的成长，见证了一个生命的成长过程。

育英的校园很美，引导学生观察这美丽的校园，在花草树木之间，寻找最美的印迹。描写景物，要描写景物的外形，更要描写景物的内在的力量，感受到生命的成长。校园的美景，还包含着各种人文景观。一枝一叶总关情，一点一滴显魅力。

写作任务设计：

在这你生活了几年的校园里，总有一处景观、景物最打动你的心，记录下来，分享给你的好朋友，向他介绍你的美丽的校园。

写作提示：

1. 写校园的一处景观、一类景观，可以是自然景物，也可以是人文景观。
2. 仔细观察，写出外部的形态特征，还要写出内在的神韵。
3. 注意写作顺序，可以采用方位顺序，也可以采用时间顺序。
4. 写景的过程中，可以写写师生在其中的活动，还可以写写自己的情感。
5. 题目自拟。

学生习作 1

最美的井盖

这不是我第一次写育英的美了。夏花秋叶，四季景色交替变化，和我们一起见证时光飞逝。

走入校园，请你低下头，那冰冷铁青的井盖，已经有了别样的风采。它们变成了小金鱼、小猪佩奇、易拉罐、蜘蛛侠、护士帽……

我见到的最大、最有创意的井盖画应该是在体育馆和思明楼之间的路上。它的井盖为嫩黄色的柠檬片，下面再画上一大杯柠檬汁和一根吸管，走过这里，我不由得想，那井盖下面源源不断流淌着的，一定是酸甜的柠檬汁。我也猜想着，画这幅井盖画的同学是想象力丰富的穿红色校服的小学生呢，还是学习紧张穿着蓝色校服的中学生呢？是有着丰富想象力的创意高手呢，还是如我一样贪吃的小女生呢？因这柠檬样的井盖，我觉得育英的校园生活有了一丝甜香。

是的，我经常会看见午间休息或者下午课后，三两个中学生围着井盖画画，或者一堆叽叽喳喳的小学生一边画一边争得面红耳赤。学校中的井盖一改旧面貌，被打扮得时尚、艳丽了！比如大门口的太阳，停车场门口的白鹿，甚至是实验室前面随意的公式……同学们的思想、心灵通过井盖与我们的思想、心灵碰撞，表现了跨年龄、跨学段、跨性别的不同人眼中的艺术。

井盖，我是从来不踩的。在外面，是怕危险，曾经发生过很多踩到不牢井盖受伤的事例；而在学校，不踩是因为不想让同学们的劳动成果被我踩在脚下。任何人对美的事物都有追求，我不想破坏这份美，就像在旅游景区刻字一样是破坏美。学校的井盖有一种魔力，让人不舍践踏。画井盖的人把污变亮，表现了独特的创造力，创造了美。

画井盖的颜料很好，能抵得住风吹日晒雨淋，却终究熬不过时间。风霜雨雪，井盖的颜色因为各种因素被磨掉，斑斓不再。等到它们无法辨认了，又会有新一批的同学们画新一批的井盖。斗转星移！学校走了一批学生，又来了一批学生，我们都在这里度过了自己最美的年华。

井盖是同学们自由发挥的天地，随手涂鸦，一个故事；泼墨填料，一片绚烂；蹲画赏鉴，自成艺术。不知是哪位同学最先创作，育英的井盖陆续换新颜。

井盖是育英最自由发散我们思维的缩影。除了井盖，还有很多同学们可以自由创作的空间：思明楼前的“时评专栏”，同学可以自由发表对时政的看法；思问楼的“静心读书吧”，同学们可以将自己的诗文作品自由张贴；甚至还有开放的实验室，可以随时去做实验……

我在育英，这最自由的地方，滋养我最自由的心灵。你看，那蓝色的井盖，几个闪闪的白点，是星空还是大海？

（侯朋君）

学生习作2

无声的美景

走进育英学校，首先入眼的是巨大的江山社稷石、色彩斑斓的世纪林、器宇轩昂的思明楼。但生活在育英，最养我心灵的地方，就是图书馆，她散发着无声的美丽，无言地陪伴着我走过春夏，走过古今，走入心灵。

在学校的北端，坐落着两层楼高的图书馆。三个金色大字挂在墙壁上，不再做过多的修饰。它面朝着朝气蓬勃的篮球场，倚靠着别有趣味的小假山，像是切分音中间的音符，隔绝着两处热闹。它就那么伫立着，只等待着真心喜欢阅读的同学到来。

清晨的图书馆是清冷的。大家忙着进班，不会有人多出闲情来拜访。淡黄色的墙壁与没有大亮的天空很是相宜，楼外草丛里的一个音箱悠悠地放着令人平静心安的旋律。像是在对着路过的同学低语：别着急，慢点走呀，安全比交上作业更重要呢。音乐和图书馆的做派一样安分懂事，只要一响铃上课，便不再低语，只是默默地守候。

晌午的图书馆，是最有活力的，也最像一幅画。吃完午饭的同学们像放飞的白鸽一般，散在校内各处自由活动。总有些乖巧的热爱文墨的同学三三两两地进入图书馆，或是阅览群书，或是复习功课，都沉浸在各自的一方桌椅，一方情趣里。午后的阳光洒进图书馆内，柔黄的光线，流淌着馆内同学们灿烂的未来。落地窗外可以清楚地品赏假山的绿树成荫。此时会有初中年级的同学并肩挽手谈心，亦会有小学部的同学嬉戏。隔着玻璃，轻轻但清亮的欢笑声，也仿佛为屋内努力读书的同学喊着加油。

黄昏的图书馆，被橙红色的阳光映成周身的暖橘色，极为和蔼。同学们累了一天，三五成群地放学。音箱便会再次悠悠响起音乐声，衬着图书馆。图书馆慈祥地微笑着，像是母亲般对孩子笑言：好好休息呀，明天见！天天见！

图书馆的美，当然不只美在外观，更美在内涵。每周的阅读课已是育英语文课堂的传统了。我们来到图书馆，然后就由着自己随意挑选喜爱的书籍，而老师们自己也会拿上一本书。老师读得入神，学生读得走心。抄抄写写，阅读思考，图书馆里，我们跨越时空，与最喜欢的作家进行心灵交谈，我们的心也变得开阔了，丰润了。

育英的老师们鼓励我们去阅读，是与分数无关的阅读，是自由的享受，是关乎心灵成长的阅读。

这就是我最爱的图书馆，它不那么显眼，不那么闪耀，却能走进我的心中。最美的景，莫过于无声而能抚慰人心之景。

这就是图书馆，育英学校的极乐净土，我的世外桃源，有人说得阅读者得天下，在图书馆里，我俯瞰天下。

（杨翌昀）

学生习作3

多彩育英路

育英校园里有很多条路。无疑，每一条都深得我的喜爱。有四季如画的海棠花蹊，有散发着书生意气的问道路，也有一条条育英学子行走的育英路。

海棠花蹊的春夏秋冬都有着不一样的美丽与魅力。

“黄四娘家花满蹊，千朵万朵压枝低。留连戏蝶时时舞，自在娇莺恰恰啼。”这句杜甫的诗用来形容小路的春天再合适不过了。这是个万物复苏的季节，小路的周围零零散散地装点着一星两点的嫩绿。旁边的小树树枝上、肥沃的土壤里都有着刚冒出头打探着世界的新芽。从小路上走，能感受到春风拂面，那一瞬间，静悄悄的微风环抱着身体，只能听见自己生命的心跳——我们也如同新生的芽儿，沐浴着温暖的春光，身上带着属于少年的一番懵懂的冲动，逐渐成长。

小路的夏天也是最令人感到愉快的地方了。

一棵棵松树，褐色的树干，足有碗口粗，笔直笔直的，满树的松叶绿得可爱，活像一把张开的绿绒大伞，风一吹，轻轻摇曳。美人松的树干挺拔，扶摇直上青天，凌空展开它的绿臂，远眺像个美丽的姑娘。夏日的阳光被细碎地平铺在小路上，将小路上白色的鹅卵石罩上一层淡淡的光晕，让人不自觉地步履轻快，连带着酷暑的疲劳一并消除。我爱听那夏风，它穿过这片树林，泛起一阵涟漪，置身其中，好像有一位乐师在摇动着沙锤，让人抛掉了心浮气躁，使我们的心境像湖面一样平静，不起一丝波澜。

自古逢秋悲寂寥，育校秋日胜春朝。小路的附近有一片银杏树林，每次我都盼着到秋天，看那画卷似的美景。

银杏树林，从远处看去，就像是天边升起了一抹金色霞光，和昏沉的夕阳晕染成一片。走近了，能看见银杏树叶在空中盘旋，时而飞上天，时而落下地，好像在捉迷藏一样。有时秋风吹过，嘻嘻哈哈地带下一群孩子似的幼稚的金叶，那满地金黄的银杏树叶，灿烂无比，如同给大地铺了一层松软的地毯，把大地装扮得格外亮丽。

冬天的小路是白色又疏离的。凌厉的树枝失去了叶子的遮蔽，少了平日的温润，只有干练的线条白描出一条条直线交错着。若是有幸走在小路上看到雪花飘落，路边伸来的枝丫上也会三三两两地捧上几朵白色的小花。呈现出“忽如一夜春风来，千树万树梨花开”的景象。

除了令人赏心悦目的海棠花蹊，我最喜欢行走在黑白相间的大路——问道路上。

这条路与海棠花蹊的色彩斑斓不同，它更多展现出来的，是一种简单静美的风格。黑色的小块砖与白色的方砖平列排铺，从踏进校门的那一步起，一直穿过江山社稷石，延伸到主楼门前。每天清晨的第一抹光铺洒在上面，风中隐隐吹来育英学子早读时清亮的声音，拂过砖面，上面刻的小字也闪闪发光，散发出智慧的光芒。

这可不是一条普通平凡的路，这上面记载了六十六条激励学生的话语，而我最喜欢的一句，就是我们最常提及的：“天下兴亡，匹夫有责。”它的字面意思就是天下大事的兴盛、灭亡，每一个人都有义不容辞的责任。而对我们学生来说，小而言之，是在班级中每人要负起自己职位或岗位的责任。稍大而言，是在育英校园里，每人要做好身为育英学子的责任，比如积极参加各种活动或与学校里的各个年级的同学友好相处。而在长大后，我们会步入社会，会在社会里有自己新的身份名片，那也要尽到自己能力范围内的责任或有更多的能力去帮助国家做事。走在这条路上，我想的是：“天下兴亡，我的责任。”

问道路散发的书生意气影响着我，育英校园里还有着许多规范行为或激励学习的育英路，比如乐行路。“知之者不如好之者，好之者不如乐之者。”这是出自《论语》的一段话，也是育英学校对于乐行路的定义。我觉得这句话放在书气弥漫的校园中，可以理解为：“懂得学习的人比不上喜爱学习的人，喜爱学习的人比不上以学习为乐趣的人。”而我们也要做一个以学习为乐的人，不要去抱怨学习的苦难，而是快马加鞭，在青春好年华，像毛主席所说的一样，要“好好学习，好好学习”。

育英学校是我们人生路上的精神家园，育校的老师是我们人生路上的指路明灯，他们用自身的光亮与温暖，驱散了我们人生路上的迷雾和寒冷，让我们离远处那颗名叫“成功”的星，更近了一步。

走在育英的路上，我感受着育英的美，感受着育英的精神力量。

（谭　欣）

学生习作 4

“柿柿如意”

转眼间，秋天即将闭幕，叶子都已落得差不多了，天气也愈加寒冷。好想在校园里找寻一下秋的“足迹”，恰好刘老师和丁老师要带我们去打柿子，仿佛我们事先约定好的一样巧妙。大家排好队安静地走在满是落叶，“沙沙”作响的路上，却难以抑制住自己内心的兴奋与期待。来到小学操场旁，里面充满欢声笑语。三两棵柿子树在一起，柿子如灯笼似的挂满树枝。还未成熟，金黄中透点青绿，手掌大小，样子呈灯笼状，实在惹人喜爱。

不一会儿，管理柿子树的师傅搬来了梯子和长杆子，以便于大家摘柿子。同学们拿起杆子用生疏的手法去钩柿子，一个同学去钩柿子时仿佛双手颤颤巍巍的老人一般吃力。一旁的刘老师微笑注视着正在钩柿子的同学，可能是想大显身手一番，于是底气十足地说了声“我来”。刘老师出手果然“不同凡响”，拿起长杆三两下就钩下了一个柿子。刘老师满脸得意地看向同学，骄傲地说“厉害吧”，仿佛一个老顽童拿着他胜利的果实，在“炫耀”他的好手艺。

“啪”一个柿子掉了下来，滚了三滚，停了下来。同学们看到都欢呼了起来，“看！柿子终于掉下来了！我们成功啦！我们的努力没白费！”一个拿着长杆、气喘吁吁的同学说着。大家都一窝蜂似地涌了过去，将柿子围了个圈。这是第一个被同学亲手钩下来的柿子，虽然生活中常见柿子，但这次不一样，所以大家异常激动。我走近将柿子捡起，果然还是硬邦邦的，跟往常不太一样。往常的柿子一落地便成了“柿子汤”，虽然这样可以立马把它吃掉，可我还是喜欢未成熟的柿子，这样就可以把柿子放到阳台上，看着阳光每天照射在它的身上，看着它一天比一天成熟，一天比一天“软和”，心里也变得暖洋洋的。

唐代诗人李益诗曰：“柿叶翻红霜景秋，碧天如水倚红楼。”柿子的红叶在诗中衬托秋色；而现在的绿叶更加凸显柿子的耀眼与青涩。柿子的外表很光滑，摸起来很舒服，细细观察它，会发现四周有凹进去的“楞”，差不多将柿子分成了四等份。打下来的柿子都会有一个绿色的“小冠子”，特意数了数，大多数的“小冠子”都分成四瓣或五瓣，“小冠子”更像一个特别的花瓣和柿子连接在一起。

一不留神，我们打下来的柿子已经堆成了一座“小山”，我们都如愿以偿地捧着大柿子……

秋风飒飒而过，反而觉得更加温暖了。不知道是同学们的互帮互助、相处融洽，还是老师们的良苦用心，抑或是得到了柿子的缘故，仔细琢磨，可能都有吧。

红通通、黄澄澄、绿莹莹的柿子，装扮了秋天，优美了校园，温润了我的心。柿子是“柿柿如意”，更是“事事如意”吧。这次我抓住了秋天的“尾巴”，与同学、老师一起摘柿子，这就是我曾经憧憬的那个有风度、有温度、有甜度的青春生活吧。

（白宇杉）

校园“最美的一处景观”，在学生的心中呈现出多样化的选择。《最美的井盖》的作者另辟蹊径，没有写校园的花草树木，她描写了校园之中最美丽的井盖，那是同学们创作的艺术作品，这无疑是学校的一景。作者仔细观察了那“嫩黄色的柠檬片”“吸管”，并且猜想那画井盖的学生是谁？远观、近看、想象，由井盖之美，想到了创造“美”的人，想到了井盖艺术是育英教育的缩影，是育英最自由发散思维的缩影。这自由是最滋润心灵的地方。

《无声的美景》作者描写了图书馆最美的景色。首先运用了比喻的修辞手法，介绍了图书馆的位置，是假山和篮球场之间的“切分音中间的音符”，“隔绝这两处热闹”。作者是按照时间顺序来写的，一天中清晨、中午和黄昏的图书馆，外观美，静态美，内涵美。

《多彩育英路》描写了育英各条路的美。有最美的“海棠花蹊”“银杏大道”“问道路”，每一处的景观不同：海棠花蹊春夏秋冬，有育英的景色美；问道路、乐行路，更在美景中传递的精神力量。

《柿柿如意》，写的是秋天里学生们摘柿子的情景，在写景中描写了事件，在事件叙述中融入了自己的情感，表达了作者对学校的深深的爱。

学生们学习了描写景物的写作手法后，走入校园，观察校园，调动自己的多种感官，调动自己的情感，观察校园的花草树木、足下道路、亭台楼阁，有意识地运用一定的写作手法，描写所见之景，抒发所感之情。

第三节　专家指导：写作教学要关注学生的审美体验

从语文核心素养的角度重新审视写作教学。

语文素养的内容从低级到高级，从简单到复杂依次为：必要的语文知识，丰富的语言积累，熟练的语言技能，良好的学习习惯，深厚的文化素养，高雅的言谈举止。

语文素养是学生在积极主动的语言实践活动中构建起来，并在真实的语言运用情境中表现出来的个体言语经验和言语品质；是学生在语文学习中获得的语言知识与语言能力、思维方法和思维品质，是基于正确的情感、态度和价值观的审美情趣和文化感受能力的综合体现。

核心素养是使学生在未来能够拥有成功快乐的生活，进而促使社会和谐发展的重要素养。

语文的核心素养主要包括：语言的建构和运用、思维的发展和提升、审美的鉴赏和创造、文化的理解和传承(见表 8-1)。

表 8-1　语文核心素养的内涵

语文核心素养	核心素养内涵
语言的建构和运用	积累与运用，整合与语理，交流与语境
思维的发展和提升	直觉与灵感，联想与想象，实证与推理，批判与发现
审美的鉴赏和创造	体验与感悟，欣赏与评价，表现与创新
文化的理解和传承	意识与态度，选择与继承，包容与借鉴，关注与参与

教学中，最容易忽视的是学生的审美体验与感受。在写作教学中，要注意提升学生的“审美”能力，在观察与写作的过程中，认识美、了解美、传递美。

一、写作教学——引导学生体验美

学习描写景物，就是认识美、传递美的过程。别林斯基说过：“自然是艺术的楷模。”师法自然，也就是师法艺术，自然是人类艺术的启蒙老师。用眼睛观察景物，用心去贴近自然，热爱自然，在与自然的对话交流中发现美。亚里士多德从对称、秩序、体积大小中发现了美。毕达哥拉斯学派从和谐与比例中发现了美。西赛罗认为：“物体各部分的一种妥当的安排，配合到一种悦目的颜色上去，就叫作美。”

在“学习描写景物”写作课堂中，刘向娟老师教给学生观察景物的方法，和学生一同走进校园，静心观察校园的花草，体验图书馆的静谧，观察柿子树的形貌，甚至是观看校园中的井盖涂鸦艺术。这是用心体验美的过程。

二、写作过程——展示美

语文写作要展示美，通过语音之美，展示内在的情感之美。语言之美，是以语言文字的形式绽放汉语之美。初中阶段，学生的是非判断和价值判断能力越来越强，对文章真善美、假恶丑的欣赏水平越来越强，还能创作出文字优美、意蕴丰富的诗歌、散文、小说、评论等，表达自己的情感和思考。学生的作文已经不是作文，在一定程度上是“作品”，有一定的文学性。文学是文化的重要表现形式。“语文”是语言，是文字，是文学，是文化，内涵丰富，伴随着一个人成长的始终。审美是语文的灵魂和精髓。

语言之美，美在可视、可听、可感。可视的语言是用文字表达出带有情景、画面、动作、情绪等可感知的内容，使得抽象的事物具象化，呈现可视的效果。通过语言的描述激活读者或听众的感觉器官，并在读者或听众心里注入某种感觉。如视觉、嗅觉、触觉对抽象、模糊事物的感知。马克思把包括“欣赏音乐的耳朵”在内的诸种感觉的丰富性，看作人类的发达和文明的标志，并强调说，对于非音乐的耳朵，最美的音乐也没有意义。郦道元通过“猿鸣三声泪沾裳”的声音描写，寄寓对劳动人民的同情；白居易通过对琵琶声入心入情的生动描绘，表达对琵琶女的赞美。

写作过程是展示美的过程。清代吴敬梓在《儒林外史》第一回中展示了赏心悦目的自然美：“那日，正是黄梅时候，天气烦躁。王冕放牛倦了，在绿草地上坐着。须臾，浓云密布，一阵大雨过了。那黑云边上镶着白云，渐渐散去，透出一派日光来，照得满湖通红。湖边山上，青一块，紫一块，绿一块。树枝上都像水洗过一番的，尤其绿得可爱。湖里有十来枝荷花，苞子上清水滴滴，荷叶上水珠滚来滚去。王冕看了一回，心里想道：‘古人说，人在画图中，其实不错’。”抽象的“美”在这段文字中可视、可听、可感。整个画面写出了10种形态，7种颜色；形态的基调是“阔”，颜色的基调是绿，给人以赏心悦目、生机盎然的印象，美丽在作者笔下慢慢展开，激活了读者的感觉器官。

美是人对客观事物的主观感受。写作是人的大脑对现实生活的感觉体验和情绪体验，流诸笔端的过程之美。写作的过程是呈现美的过程，因而，静态的文字中有动态的形象，有流淌的画面，有动听的声音。写作、创作的背后，往往有大体验、大感动、大智慧、大情怀、大学问。不同的汉字排列组合成不同的句子，表达不同的意思，呈现出不同的美，有语言之美，有思维之美，有情感之美，有力量之美……语文是表达思维、情感的工具，更是发现美、创造美、传递美的手段。

三、写作立意——情怀之美

法国作家都德在《最后一课》中，借韩麦尔老师之口，讲述了语言对于国家对于民族的意义：“法国语言是世界上最美的语言——最明白，最精确；又说，我们必须把它记在心里，永远别忘了它，亡了国当了奴隶的人民，只要牢牢记住他们的语言，就好像拿着一把打开监狱大门的钥匙。”语言是文化的钥匙，语言是通向自由的钥匙。在文字中，我们能读出一个作家对自己国家的热恋。要想写出流芳千古的文字，首先要有大的情怀、开阔的境界，将这种情怀通过文字，展示出“情怀之美”。

情怀之美，是心境之美，是心情之美，是高尚的灵魂之美。情怀之美，是一个人付出了时间、智力、金钱，只为了成全别人。情怀之美，是一个人没有得到回报却无怨无悔、乐在其中。情怀之美的背后，是真的追求，善的心灵，美的意蕴。

“先天下之忧而忧，后天下之乐而乐”是范仲淹心系国家呈现的“忧乐天下情怀之美”；“王师北定中原日，家祭无忘告乃翁”“尚思为国戍轮台”是陆游浓浓的爱国情怀之美；“床头屋漏无干处，雨脚如麻未断绝”是杜甫面前的困境，但是心里想的却是“安得广厦千万间，大庇天下寒士俱欢颜！风雨不动安如山。呜呼，何时眼前突兀见此屋，吾庐独破受冻死亦足！”这是杜甫内心淳厚的家国情怀之美。有这样的情怀之美，才有中华民族生生不息的前进步伐，才有中华民族精神的忠实记录。写出情怀之美，首先要有大的情感，这样才能让读者听到某句话后，浓浓的温情涌上心头，久久的回味萦绕脑海。

武汉大学文学院涂险峰教授认为：“在漫漫历史长河中，正因写作的超历史的存留和传播，人类文明的知识积累和传承才能获得强劲稳固的形式，从而奠定文明的存在、发展、进步的坚实基础。”写作要写出自己的格局，要写出自己的眼界，要写出自己的情怀。语文写作的最高境界是承载文化、思想，让文字开出情感之花，展现出人性之态，传递出情怀之美。这些需要语文教师潜移默化地引导学生，学生要眼中有世界，心中有家国。

写作教学的过程，是教学生寻找美、创造美、传递美的过程。引导学生们表达对自己、对他人、对生活、对社会、对科技、对艺术、对世界等的思想、情感和情怀。引导学生们通过文字表达生活的真实之美、人生的起伏之美、世界的变迁之美、未来的希望之美等，写出平凡生活背后的意蕴，让文字闪现真善美的光芒。

第九章
学写说明文

一种想法，是与客观事物的条理相合。比如记事，事是按时间先后的顺序排列的，依照这个顺序写，大到编年体的《资治通鉴》，小到某一个人的传记，甚至更小到一天的日记，都会显得条理清晰。又如介绍地理情况，东、西、南、北、中五方，从某一点起由此及彼，也是客观存在的，依照这类客观情况写，大到介绍全国的情况，如史书的《地理志》，小到一间房子的布置，也都会显得条理清晰。时间、空间之外，所有客观事物，包括心理状态，都有它本身的排列情况，虽然未必像时间、空间那样明显，我们写它，只要能够抓住它的排列情况，依样画葫芦，就会显得条理清晰。

——张中行《条理与提纲》

第一节　学写说明文

在日常生活交流中，说明文是运用最多的实用文体之一。说明文写作是初中阶段最容易被老师忽视的教学内容，因为考试极少考说明文写作。学生的写作兴趣不大。

《课标》中指出“写简单的说明性文章，做到清楚明白”。

八年级的学生应该能写简单的说明性文章。通过写作，引导学生理性地观察，客观地记录生活，发现身边的科学现象，体会科学观察的乐趣，引发探索的欲望。说明文写作是提升学生科学素养的途径之一。

一、给学生提供说明文写作必备知识

统编语文教科书分两个单元教学生写说明文：八年级上册第五单元“说明事物要抓住特征”，八年级下册第二单元“说明的顺序”(见表 9-1)。

表 9-1　统编教材说明文阅读教学内容梳理

所在单元	课文	单元导语	学习侧重点	写作训练点
八年级上册第五单元（事物说明文）	《中国石拱桥》《苏州园林》《蝉》《梦回繁华》	学习本单元，要把握说明对象的特征，了解文章是如何使用恰当的方法来说明的；还要体会说明语言严谨、准确的特点，增强思维的条理性和严密性	把握说明对象的特征；学习说明方法；体会说明文语言特点；提升思维的条理性	说明事物要抓住特征
八年级下册第二单元（事理说明文）	《大自然的语言》《阿西莫夫短文两篇》《大雁归来》《时间的脚印》	学习本单元，要注意理清文章的说明顺序，筛选主要的信息，读懂文章阐述的事理，还要学习分析推理的基本方法，善于发现问题、思考问题、质疑问题，激发科学研究的兴趣	理清说明顺序；读懂所说明的事理；提升分析推理能力	说明的顺序

学生已经有了说明文阅读的基础，在说明文写作教学前，老师仍然要就说明文写作的主要知识对学生进行指导，学生头脑中形成整体的、结构化的说明文写作知识体系。让学生对说明对象、说明对象的特征、说明顺序、说明方法和语言特点等相关知识有较明确的认识，为说明文写作打下良好的理论基础

（见表 9-2）。

表 9-2　说明文写作知识清单

概念	写作知识	具体内容
说明文	写作目的	介绍事物的状态、性质、功能或者阐明事理，目的是给人以知识
说明对象	定义	就是文章所要说明的事物或事理
	说明对象的特征	“特征”是指这一事物区别于其他事物的标志。这是说明文写作的核心内容。事物的特征主要表现在构造（里外）、形态（大小、长短等）、性质（硬、软、冷、热等）、变化（动、静、快、慢等）、成因（简单、复杂）、功用（用途）等
写作中常用说明顺序	空间顺序	1. 以事物的方位为序说明事物 2. 这种说明顺序，一般用于说明相对静止的事物和内部构造比较复杂的事物，如园林、建筑物、工艺品等 3. 一般是按实物的空间位置或构成部分，按上下左右、前后内外、东西南北、从外到内、从整体到局部等顺序，根据情况灵活安排
	时间顺序	1. 按事物发生发展的过程说明事物 2. 介绍事物发展变化过程的说明文常使用这种说明顺序，一般以时间先后及发展阶段为序进行说明，比如写生物以繁殖生长过程为序，写事物以形成演变过程为序
	逻辑顺序	1. 也称事理顺序，即按照事物的内部联系或人们认识事物的过程来安排说明顺序 2. 一般按由原因到结果、由主要到次要、由整体到部分、由概括到具体、由现象到本质、由特点到用途的顺序进行说明 3. 介绍高科技产品或说明事物间的联系，或介绍事物的性质、种类、原理功用和解释事理的本质往往使用这种顺序
写作中常用说明方法	举例子	1. 通过列举有代表性的恰当的事例来说明事物或事理的方法 2. 常用的标志语有“比如”“例如”“如” 3. 选例子应注意典型性、代表性 4. 能更真实、有力地说明事物或事理
	分类别	1. 根据事物属性的异同，把事物按一定标准分成若干类，然后逐类加以说明 2. 常用的标点符号“冒号”“分号” 3. 注意分类标准要统一 4. 能给人以概貌的了解，区分各个类别的差别，使说明更有条理

续表

概念	写作知识	具体内容
写作中常用说明方法	列数字	1. 用一些数字从数量上说明事物的特征 2. 一定要对数字进行核实 3. 可以更准确、更具体地说明事物或事理，极具说服力
	作比较	1. 是将两种有着外在或内在联系的相同或不同的事物加以比较的一种说明方法 2. 作比较有类比和对比，类比是为了说明相同点，对比是为了说明不同点 3. 可以化深奥为浅显，变复杂为简明，突出事物的本质特征
	打比方	1. 以人们常见、熟知的事物，比喻说明不常见、不太熟知的事物的方法 2. 可将抽象的事理或复杂的事物说得浅显易懂，具体生动。增强说明的形象性、生动性
说明文的结构形式	总分式	1. 这种结构大致有三种形式：A. 总—分式；B. 分—总式；C. 总—分—总式 2. 总分式结构常见于逻辑顺序中从概括到具体或从整体到部分的说明文
	递进式	1. 各层之间的关系是由浅入深、由表及里、由现象到本质，后面在前面的基础上进一步说明 2. 递进式结构多用于从现象到本质的事理说明文
	连贯式	1. 各层之间按照事物发展的过程、时间、因果、条件等关系安排层次，前后互相承接 2. 连贯式结构多见于运用时间顺序的说明文
	并列式	往往在写作说明文时，分写部分之间呈现并列式结构

二、突出“说明对象特征”的说明文写作教学策略

(一)策略1 让学生成为“专家”，多元了解说明对象特征

说明文写作教学前，要给学生留出一定的时间观察实物、收集资料、筛选信息，使其成为某一说明对象的“专家”；教师还可以将自己准备的图片、文字信息提前发给学生，这样，学生就可以轻松地参与到学习活动中，说明文写作训练不会成为空泛的知识听讲课。学生可以把知识和经验相结合，为完成写作任务打好基础。

作为“专家”的学生，他们通过观察，通过查找、分析资料，提炼概括出事

物的特征。明确了事物的特征后，便是如何准确、显明、集中地说明特征，这需要多方面的说明能力。

(二)策略2　引导学生选择恰当的说明顺序，介绍说明对象的特征

根据说明事物特征的不同要求，文章往往采取不同的说明顺序。

但即使是同一个说明对象，因为观察的角度不同、观察者的视野不同，可能会呈现不同特征。比如，要介绍校园。可以让学生想象以不同的身份来介绍校园，身份不同，同样的校园，特征也不同。如A同学以历史学家的身份介绍校园，要突出校园“建设时间早，历史悠久”的特征，那就要了解校园的历史演变，选用时间顺序；B同学以建筑学家的角度介绍校园，要突出校园“建筑物功能多样”的特征，那就要了解校园建筑物的多种功能，往往选用空间顺序；C同学以植物学家的角度介绍校园，要突出校园“植物种类丰富”的特征，那就要深入观察校园内的植物，找出这些植物的共性，再分类别诠释不同种类植物的特性，往往采用逻辑顺序说明……根据说明的需要，确定说明事物的特征。说明顺序运用得当，往往能使被说明事物的特征更突出。

(三)策略3　根据说明对象的特征，确定说明的主次详略

要想被说明事物的特征被集中显明地突现出来，就一定要把说明的重点放在主要方面，要详写，要重点介绍。比如，要介绍校园“植物种类丰富”的特征，说明的重点放在“丰富多样”上，对于次要的植物的培育等，就要略写。

(四)策略4　说明事物的特征也离不开说明方法的使用

合理有效地使用说明方法，能使被说明事物的特征体现得更加突出。比如，要介绍校园“植物种类丰富”的特征，可以运用分类别的方法，根据校园植物的种类分别介绍；也可以运用列数字的说明方法，作比较的方法，突出种类多……对于初学说明文写作的同学，要引导他们有意识地运用说明方法，使得说明事物的特征更加突出。

(五)策略5　引导学生要有读者意识

有读者意识是引导学生关注自己作品的阅读对象，行文中，提高写作的针对性，增加写作中的交流意识。说明文的实用性强，阅读面小，读者身份更加确定。比如，导游解说词，读者对象是游客或参观者；某物品使用说明书，就只针对使用者。因此，在说明文的写作教学中，引导学生有读者意识。写作不能完全从自己的立场出发去考虑问题，需要站在听众或读者的立场上考虑问题，读者可能对哪些内容感兴趣，读者能够接受哪些原理。这样能够更好地确定说明对象的特征，确定从怎样的角度突出特征。

(六)策略 6　引导学生增强语言表达魅力

说明文语言的特点是准确。对于“几乎”“大约”等体现说明文语言准确性的词语，学生要能够精准使用。

但即使是平实的说明文，在语言表达上都看得出反复斟酌的痕迹，而生动的文艺性的科学小品文语言就更加生动了。如《中国石拱桥》中介绍卢沟桥的语句：“每个柱头上都雕刻着不同姿态的狮子。这些石刻狮子，有的母子相抱，有的交头接耳，有的像倾听水声，有的像注视行人，千态万状，惟妙惟肖。”运用了排比、拟人的修辞手法，突出卢沟桥“形式优美”的特征。

说明文写作教学，要引导学生观察事物、查阅资料，进行知识储备，成为“专家”；要在如何把握事物特征，如何写出事物的特征上对学生进行训练；要在说明顺序的安排、说明方法的选择、说明语言的运用上对学生进行训练指导。通过说明文写作教学，培养学生严谨、客观的思维方式。

第二节　教学案例：我是校园志愿者

说明文写作是比较枯燥的写作任务。以学生熟悉的校园为写作对象，将这美丽的校园条理清晰地介绍给更多的人，说明文写作教学也许会变得简单。

育英学校是北京城内最美的校园之一。学校有 7 个广场、5 个花园；小学部广场上设计了专门供小学生攀爬玩耍的人造小山；图书馆前，围绕着大树，修建了舒适的木质座椅，学生在冬天坐上去也不再冰冷；“世纪之林”里用整块石头雕刻成的精美棋桌，下面是晶莹的白石沙，学生可以自由出入其间，快乐游戏；小花园内有森林音乐广场，圆形的平台、梯田式的座椅，这里是学生展示才艺的舞台；在中学部的“静心读书吧”，学生可以快乐地享受阅读的宁静；春天学生可以坐在山楂树下谈古论今，秋天在柿子树下奔跑游戏……环境美、建筑美、植物美、对联美、晨昏美、四季美……这是一所让学生不愿回家的校园。

在玩耍中了解校园，在校园中探究学习的奥秘。

每年的春季紫色二月兰铺满校园的时候，秋季银杏树叶纷纷飘落的时候，都会有校园开放日。开放日，会有各年级的学生志愿者，带领来自各地的校园客人感受这所校园之美。

怎样成为合格的校园志愿者？针对这个问题，我设计了说明文写作情境并作了具体写作任务设计。

写作任务设计：

学校开放日即将到来，学生会招募志愿者，欢迎报名参加。志愿者类型如下：

第一类志愿者：全程陪伴志愿者——带领客人按照一定的路线漫游校园，让客人感受到育英校园的独特魅力。

第二类志愿者：定点志愿者——在校园的某一固定地点等待客人到来，为客人讲解。

招募条件：选择你要应聘的志愿者类型，深入观察校园，通过采访老教师、查阅校园网站了解校园，完成自己的解说词。“全程陪伴志愿者”确定好校园游览路线，有重点地向客人介绍育英学校有代表性的景观。“定点志愿者”确定好自己的站点，以站点为中心，着重介绍一处或几处校园景观。

表 9-3 定点志愿者写作支架

组成部分	具体内容		
题目	题目中含有介绍点——		
开头	总体介绍所写地点的特点——		
主体部分	顺序	主要景观	采用介绍方法
	1.		
	2.		
	3.		
	……		
结尾	……		

用图表的形式，告诉学生文章由四部分组成：题目、开头、主体部分、结尾。题目是观察写作对象，开头介绍所写地点的总特点，主体部分要关注说明的顺序、说明的方法，结尾部分收束全文。用图表的形式把文章的脉络理清，把作文的框架搭建起来，写作的思路一目了然。学生可以借助图表小支架，理清自己的写作思路，构建写作提纲(见表 9-4)。

学生根据支架，完成“静心读书吧志愿者”的介绍内容。

表 9-4 静心读书吧志愿者写作支架

组成部分	具体内容		
题目	静心读书吧		
开头	这里是静心读书的场所		
主体部分	顺序	主要内容	采用介绍方法
	1. 位置		打比方
	2. 含义	“吧”的两个含义，方位顺序介绍	分类别
	3. 三面围墙(详)	时间＋方位顺序 展览的内容	列数字
	4. 育英时评		
结尾	重申静心读书吧的功能——阅读，展示……		

学生习作

静心读书吧

大家好，我是志愿者黎明。欢迎来到“静心读书吧”，这里是能够静心读书的好地方。

“静心读书吧”位于校园的“圆梦苑”，思问楼如同一个温暖的臂弯，环绕着这个“静心读书吧”。这是校园中的一景：春天，这里五彩斑斓，各种花儿竞相开放；夏天，浓荫淡淡，绿色映入眼帘。这里是初中的学生们快乐玩耍的地方，是初中生课余时间自由读书的地方。

“静心读书吧”的理解大概有两层含义，“这是读书的场所”，“吧”是名词；“劝大家好好读书”，“吧”是感叹词。徐霞客的雕像立在“静心读书吧”的中心，有“读万卷书，行万里路”的意蕴。也在提醒着我们这些育英学子们，在校园中静心读书；走入社会后，像徐霞客一样用自己的双脚丈量人生。抬头看，“静心读书吧”墙上是红色的大字：“自主阅读，自由表达”“学会选书、学会读书、学会分享、学会创作”“会选书的阅读者，善读书的育英人”。红色的字体在绿树掩映之中更加夺目。

“静心读书吧”是同学们的“室外阅读馆”，也是同学们“展示的大舞台”。

2015 年开学初，这里建成了“静心读书吧”。春天的语文课堂，学生们可以在这里读书，在长椅上，静静阅读；夏日的午间，树荫下，学生们也可在这里尽情地读书；秋日，落叶中，学生们快乐读书，轻声交流；即使在冬日里，同学们也会围在这里，阅读同龄人在这里张贴的“作品”。

三面围墙上，设立了36块展板；现在36块展板上展示的是初中3个年级28个班共同进行的续写大赛活动。28个班同时进行，每天，每班会有一名同学续写—打印—塑封—张贴；还会有其他年级的同学在评价、打分；同时还要将学生续写的文章每天上传到学校的网站；老师们将学生的成绩反馈。第一期，这里是“书香少年”的照片，他们的读书感悟，现在，这些照片已经张贴到思问楼的楼道内。第二期，这里是“阅读盟”盟主们的活动资料，学生自己创作，自己招兵买马。阅读盟活动结束后，材料留在这里，这里成为盟主们再次展示的舞台；同时也是所有同学再次学习的资料馆，再次交流的平台。现在，盟主们的活动材料已经张贴到了思问楼的楼道内。第三期，就是现在的“续写大赛”，中午，学生们会纷纷来到这里，看各班的续写情况。

在徐霞客雕像的后面，矗立着一块鲜明的“育英时评”，与思问楼楼前的“育英时评”遥相呼应。我们学校的学生培养目标是热爱学习，阳光大气，行为规范，勇于担当，关心社稷。“关心社稷”在“育英时评”这个宣传栏里展现出来了。第一期是“诺贝尔奖屠呦呦”，第二期是“致远舰”……有新闻，有真相，但是更多的是学生对新闻的辨证思考。

静心读书吧，是初中学生的“室外阅读馆”，更是学生们展示的大舞台。欢迎大家坐在这里的长椅上读几页书，也欢迎大家看看我的同学们的作品。

（张黎明）

作者以一位志愿者的身份，介绍了校园内的“静心读书吧”。在写作的过程中，作者的心中可见读者意识——这是为校园开放日来访的客人介绍，因而作者的语言亲切。在行文中，我们能感受到小作者在有意识地运用说明文的知识：抓住主要特点介绍，本文围绕着“静心读书吧”的主要特点“是自由读书的地方”着重介绍；在说明顺序上，运用了时间顺序介绍“静心读书吧”的历史，运用空间顺序介绍“静心读书吧”的内部结构，用分类别的方法介绍名字的含义，用逻辑顺序介绍展板等；作者还运用了列数字、举例子、作比较等多种方法，突出“静心读书吧”的特征。

第三节 专家指导：教师要创造真实的写作情境

《课标》的“课程目标与内容”中关于写作的总体目标是：“能具体明确、文从字顺地表达自己的见闻、体验和想法。能根据需要，运用常见的表达方式写作，发展书面语言运用能力。”《课标》要求学生作文做到“具体明确”。“具体”是要求学生写作对象集中；“明确”是把见到的事情说清楚，把心中的想法说明白；“文从字顺”指书写正确，用词恰当，句子通顺，文意前后连贯，符合汉语的表达习惯；“表达自己的见闻、体验和想法”“根据需要”是从写作动力和材料选择上要求学生写作过程中要有对象意识、场合意识和交流意识，不是为作文而作文。细读课标，这些要求都指向“真实的写作”。

《课标》第四学段(7—9 年级)，对写作部分的表述有这样的两条：“写作要有真情实感，力求表达自己对自然、社会、人生的感受、体验和思考”“写作时考虑不同的目的和对象”，也是直接指向“真实的写作”。

写作应该是一种社会活动。人们见到一件新鲜事、心里产生一种新的想法，想要告诉别人，但是因为时间、空间限制，就要通过写作来实现这种愿望。因此，真实的写作状态都是作者内心有强烈的表达愿望。学生写作文，无论是介绍新奇的见闻，倾诉内心的感受，还是阐述自己对某一件事情的主张，都伴随着丰富的情感活动，应该有真实的写作情境和表达对象。因而教师在写作教学中应该遵循自然、真实的表达模式去设计写作情境，使得学生在写作过程中体验表达的快感，激发学生的写作兴趣，在不知不觉中提高学生的表达能力。

一、真实的写作情境应该包含真实的读者因素

教师引导学生在写作时，适当考虑读者因素。学生能够做到心中有读者，是推动真实写作的一个有效办法。学生在写作的过程中，要强化“读者意识”，而不是“教师意识”“分数意识”。如同朱自清所说：“写作练习是为了应用，其实就是应用于这种种假想的读者，写作练习可以没有教师，可不能没有假想的读者。”

“读者意识”就是指写作时心中存有倾诉或交流的对象。这一“读者”存在于作者创作的任何一个环节。因而，教师在写作任务的设计上，要有意识地引导学生和自己心中的“读者”对话，为心中的“读者”写作。

在传统的说明文写作教学中，老师会引导学生介绍自己的校园，也会给学

生讲解说明对象、说明的顺序、说明方法等知识点，学生在观察校园的基础上，完成写作《我的校园》。刘老师在设计这个说明文写作练习的时候，关注到了读者因素，学生为谁介绍校园：返回学校的各届校友，来到校园的各位家长，还有社会各界关注学校发展的人士……学生心中有读者，写作的目的性更强。这样，学生可以根据读者信息来选择材料、安排结构、组织语言，在一定程度上降低了学生写作时被考查的紧张感，被挑剔的挫败感，获得社会生活中表达和沟通的成就感。这样就将抽象的写作技能训练，还原成为学生语言交际能力的展示过程。

二、真实的写作情境要能够激发学生的写作热情

真实的写作情境打通了写作知识与学生生活世界的关联。真实的写作情境并不等同于学生生活的实际发生，而是强调情境要与学生的经验相联系，要与学生的真实探究相联结。教师要创设真实或模拟真实的写作情境，从学生的学习和生活实际出发，确定符合他们实际生活、符合他们的思维方式的有趣的写作任务。以“写作知识”为出发点设计写作任务，学生写作如同背着沉重的包袱。写作情境设计以“真实”为出发点，更能激发学生的写作热情，拓宽学生的写作思路。

刘老师对“我是校园志愿者”说明文写作教学设计，是真实的写作情境下的写作任务设计，与传统的写作任务设计相比，有转变，具体见表 9-5。

表 9-5　两种写作任务设计的对比

写作要素	传统的写作任务设计	能够激发学生写作热情的任务设计
写作目的	完成教师布置的作文、获得高分	与他人沟通、说清事实，便于读者理解和接受，对读者了解校园有帮助
写作话题	作文题目	针对生活真实、服务于交际需要的话题
写作地点	教室或考场	生活表达氛围——校园中你喜欢的地方
写作主体	学校角色——学生	社会角色——校园志愿者
阅读对象	教师	特定的听众或交谈对象
写作范围	固定范围	自选自作内容

真实的写作情境，使得学生写作的选择性更强、表达的欲望更强烈。

写作教学需要转向真实情境尤其是交际语境的写作。新媒体的普及，使人人成为发声者，人人成为写作者。

三、真实的写作情境设计要与时代脉搏一致

写作是语言知识与语言能力、思维方法与思维品质、情感、态度与价值观的综合体现，能较高程度地体现学生的语文素养。朱自清先生说："写作是基本的训练，是生活技术的训练——说是做人的训练也无不可。"写作是让学生在面对自身与社会、国家、国际等的关系方面形成情感态度、价值取向和行为方式的有效载体，也是引导学生积极参与实践活动，学习认识自然、认识社会、认识自我、规划人生的有效方式，既关乎学生的语文核心素养培养，也关乎人的全面发展。让学生在真实情境中写作，为了真实的学习工作需要而写作，这是时代生活与真实情境写作的双向选择。因而教师在设计真实的写作情境时，要与时代脉搏一致。

强调真实的写作情境设计，是让学生的写作能够基于现实、联系现实，写自己的真实的情感，表达自己的真实态度。2020 年北京中考作文题一，就是非常贴近学生生活的写作情境设计：

> 2020 年，不同寻常的年份，不同寻常的改变，你也经历了不同寻常的备考：学习方式的转变，居家的自我管理，中考时间的调整，短暂而珍贵的返校……此刻，你已在考场。考场外，家人、老师正牵挂着你；医务人员、警察以及众多行业的工作者们坚守岗位。他们默默付出，为考试保驾护航。关于这次中考，你有哪些难忘的人或事？有怎样的体验或感悟？请以"2020，我的中考"为题，写一篇文章。不限文体(诗歌除外)。

这是一个源自生活真实情境的写作任务，涉及的写作范围、写作身份、写作文体、情感体验等多个维度都是基于"真实"。其中，写作情境的发生背景是在 2020 年，对于整个国家、全体人民，都是不平常的一年。对于学生来讲，是他们面临中考这个人生转折的一年。写作身份是确定的，即"参加中考的学生"，这个"参加中考的学生"是身处 2020 年这个"抗击疫情"背景中的"当事人"，是感受到"不寻常"的"当事人"。写作范围是写"难忘的人或事"、独特的"体验或感悟"，表达真情实感。

中高考是教学的导向。从 2020 年北京中考作文题，我们不难看出，作为教师，我们要努力设计"与时代脉搏一致"的"真实"的写作情境，选用鲜活的时代生活素材，这是教学的智慧体现。当代生活就是最大的真实情境，学生通过写作，认识当代社会，走进当代生活，融入当代语文世界，形成与时俱进的社会新人人格和素养。

第十章
议论要言之有据

我们要学生在议论中不说空虚的话，要他们拿事实作证据，拿证据来证明论文中的结论或假设(这是归纳法的第四步)，最好是多看科学的书籍，多观察、多试验。因为除了科学本身，是没有什么科学方法的。不懂得近代的科学，便不能应用科学方法。普通的世俗的证据是不大可靠的，只有用科学方法(包括归纳法、演绎法)所得的证据比较可靠。

这就是我所说的重证据。

——章衣萍《作文讲话》

第一节　学写议论文

议论文写作是初中阶段语文教学的一个组成部分。2011 版《课标》中指出“写简单的议论性文章，做到观点明确，有理有据”。统编语文教材九年级上册分 3 个单元教学生写议论文：观点要明确，议论要言之有据，论证要合理。

九年级的学生应该能写简单的议论性文章，来表达自己对自然、社会、人生的深入思考。对于十四五岁的九年级学生来说，此时正是他们的人生观、世界观初步形成的时期。通过议论文写作，引领学生学会独立思考、尊重事实，辩证地分析和评论问题，引导学生对生活、对学习、对人生理性思考，渐渐形成符合社会主流思想的价值观。

一、学生议论文写作面临的困难

“观点＋例子＝议论文”，对于九年级的学生来说，议论文写作有很大困难。

一是认知困难。学生难以对一个问题产生新颖独到的观点，缺乏思想深度。原因是学生读书积累少，生活经验少，对问题思考不深入。

二是表达困难。学生难以用准确、严谨的语言证明自己的观点。学生能掌握议论文的基础知识，在读议论文时，能够读明白，找出作者的观点，理清作者的论证思路。但在写作议论文时，论证意识还不强，不知如何使用论据证明论点、怎样安排议论文的结构，还不能灵活运用议论文的知识证明观点，表达思想。

三是逻辑缺失。论点是议论文的灵魂，逻辑性则是议论文的生命。学生议论文写作大多是论点加论据，缺少论点与论据之间的逻辑分析，没有分论点，或者分论点的层次关系不严密，所以有议论文的结构欠缺严谨性、说理欠缺严密性的问题。

二、给学生提供议论文写作必备知识

统编语文教材议论文的选文具有多样性，一改其他教材中议论文的典型性和规范性。从论证方式上看，有立论文，也有驳论文；从形式上看，有书信体，有宣言体，有运用比喻的理性散文，有文艺小品文……教材重在培养学生的理性思维。对九年级议论文教学内容做简单梳理(见表 10-1)。

表 10-1　统编语文教材九年级议论文阅读学习篇目梳理

所在单元	课文	单元导语	学习侧重点
九年级上册第二单元	《敬业与乐业》《就英法联军远征中国致巴特勒上尉的信》《论教养》《精神的三间小屋》	学习这个单元，要了解议论性文章的特点，把握作者的观点，区分观点和材料，理清论证的思路，学习论证的方法	阅读议论文、书信体议论文、理性散文，能抓住中心论点
九年级上册第五单元	《中国人失掉自信力了吗》《怀疑与学问》《谈创造性思维》《创造宣言》	学习本单元，要联系文章的时代背景，把握作者的观点；还要注意分析议论性文章所用的材料，理解观点和材料之间的联系，掌握论证的方法。还要联系实际进行质疑探究，养成独立思考的习惯	明确论证思路，明确观点和材料之间的联系
九年级下册第四单元	《谈读书》《不求甚解》《山水画的意境》《无言之美》《驱遣我们的想象》	阅读时，要注意了解作者的观点，学习思辨的方法；发现疑难问题，独立思考，有自己的见解；还要学习文中介绍的文艺欣赏方法，迁移运用到自己的欣赏实践中	读文艺性文章，能理清文章的思路，了解文章的结构层次

学生已经有了议论文阅读的基础，在议论文写作教学前，老师仍然要根据教材中的议论文写作内容，就议论文写作的主要知识对学生进行指导，学生头脑中形成整体的、结构化的议论文写作知识体系(见表 10-2)。让学生对议论文三要素、论证结构、论证方法和语言特点等相关知识有较明确的认识，为学生议论文写作打下良好的理论基础(见表 10-3)。

表 10-2　统编语文教材九年级议论文写作内容梳理

所在单元	写作训练点	写作实践
九年级上册第二单元	观点要明确	1. 以“好奇”为话题，依据所给材料进行练习，选观点，列提纲，选论据 2. 对“电子游戏”有什么看法，写一篇议论文

续表

所在单元	写作训练点	写作实践
九年级上册第三单元	议论要言之有据	1. 多种方式积累论据 2. 以《谈诚信》为题目，写一篇议论文 3. 围绕“先天下之忧而忧，后天下之乐而乐”谈自己的观点，写一篇议论文
九年级上册第五单元	论证要合理	1.《怀疑与学问》一文中指出，做学问不要盲从或迷信，要有怀疑的精神。请你也写一段文字论证这个观点 2. 俗话说：“知足常乐。”有的人却说：“知足未必常乐。”试围绕“知足与快乐”这一话题，自定立意，自拟标题，写一篇议论文 3. 中国有句俗话，叫“近朱者赤，近墨者黑”，强调环境对人成长的影响。对此，你怎么看？请自定立意，自拟题目，写一篇驳论文

表 10-3　议论文知识清单

概念	写作知识	具体内容
议论文	写作目的	对某个问题或某件事进行分析、评论，表明自己的观点、立场、态度、看法和主张
论点	定义	对所论述的问题所持的见解和主张
	位置	通常在文章的开头亮出中心论点
	引出方式	开门见山提出中心论点，摆事实、讲故事引出论点，用名言引出论点……
	语言模式	一般是判断句、陈述句，不用选择句和疑问句
论据	定义	是支撑论点的材料，用来证明论点的依据
	类型	①事实论据：历史和现实中的人和事；文学作品和传说中的人和事；数据 所列举的事实论据要简明，与记叙文中的讲故事不同
		②道理论据：名家名言；格言、警句、俗语、谚语等 所引用的道理论据要精准

续表

概念	写作知识	具体内容
论证	定义	用论据来证明论点的过程和方法
	类型	举例论证：用事例来证明论点的方法
		道理论证：通过讲道理的方法论证中心论点。分析问题、剖析事理，揭示论点和论据之间的因果关系
		对比论证：把两种对立的事物、主张放在一起进行比较、对照，从而明辨是非，证明一方正确
		比喻论证：着眼于事物的相似之处，用比喻的方法深入浅出地进行论证
		引用论证：引用名家言论、科学原理等来证明论点

除了给学生提供知识性、概念性的写作清单，还要给学生提供议论文写作基本的程序性知识(见表 10-4)。

表 10-4 议论文写作程序性知识清单

过程	具体步骤
构思	1. 首先分析论题。确定自己对这个论题所持有的立场，确定文章的中心论点 2. 构思如何证明中心论点。筛选事实论据、道理论据，想清楚论据与论点的关系 3. 排列论据。厘清排列的依据：按照重要程度排列，按照时间顺序排列，按照分论点的顺序排列，按照论据的类型排列…… 4. 选择适当的论证方法论证论点 5. 思考论点的现实意义
行文	1. 引论部分： (1)用恰当、简洁的方式引出中心论点 (2)用判断句或者陈述句，明确表达自己的中心论点 2. 本论部分： (1)确定论证顺序，确定分论点 (2)用适当的论据、适当的论证方法论证中心论点 (3)用自己的语言阐明论据与论点之间的逻辑关系 3. 结论部分： (1)重申论点，回扣原文 (2)提出号召，点明意义

续表

过程	具体步骤
修改	重读文章，修改思路： 1. 论点是否正确鲜明，是否简洁明确 2. 论据能否证明论点，分析是否符合逻辑 3. 文章与现实是否有一定的联系

图表法有助于生动形象地呈现知识，对于初学写作议论文的学生来说，给予图示能更有效地提升其议论文写作学习效率(见图 10-1)。

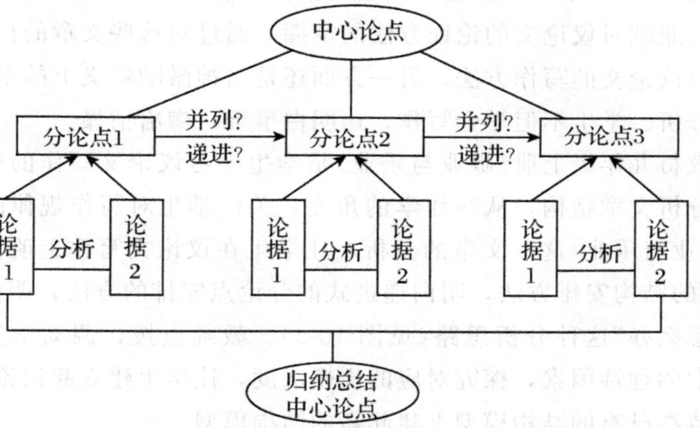

图 10-1　议论文写作程序知识

三、再读典型文章，建构写作模型

模仿说的主要创始人德谟克利特说："在许多重要的事情上，我们是模仿禽兽，做禽兽的小学生。从蜘蛛学会了织布和缝纫，从燕子学会了造房子，从天鹅和黄莺等唱歌的鸟学会了唱歌。"张志公先生说："模仿是写作的必由之路。"对于议论文写作，学习借鉴名家佳作的论证思路、文章结构、论证方法、语体特点，模仿让议论文写作路径更清晰。

议论文写作教学的重点是教学生如何把握议论文的基本结构，为学生提供经典议论文，议论文的来源或者是课内阅读篇目，或者是经典议论文，或者是中考经典素材(见表 10-5)。

表 10-5 议论文的基本结构

结构模式	范文
并列式结构	《谈骨气》、《人的高贵在于灵魂》、《中华传统美德的时代价值》(2015 年北京中考)、《战胜困难才能成就梦想》(2014 年北京中考)
层递式	《敬业与乐业》、《怀疑与学问》、《读书需要循序渐进》(2018 年北京中考)
对比式	《就英法联军远征中国致巴特勒上尉的信》、《鱼我所欲也》、《己所不欲，勿施于人》(2016 年北京中考)

阅读文章，学生列出作者的写作提纲，明白写作思路，把握议论文的“形”，同时兼顾对议论文的论证方法的掌握。通过对这些文章的再学习，一方面学生学习议论文的写作方法，另一方面还是精神激励意义上的学习，丰富情感，理性分析。学生不但学会写作，还明白事理，陶冶情操。

统编教材九年级上册《敬业与乐业》是学生学习议论文写作的很好的范本。带领学生分析文章结构，从写作学的角度，关注学生对写作规律的感性体验。通过对《敬业与乐业》这一文章的分析，让学生在议论文写作上明白“引论—本论—结论”的结构安排方法，明白递进式的分论点安排的方法，明白“是什么—为什么—怎么办”这种分析思路(见图 10-2)。教师点拨，调动学生评点例文，利用例文中的理性因素，探究对应的规模法度，让学生建立起议论文的结构模型，以期待在已有的结构模型上建起新的结构模型。

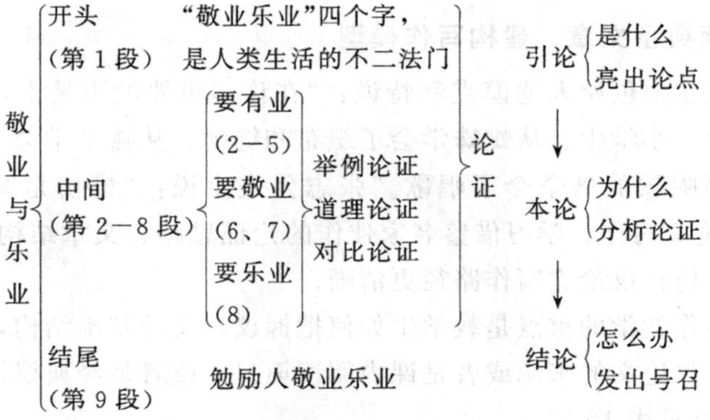

图 10-2 《敬业与乐业》文章结构

同时还要和学生一起研习议论文局部的结构模型。《敬业与乐业》第 6 段和第 7 段论证了分论点 2——要敬业。

在段落中，分析作者如何运用例证法、引证法、对比论证法，怎样围绕分论点进行论证，事例与观点怎样契合，如何于叙事的基础上说理分析，如何确立事例与观点内在的关联性……以写作为目的的再学习过程，让写作中隐性的知识及思维方式显性化，使学生掌握段落写作的程序性知识及逻辑思维规则（见图 10-3）。

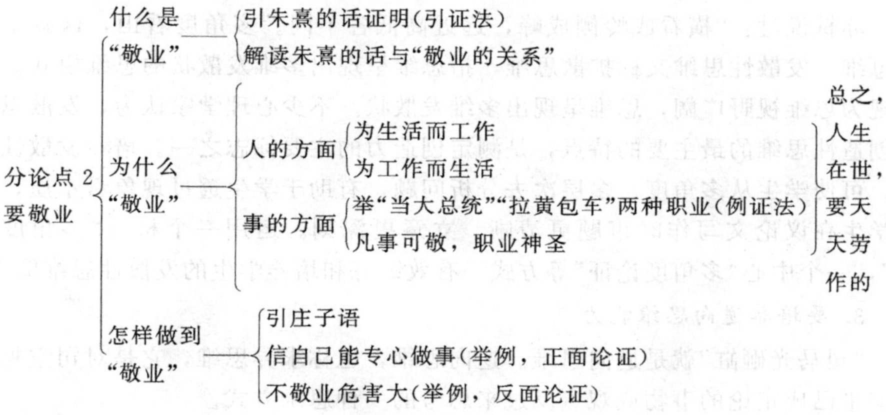

图 10-3　《敬业与乐业》分论点“要敬业”的结构

在此基础上，学生练习自己列出议论文写作提纲。

建构模型的议论文写作教学，选择例文是关键。教师需要根据学生写作能力发展的层级，明确教学目标，做到有序列性、阶梯性地选择例文，所选例文具有典型性、针对性，学生学习后均能在大脑中形成某一结构模型图式，在序列化的模型图式融合中，使学生写作能力获得螺旋式上升。

创新是写作教学永恒的主题。建构模型是创新的起点，创新是某种模型的发展方向。模型与创新并不矛盾，但模式化要渐行渐远，最终跳出模式，去追求思维的创新、表达的创新。

四、注重议论文写作思维培养

议论文论点的生成、结构的展开，是运用一整套写作思维操作技术进行思维的展开。思维能力在议论文写作能力中发挥着重要的作用。议论文写作教学中要着重培养和训练思维能力，使得学生能写出逻辑清晰、思维严密、论证有力的议论文。通过教学，我们要培养学生一定的写作思维。

1. 要培养逻辑思维能力

学生的逻辑思维能力不足，会导致学生在议论文写作中出现结构混乱、选材不得当等一系列问题。恩格斯认为："要思维就必须要有逻辑范畴。"逻辑思维能力是议论文写作的关键能力之一。因此，我们要注重在议论文写作中加强对学生逻辑思维能力的锻炼。比如，让学生在写作之前，列提纲、布局、构思，能有效促进学生逻辑思维能力发展。

2. 要培养发散性思维能力

苏轼说过："横看成岭侧成峰，远近高低各不同。"多角度看山，这就是发散思维。发散性思维又称扩散思维，指思维呈现出多维发散状的思维模式。它表现为思维视野广阔，思维呈现出多维发散状。不少心理学家认为，发散思维是创造性思维的最主要的特点，是测定创造力的主要标志之一。培养发散性思维，可使学生从多角度、多层次去分析问题，有助于学生透过现象看本质，可使学生在议论文写作时审题更清晰、立意更深刻。运用一个材料"多角度立意"，一个中心"多角度论证"等方式，有效锻炼和培养学生的发散性思维能力。

3. 要培养逆向思维能力

"司马光砸缸"就是逆向思维。逆向思维，也称求异思维，它是对司空见惯的似乎已成定论的事物或观点反过来思考的一种思维方式。

敢于"反其道而思之"，让思维向对立面的方向发展，从问题的相反面深入地进行探索，树立新思想，创立新形象。人们习惯于沿着事物发展的正方向去思考问题并寻求解决办法。其实，对于某些问题，尤其是一些特殊问题，从结论往回推，倒过来思考，从求解回到已知条件，反过去想或许会使问题简单化。初中生正处于"叛逆期"，在这一时期培养学生的逆向思维能力非常合适。为了避免千篇一律、人云亦云，要在教学中适当穿插逆向思维的训练，打破学生的定势思维，激活学生的创新意识，激发学生对议论文写作的兴趣。比如，让学生对日常生活里常见的一些谚语、格言通过逆向思考进行反驳和探究。如"近朱者不一定赤，近墨者不一定黑""锲而舍之，发现金石""良药不一定苦口"等，由易到难，由浅入深，由普遍到特殊，循序渐进地在议论文写作教学中进行逆向思维培养和训练，能显著提高学生的逆向思维能力，也能促进学生提升议论文写作能力。

4. 要培养批判性思维能力

批判性思维，即无论是对待别人的观点还是自己做出的推论，都带着一种质疑的意识和审慎的态度，都要进行严格的检查或严密的推理。议论文写作训练中，培养学生批判性思维很必要：可以培养学生严谨的态度，不轻易接受结论；培养学生包容开放的心态，不固守标准答案；培养学生推理的能力，不拘泥于只言片语；培养学生追问深究的意识，不轻易放过疑惑。

议论文写作教学中，注重思维训练，提升学生思维能力是非常必要的。教师要有意识、有目的地找准议论文写作思维训练的方法，对于写作思维能力的发展能起到促进作用。

第二节　教学案例：校园苦与乐

育英校园中有五座廊亭，分别以“乐”命名，形成“乐”系列廊亭。它们分别是回乐亭、同乐亭、弈乐廊、乐乐廊、松乐亭。2006 届毕业生捐建的知乐园是“乐”系列的起源，五座“乐”系列廊亭的入口处各书有对联一副。如“同乐亭”位于白玉兰广场西侧，亭子中央的入口处悬挂一副对联：一两知己同品喜怒哀乐，三五好友共赴学海书山。“乐乐廊”位于银杏广场南入口处，紧邻听梦苑的音乐广场。入口处的对联是：九天凝云动永乐，高山流水遇知音。在校园中以“乐”为名，有怎样的教育期待？

在思诚楼上，还有鲜明的对联“书山有路勤为径，学海无涯苦作舟”。在同窗门上，雕刻着华罗庚的一句话，形成对联“勤能补拙是良训，一分辛苦一份才”。含有“苦”的对联，又有怎样的教育期待？

于是我设计了这样的议论文写作情境，具体写作任务如下。

一、写作任务设计

育英校园中，有含有“乐”字的对联，如“一两知己同品喜怒哀乐，三五好友共赴学海书山”；还有含有“苦”字的对联，如“勤能补拙是良训，一分辛苦一份才”。有八年级的学弟学妹认为，“乐”与“苦”同在，是矛盾的。你有怎样的观点？谈谈你对“苦”与“乐”的认识，与八年级学弟学妹交流。题目自拟。

二、写作过程指导

表 10-6 写作过程提示

写作过程	写作提示
写作前	1. 校园中关于"苦"与"乐"的对联，字面背后都有深刻的含义。请先仔细观察校园中的对联，选出你感触最深、有话可说的对联进行深入解读 2. 确定你所要表达的中心论点 3. 选取适当的典型材料作为论据，支持自己的观点 4. 按照一定的思维顺序，排列论据 5. 联系自己的生活体会和当前现实再谈论点的现实意义，力争做到有理有据 6. 围绕观点列出写作提纲。思路清晰、有层次，能体现出你的论证思路
写作中	1. 用适当的方式引出中心论点。比如：①开门见山，②引名言，③摆事实讲故事 2. 用判断句或者陈述句，明确表达自己的中心论点 3. 根据写作提纲，写作正文 4. 注意每列举一个论据，都要适当分析这个论据与中心论点的逻辑关系 5. 文章结尾处要重申论点，回扣原文，提出号召，点明意义。使得文章构成"总—分—总"的逻辑关系
写作后	重读文章，修改文章： 1. 词句修改，使文章"文通字顺" 2. 检查是否在文章开头部分提出了论点；论点是否正确鲜明，是否简洁明确 3. 论据能否证明论点？分析是否符合逻辑？ 4. 文章与现实是否有一定的联系？

1. 写作目的：通过厘清"苦"与"乐"的关系，学习写议论文。

2. 写作情境特点：(1)校园中"苦"与"乐"的对联，是写作大背景。(2)有同学认为"苦"与"乐"是矛盾的存在。

3. 读者因素：写给校园中的学弟学妹。

4. 给学生提供的写作支架

(1)支架 1：小组合作学习活动支架。

表 10-7 活动支架

学生活动	活动内容	评价
活动一	小组分工，围绕“苦”与“乐”的话题，搜集相关的人物故事、名言警句、诗词名句等材料，组建素材库	1. 素材要包括名人故事和名人名言两类 2. 材料要真实可靠 3. 尽量从不同角度选材
活动二	1. 小组交流，阅读搜集到的材料 2. 结合小组交流结果，独立思考：对于“苦”与“乐”，我的观点是什么？	1. 能整合别人的素材，充实自己的素材库 2. 确立自己的观点，用简明的语句表达自己的观点
活动三	1. 确定观点 2. 从自己的素材库中，选择能够论证自己观点的事实、道理	1. 材料与观点相照应 2. 论据力求典型、有代表性 3. 尽量充分，从不同侧面证明论点 4. 至少要拥有两个典型的事实论据、一个道理论据

(2)支架 2：拟写提纲支架。

①参考《谈骨气》的结构模式，用“并列模式”列写作提纲。

表 10-8 《谈骨气》写作提纲

写作部分	具体内容
题目	谈骨气
论点	我们中国人是有骨气的
主体	分论点 1：富贵不能淫。论据——文天祥抛弃富贵，舍生取义
	分论点 2：贫贱不能移。论据——穷人宁死不食嗟来之食
	分论点 3：威武不能屈。论据——闻一多面对威胁不退缩
结尾	号召发扬传统，点明今天提倡“要有骨气”的意义

②参考《小议“慎独”》的结构模式，用“递进模式”列写作提纲。

表 10-9《小议“慎独”》写作提纲

写作部分	具体内容	
题目	小议“慎独”	
论点	开头提出中心论点：一个人在没有外在监督而独处的情况下，严于律己，遵道守德，恪守“慎独”是十分必要的	
主体	为什么要“慎独”	慎独是自我完善的必修课
		慎独还是道德品质的试金石
		慎独更是社会生活的净化器
	怎样做到“慎独”	慎独离不开严格要求自己
		慎独也离不开自我反省
结尾	重申慎独的意义；呼吁大家恪守慎独	

③设计出最合理的论证结构，拟写作提纲。

表 10-10　写作提纲模式

写作部分	具体内容
题目	
论点	
主体	论据 1
	论据 2
	论据 3
结尾	

(3)支架 3：老师补充的事实论据和道理论据。

【事实论据】

①J. K. 罗琳写作《哈利·波特》。

②安徒生写作童话。

③邓稼先、袁隆平、罗阳、黄大年、南仁东。

④范仲淹、欧阳修、梁启超《敬业与乐业》等。

【道理论据】

①平庸的人躲避痛苦，优秀的人不怕吃苦，杰出的人自找苦吃。

②人生有两条道路可以选择，要么吃苦十年，精彩五十年；要么安逸十

年，吃苦五十年。

③能吃苦的人吃半辈子苦，不能吃苦的人吃一辈子苦。

④原来人最受不了的，不是吃苦。而是你不知道，你这份苦，吃来为什么。

⑤早吃苦受罪以后就能少吃苦受罪！

⑥不去拼搏，别想快活；不想吃苦，活该受苦！

⑦人的一生谁都难以躲过苦难，如果该吃苦的时候不吃苦，那么到了不该吃苦的时候就一定会吃大苦。所以，请不要拒绝苦难，因为有了它，我们的人生才变得多姿多彩，我们的精神才变得坚韧敏锐。

⑧人生就像品茗，懂得吃苦，才能回甘啊！

⑨如要锻炼一个能做大事的人，必定要叫他吃苦。

⑩人生在世，不管做多做少，乐在其中就可以，当你快乐，你的世界也会快乐，在你世界里的人也会快乐。每个人都有自己的世界，有缘分的人，他们的世界才会有重合的部分。

学生习作

最苦与最乐

透过校园中的对联的苦与乐，我读出了人生的最苦与最乐。我认为真正的强者都是把苦留给自己，把快乐留给他人。

写《安徒生童话》的安徒生，他就是一位“最苦”的人。他的一生都是在逆境中度过的：自幼贫穷，早年丧父，终身未娶，贫穷、孤独、悲痛的窘境伴随着他的生活，甚至最终也没能苦尽甘来。但即使这样，他也依旧在顽强的拼搏中度过。他认真写作，为一篇动人的故事绞尽脑汁；他天真烂漫，笔下的童话世界五彩缤纷，如锦似绣。他的作品让全世界的孩子爱不释手，他的作品住进了孩子们的心里，他的作品为世间带来了一丝温暖，为孩子们带来无尽的精神财富与幸福快乐。他是强者，自己生活在寒冷的冬天，却创造着温暖；自己品尝最苦，却把快乐撒到人间。

提出“改革开放”的邓小平，他也是一位“最苦”的人，他的一生可谓“叱咤风云，戎马一生，三落三起，扭转乾坤”。邓小平的女儿在回忆录中写道：“即使在最黑暗的日子里，父亲也从未放弃和绝望。”1977 年，邓小平在 73 岁的年龄将中国推向通往繁荣富强的“快车道”，提出了改革开放这一伟大举措。自改革开放以后，中国飞速发展，一跃成为 GDP 总值世界第二的强国。这一路走来的发展，人们有目共睹，也亲身体验。从一开始的绿皮火车，到现在的磁悬浮列车，从开始从俄罗斯买下的第一架飞机，到现在的超音速飞机。大国重器使我们民族自信，衣食住行使我们生活提升，这离不开这个“打不倒的小个子”——邓小平。他亦是强者，让自己经历最苦，为广大人民带来幸福，为中华民族带来尊严。

发现“青蒿素”的屠呦呦，她也是一位“最苦”的人。她的一生就是埋头苦干，不求名利，后来是记者的调查和报道，大家才知晓是她发现了青蒿素。屠呦呦和她的团队，在小小的实验室中苦心钻研了若干年，耗尽一个人最黄金的年龄，心甘情愿投入到这个项目。经过努力，屠呦呦和她的团队最终发现了青蒿素，并加以实验。但很快，麻烦找上门了。他们发现，带着病毒的小动物在被施入青蒿素后，有些能好转，而有些却死亡。实验一时没了进展，而屠呦呦勇敢地站了出来，她不惧怕死亡，提出在她自己身上实验。最终她以自身的实验，证实了青蒿素是有效的，她的献身，使千千万万得病的人们，有了希望，逃离了死神的魔爪。她亦是强者，自己不怕吃苦，把健康快乐留给他人。

真正强者的最苦与最乐，是为他人能得到快乐而自己吃苦，是“先天下之忧而忧，后天下之乐而乐”的大情怀。

校园中那“学海无涯苦作舟”的名言，是在提醒我们要能够吃别人不能吃的苦。校园中那些带给我们快乐的廊亭，是提醒我们要乐观地生活，要为他人创造快乐。就像那些强者，要为他人着想，能承受生活之苦，努力做一个能给他人带去快乐的人。

（马晨云）

作者在文章开头，围绕“苦”与“乐”的论题，先亮明了文章的中心论点：“真正的强者是把苦留给自己，把快乐留给他人”。接着作者用三个事实论据证明中心论点，三个事实论据有外国的当代作家，有中国的政治家，有中国的科学家，所选的论据典型。从文章的结构上看与《谈骨气》很相似，开头亮观点，主体部分为并列结构，论证观点，结尾提出号召，重申观点。通过读作者的文章，能感受到作者对校园中的对联含义的理解，能感受到作者心中的“苦乐观”。

第三节　专家指导：教师要有"顶层设计"的写作"课程化"意识

写作是语文学习中较为复杂的智力活动。是学生多种能力的综合体现：需要学生拥有一定的语文知识、写作知识；写作能力的高低，与学生的阅读活动密切相关；写作过程是复杂的思维活动过程；写作是言语实践活动，也需要一定的社会实践活动作为内容；写作需要教师的指导，但更多的是学生独立的创作结果……写作，是复杂的智力活动；写作教学，是需要教师付出智慧和心血的教育活动。

要想让作文教学高效，教师要有"顶层设计"的写作教学"课程化"意识，从全局的角度思考：写作教学中的知识点与学生写作的能力提升点之间有怎样的关系？写作教学与阅读教学有怎样的相辅相成的学习效果？不同文体的写作教学要安排在哪个学段？影响学生写作能力的原因有哪些？……教师要掌握写作教学的客观规律，对写作教学进行顶层设计。

高明的老师背后都有着鲜明的课程意识。我们不妨学习他们对作文教学进行顶层设计的方式。

常青老师的"分格写作法"，是以写作教学内容、训练思路为核心，对写作教学进行顶层设计。以分格为特点，先立格，后破格，先分格，后合格，分散难点，各个击破，是力求速成的、科学化的写作教学方法，它包括以下四个部分：观察能力格、析微能力格、想象能力格、表达能力格。

高原、刘朏朏的三级作文训练体系，就是作文的"观察—分析—表达"能力的训练体系。是以写作能力、学生特点为核心，对写作教学进行顶层设计。在教学中的实施是在初中三个学年连续进行的。一年级着重培养观察能力，采用写观察日记与观察笔记的训练方式，侧重练习记叙、描写；二年级着重培养分析能力，采用写分析笔记的训练方式，侧重练习议论、说明；三年级着重提高表达能力，采用写语感随笔与章法随笔的训练方式，侧重于语言运用与文章结构的练习。

欧阳黛娜的三阶段作文教学法，按照青少年表达思想的基本过程来组织教学，按照人们表达思想的规律来启发、引导、培训中学生的写作能力，这是基于青少年的思维发展规律，对写作教学进行顶层设计。欧阳老师认为，青少年表达思想的基本过程可以分为三个阶段，即认识阶段—表达阶段—再认识阶段。根据这个特点可以把作文教学的程序分为三部分，即写作前的阶段—表达阶段—修改阶段。而贯穿作文教学全过程的三个阶段的基本规律应是：培养认识能力与表达能力相统一；构思中的思路脉络的启发与作文中的语言技巧的训练相统一；课内的活动与课外的活动相统一。

章熊曾用定性和定量相结合的方法，对中学生写作能力的构成要素做了研究，在此基础上进行顶层设计。他认为作文教学要提升学生三个最主要的写作能力。“内容”方面的能力，又分为“中心的确定”和“材料的选择和组织”两个方面；“结构”方面的能力，包含“条理清晰、结构完整、中心集中”和“能使用一定技巧”两个方面；“语言”方面的能力，分为三个层级，初级是“规范、连贯”，中级是“流畅”，高级是“凝练、灵活、得体”。

于漪老师的情感熏陶、思维训练、语言培养合一的作文教学思想，构建作文教学的四大支柱——思维、语言、思想、情感。黄厚江老师提出“共生教学”的理论，运用到作文教学中，形成“共生作文”，协调写作教学中的种种关系和矛盾。余党绪老师在“思辨”教学的基础上，对议论文的“说理与思辨”进行顶层设计。这些教育大家都有自己的独特的思考，在写作教学甚至是语文教学上有自己的独特的见解和主张，形成一个流派。

作为普通语文老师，也要有自己的思考，有自己在语文教学、在作文教学上的顶层设计。努力成为专家型教师，梳理写作知识和自己的教学经验，把握学习内容和核心价值，调动各种资源，在教学中成为游刃有余的大家。在作文教学中如何建构既有序列又有系列的顶层设计呢？怎样建构循序渐进、整体提高写作训练体系呢？下面谈一下我的个人看法。

一、研究教材，梳理教材写作内容

作为一线教师，首先要尊重教材，精心研究教材，清楚教材的写作体系安排。统编教材不同学段有不同的训练重点：七年级是基础写作能力训练，八年级是专项写作实践训练，九年级则是写作能力提升训练。另外要明晰写作教学与阅读课、综合性学习、名著阅读、课外古诗词诵读之间有怎样的相辅相成的关系。

还要明晰专题写作教学目标的序列性，每个写作专题编排的特点。在统编初中语文教材中，每个单元的写作部分都包含两部分：一部分是写作例话，用简明的语言介绍写作知识；另一部分是写作实践，有三道作文训练题。第一题，多半是片段训练或修改练习之类，是基础，是为了落实单项能力，可以在写作知识例话的阅读过程中，或者在阅读课文教学过程中巧妙结合有关范文，适时安排课堂5—10分钟时间，读写结合，来加以落实。第二题，关注更多的是直接落实单元写作能力点为主的训练，甚至是直接用阅读部分中的有关文章作为材料去落实写作能力点的训练；是整文写作，可以通过课堂现场写作，人人过关落实。第三题，既关注本单元的写作能力点的落实，又关注这一写作能力点在常态化、综合性写作实践中的灵活、巧妙运用，有所拓展、有所变化；是综合性的写作实践活动，是发展与提高。在作文教学实践中逐一落实，在落实的过程中收集资料，分类留存好、中、差等习作，发现问题，总结成功经验，寻找原因和对策，这样对我们的写作实践、写作教学改革才会有帮助和有意义。

尊重教材、研究教材，是我们进行作文教学顶层设计的基础。教科书是规范、科学的课程内容的具体化，教材是写作课程最基本的载体，是课标要求的具体化，是写作知识的情境呈现。

二、整合教材，开发教材写作资源

统编初中语文教材采用双线组元的模式。为整体的作文系列化教学提供了丰富的资源，这就需要教师将这些篇章进行重新整合，构建新型的作文教学支持系统。比如，在学习七年级上册教材“写人要抓住特点”这个写作专题时，可以借助本单元提供的《从百草园到三味书屋》《再塑生命的人》中人物描写的特点、手法，还可以整合“名著导读”《西游记》塑造“孙悟空”“猪八戒”等典型人物的写作方法，还可以链接第一单元“热爱生活，热爱写作”中观察的知识，更可以联系“综合性学习”中介绍人物的方法，这样就把教材的资源盘活了，在盘活资源的同时，教师也就站在教材的高度之上，使用教材，传递知识，实现了某一知识点的“顶层设计”。

三、细化写作内容，守正也要出新

在教学的过程中，把写作知识精准传递给学生，不能模糊、含糊，不能有错误，需要教师将教材之中的写作知识进行精准化、明晰化处理，这是顶层建设课程的基本要求。精细化传递写作知识，关注写作过程的指导，将写作知识变成程序化的知识，给学生提供适当的写作支架，通过梳理归类使知识精细化，这是教师在处理教材时要做的工作。另外根据学情，还可以对教材进行适当的调整、删减、替换，更适合自己的学生使用。比如，刘老师在讲说明文、议论文写作知识时，就是结合课文内容，将写作知识精准化处理，提供写作支架，结合育英学校学生的特点进行调整，根据育英学校的课程建设的特点，增删调整教学内容。

在学习中工作，在工作中研究，在研究中提升自己。统编教材使用一轮，教师在作文教学的有效性方面，还需再研究。如，刘向娟老师，在统编教材的写作框架下，根据育英学校特定学情，根据育英学校的课程特点，研究设计“写作情境”，形成统编教材写作框架下的校本序列化写作教学策略，值得肯定和学习。

参考文献

1. 叶黎明. 写作教学内容新论[M]. 上海：上海教育出版社，2012.
2. 黄厚江. 从此爱上作文课——著名特级教师黄厚江中学作文教学智慧[M]. 桂林：漓江出版社，2015.
3. 王木春. 民国名家谈作文之道[M]. 上海：华东师范大学出版社，2015.
4. 周进芳. 中学作文教学研究[M]. 武汉：华中科技大学出版社，2002.
5. 刘月霞，郭华. 深度学习：走向核心素养[M]. 北京：教育科学出版社，2018.
6. 马正平. 中学写作教学新思维[M]. 北京：中国人民大学出版社，2003.
7. 马林莉. 语文写作教学论——支架式教学模式引导下的语文写作教学研究[M]. 长春：吉林出版集团股份有限公司，2016.
8. 胡长江，王钰，魏永生，等. 高中作文指导大全[M]. 北京：北京师范学院出版社，1991.
9. 余文森. 核心素养导向的课堂教学[M]. 上海：上海教育出版社，2017.
10. 王林发. 中学作文教学设计方案 40 例[M]. 北京：中国轻工业出版社，2012.
11. 余文森. 有效教学十讲[M]. 上海：华东师范大学出版社，2013.
12. 章熊，徐慧琳，邓虹，等. 和高中老师谈写作教学[M]. 北京：人民教育出版社，2012.
13. 王荣生. 写作教学教什么[M]. 上海：华东师范大学出版社，2014.
14. 王荣生. 语文课程与教学内容[M]. 北京：教育科学出版社，2015.
15. 王荣生. 听王荣生教授评课[M]. 上海：华东师范大学出版社，2007.
16. 熊永祥. 作文讲究[M]. 长沙：湖南师范大学出版社，2018.
17. 郭铁良. 教好高中作文一定要知道的 10 件事[M]. 北京：中国青年出版社，2007.
18. 郭铁良. 中学作文教学想象能力的培养[M]. 北京：北京教育出版社，1998.
19. 王君. 听王君讲作文[M]. 北京：人民出版社，2014.
20. 朱光潜. 谈美[M]. 桂林：漓江出版社，2011.
21. 约翰·D. 布兰思福特，安·L. 布朗，罗德尼·R. 科金，等. 人是如何学习的[M]. 程可拉，孙亚玲，王旭卿，译. 上海：华东师范大学出版社，2013.
22. 苏珊·A. 安布罗斯，米歇尔·W. 布里奇斯，米歇尔·迪皮埃特罗，等. 聪明教学 7 原理——基于学习科学的教学策略[M]. 庞维国，徐晓波，杨星星，等译. 上海：华东师范大学出版社，2012.
23. 王富仁. 语文教学与文学[M]. 广州：广东教育出版社，2006.
24. 郅庭瑾. 为思维而教[M]. 北京：教育科学出版社，2009.

25. 郑桂华. 写作教学研究[M]. 桂林：广西教育出版社，2018.
26. 周子房. 程序支架：构建写作学习的有效流程[J]. 中学语文教学参考，2019，12.
27. 周子房. 构思阶段学习支架的设计与运用[J]. 中学语文教学，2015，11.
28. 周子房. 关于写作教学起点的思考——来自杜威经验课程理论的启示[J]. 教学探索，2012，2.
29. 周子房. 写作学习任务的设计[J]. 语文教学通讯，2018，7—8.
30. 周子房. 写作教学设计的基本策略[J]. 新作文，2018，3.